U0522296

本书为国家社科基金一般项目"基于功能共振理论的网络舆情演化与治理机制研究"（17BXW066）的结项成果。

功能共振

网络舆情演化与治理

陈华明 等著

中国社会科学出版社

图书在版编目(CIP)数据

功能共振:网络舆情演化与治理/陈华明等著.—北京:中国社会科学出版社,2023.7

ISBN 978-7-5227-2074-6

Ⅰ.①功… Ⅱ.①陈… Ⅲ.①互联网络—舆论—研究—中国 Ⅳ.①G219.2

中国国家版本馆 CIP 数据核字(2023)第 106954 号

出 版 人	赵剑英
责任编辑	黄 晗
责任校对	赵雪姣
责任印制	王 超

出　　版	中国社会科学出版社
社　　址	北京鼓楼西大街甲 158 号
邮　　编	100720
网　　址	http://www.csspw.cn
发 行 部	010-84083685
门 市 部	010-84029450
经　　销	新华书店及其他书店

印　　刷	北京明恒达印务有限公司
装　　订	廊坊市广阳区广增装订厂
版　　次	2023 年 7 月第 1 版
印　　次	2023 年 7 月第 1 次印刷

开　　本	710×1000　1/16
印　　张	18.25
字　　数	302 千字
定　　价	98.00 元

凡购买中国社会科学出版社图书,如有质量问题请与本社营销中心联系调换
电话:010-84083683
版权所有　侵权必究

序

邱沛篁[*]

  网络舆情治理是一个常提常新的话题。之所以"常提",是由其在社会发展与国家治理现代化中的重要地位决定的。网络舆情治理能力是党和政府执政能力的重要构成和体现,是网络社会治理能力现代化的重要内容与指标,关乎国家的意识形态安全和政治安全,具有重大的战略意义。之所以"常新",则是取决于网络舆情本身的复杂性、多变性等特征。尤其是步入新时代以来,技术在人类社会中所发挥的牵引性作用愈发凸显,网络舆情治理正面临不断更新的新场景、新生态、新课题和新挑战。近年来,围绕网络舆情治理研究已经形成了技术和管理、伦理与价值、实验和实证等一系列的视角和路径。陈华明教授从功能共振理论视角切入来观照网络舆情的这部专著尤其具有特别重要的开创意义。

  《功能共振:网络舆情演化与治理》一书创造性地将复杂性系统科学领域的功能共振理论运用到网络舆情治理实践之中,将网络舆情视为一个复杂系统,将这一复杂系统放置于网络社会的复杂性机理之下加以观照,建构了"网络社会(复杂网络)—网络舆情(复杂系统)—舆情治理(复杂实践)"的逻辑脉络,并以复杂性及其特征作为筋络,基于复杂性、非线性、多因素耦合等层面深入剖析了功能共振理论在网络舆情治理层面的理论适用性。更加难能可贵的是,该书在扎实理论论证之外,利用网络舆情演化与治

---

[*] 邱沛篁,四川大学文学与新闻学院教授、博士生导师,四川大学新闻学院原院长,中国新闻史学会"新闻传播学终生成就奖"获得者。

理的仿真实验，通过大数据爬取与机器学习，描绘了网络舆情演化的功能图谱，利用实验数据诠释网络舆情爆发和治理新路径，并采用生动、扎实的具体案例对理论模型的适用性问题进行了验证，逻辑周延、结构严谨。在治理策略部分，作者大开大合，从政府、媒体、网民三重主体着手，逐层研判，逐层递进。对不同主体在网络舆情治理中的地位与作用、特殊性与差异性、独立性与关联性、应然性与必然性等问题进行了抽丝剥茧式的研究，并将对这些问题的研究同功能共振理论模型有机结合，既有对单一主体从顶层、中观、底层的纵深剖析，也不乏对不同主体之间协同治理的横向思量。通过理论升华和实践考量，给出了网络舆情治理的应对之策。纵观全书，观点鲜明、层次清晰、理论扎实、论述有力，读来高屋建瓴、备受启发。作者的深厚学术功底，以及在网络舆情研究领域的深耕与沉淀可见一斑。

  学界苦于无多元方法与路径久矣。正如开篇所言，网络舆情的发展演变同技术演进、时代发展紧密相关，充满变动性、突发性和诸多不可控因素，加之网络舆情治理所具有的重要意义，使之成为一个兼具重要性与紧迫性的议题。因此，如何恰当地引入新方法、新路径，以打开视野、开阔格局，既启发当下、又沾溉后人是长久以来的难点和痛点。也正因此，陈华明教授的《功能共振：网络舆情演化与治理》一书分量尤重。该书对网络舆情这一对象的解剖式研究，尤其是借助功能共振理论工具，对网络舆情的核心构成要素、各要素的功能与关系、各功能在舆情演化中的作用等问题的解剖，不仅回答了"是什么"的问题，同时也回应了"怎么样"的问题。为更好地认识网络舆情与治理网络舆情提供了"全景视角"。该书所建构的一整套关于网络舆情关键功能要素的仿真模型，以及舆情演化与治理效果的仿真实验，不仅厘清并验证了网络舆情演化的普遍性规律，而且检验了不同情况下网络舆情发展演变的走向。为网络舆情治理研究提供了全新的数据和模型支撑，进行了方法路径上的创新。并且创造性地提出"多功能主体网络舆情治理模型"，即政府、媒体和网民三者作为网络舆情治理的功能主体，分别发挥各自优势，协同完成一整套完整的治理循环，为网络舆情治理实践提出了具有一般性意义的、可遵循、可参照、可操作的治理策略。学术研究本质是在日益增长的已知存在却尚未理解的真理（分母）的基础上，试图无限扩大已经理解的真理（分子）的过程。我们有足够的理由相信，《功能共振：网络舆情演化与治理》一书便是无限接近网络舆情治理真理的征程上一个极具重量的"分子"。

陈华明教授长期从事新闻传播教育，致力于网络空间风险治理、舆论传播与舆情治理的研究，注重理论与实践的紧密结合，不断在新闻传播学术研究领域取得新成果。我希望华明教授发扬这种勤于耕耘、乐于思索、敢于创新、勇于攀登的敬业精神，在学术研究上不断取得更多新成果，为中国新闻传播教育和研究事业做出更大贡献。

谨以此为序。

2023 年 3 月 16 日

目　　录

绪　论 …………………………………………………………（1）
　第一节　研究缘起与研究价值 ………………………………（1）
　　一　研究缘起 ………………………………………………（1）
　　二　研究价值 ………………………………………………（9）
　第二节　国内外研究现状 ……………………………………（10）
　　一　关于功能共振理论的研究现状 ………………………（10）
　　二　关于网络舆情演化与治理的研究 ……………………（13）
　第三节　研究内容、研究方法与研究框架 …………………（20）
　　一　研究内容 ………………………………………………（20）
　　二　研究方法 ………………………………………………（21）
　　三　研究框架 ………………………………………………（21）

上篇　问题提出与理论构建

第一章　理解功能共振 ………………………………………（27）
　第一节　功能共振理论的内涵和要素 ………………………（27）
　　一　共振现象的发现 ………………………………………（27）
　　二　共振现象的研究及理论发展 …………………………（29）
　　三　功能共振理论的提出及基本内涵、构成要素 ………（31）
　第二节　功能共振与相关共振概念的关系 …………………（38）
　第三节　其他理论融合视角 …………………………………（42）
　　一　网络舆情研究的媒介学进路 …………………………（42）

二　复杂系统及复杂系统范式 …………………………………… (44)
　　三　社会复杂性治理视角 ………………………………………… (47)
　小　结 …………………………………………………………………… (49)

第二章　网络舆情的复杂性思考 ……………………………………… (50)
　第一节　复杂性：社会运行的基本动力 ………………………………… (51)
　　一　复杂性解析社会运行现象的普遍适用性 …………………… (51)
　　二　风险社会中的复杂动力及其特征 …………………………… (56)
　　三　技术与复杂社会：技术与社会共同形塑复杂社会网络 ……… (59)
　第二节　网络舆情：根植于技术—社会复杂系统的演化机理
　　　　　及新变化 …………………………………………………… (62)
　　一　网络舆情世界的复杂性机理认知 …………………………… (62)
　　二　网络舆情复杂性机理下的新特点、新要求、新方式 ………… (69)
　小　结 …………………………………………………………………… (76)

第三章　功能共振理论与网络舆情治理的逻辑契合 ………………… (77)
　第一节　前提要件契合：以复杂性为依托的运行基础 ………………… (78)
　　一　基础层面：都以涌现作为核心机理 …………………………… (79)
　　二　要件层面：都具有适应性主体 ………………………………… (82)
　　三　结构层面：都与众多复杂要素相勾连 ………………………… (83)
　第二节　运转模式契合：以非线性为特征的演变取向 ………………… (85)
　　一　认知与模式探索层面：均经历了从线性思维到非线性
　　　　思维的转变 ………………………………………………… (86)
　　二　现实与客观事物层面：与对象的联系均是多元复杂而
　　　　又非线性的 ………………………………………………… (88)
　　三　实际操作与应对层面：均无法用简单的线性思维思考
　　　　与解决问题 ………………………………………………… (90)
　第三节　演化动力契合：以多因素动态耦合为助力的发展机制 …… (92)
　　一　结构层面：以耦合为核心要件的基本构成机制 …………… (92)

二　动能层面：基于耦合机制的系统演化动力 …………………… (94)
　　三　指向层面：从耦合到协同的共同整体目标 …………………… (96)
第四节　理论实践契合：以新理论开辟舆情研究新思维的
　　　　路径创新 ………………………………………………………… (98)
　　一　认知层面："历时+共时"新视野 …………………………… (99)
　　二　演化层面："随机性+规律性"新思维 ……………………… (100)
　　三　治理层面："现代化治理+治理现代化"新路径 …………… (102)
小　结 ……………………………………………………………………… (104)

中篇　模型构建与案例分析

第四章　基于FRAM分析框架的网络舆情功能共振模型建构 ……… (107)
第一节　网络舆情的功能共振模型建构 ………………………………… (107)
　　一　网络舆情构成要素 …………………………………………… (107)
　　二　功能的识别与描述 …………………………………………… (111)
　　三　网络舆情演化的功能共振模型构建 ………………………… (113)
　　四　确定功能共振及功能共振的影响因素及失效模块 ………… (115)
第二节　基于FRAM模型的案例分析 …………………………………… (118)
　　一　自然灾害类事件：山东某市水灾事件 ……………………… (119)
　　二　社会矛盾类事件：四川某县某中学学生死亡事件 ………… (124)
　　三　公共安全类事件：福建某酒店坍塌事件 …………………… (127)
　　四　社会卫生类事件：四川成都某中学食物中毒事件 ………… (130)
第三节　基于功能共振理论的仿真模型构建 …………………………… (135)
　　一　基于FRAM框架的模型构建 ………………………………… (135)
　　二　基于大数据模拟的仿真结果分析 …………………………… (142)
小　结 ……………………………………………………………………… (145)

第五章　网络舆情的主动功能及治理转变 ……………………………… (147)
第一节　网络舆情的主动功能 …………………………………………… (150)

一　功能共振视域下网络舆情主动功能的提出 ……………（150）
二　网络舆情的主动功能及其特性 ………………………（154）
三　网络舆情主动功能的发挥——调节共振 ……………（156）
第二节　网络舆情的主动功能约束演化 ………………………（159）
一　网络舆情演化受主动功能约束的原理 ………………（159）
二　主动功能约束网络舆情的策略 ………………………（161）
第三节　主动功能约束下的网络舆情治理转向 ………………（163）
一　主动功能约束下的现代化治理改变转向 ……………（163）
二　主动功能约束下的多主体协同应变转向 ……………（165）
三　主动功能约束下的多因素耦合异变转向 ……………（167）
小　结 ………………………………………………………………（169）

下篇　基于功能共振理论的网络舆情治理策略

第六章　政府主导策略：强化整体设计　夯实治理基础 …………（173）
第一节　网络舆情环境变化中的政府治理转变 ………………（173）
一　顶层设计理念：从"运动式管理"向
"整体性治理"转变 ……………………………………（173）
二　中观管理规范：从"松散管控"向"集中管控"转变 ……（176）
三　底层治理手段：从"单一路径"向"多元方式"转变 ……（178）
第二节　基于功能共振机制的政府网络舆情协同治理模型 …（179）
一　功能识别与描述 ………………………………………（180）
二　识别功能模型中的耦合 ………………………………（185）
三　确定功能共振 …………………………………………（187）
第三节　"刚性嵌入"与"柔性融入"的政府治理参照 …………（190）
一　加快网络舆情治理的"法治生态体系"建设，实现
体系化的"刚性嵌入" …………………………………（190）
二　加快转型网络舆情治理中的传统范式，实现多元
治理形式的"柔性融入" ………………………………（192）

小　结 ……………………………………………………………… (206)

第七章　媒体协同策略：畅通沟通渠道　建立主流共识 ………… (207)
　第一节　媒体：话语导向与共识建构的助推者 ……………………… (207)
　　一　媒体形态与传播环境变迁 ………………………………………… (208)
　　二　媒体作为网络舆情治理的功能主体 ……………………………… (213)
　第二节　功能共振理论下媒体协同网络舆情治理模型 ……………… (220)
　　一　媒体作为功能主体的功能识别与描述 …………………………… (221)
　　二　媒体功能网络图建构 ……………………………………………… (223)
　　三　耦合变化与功能共振 ……………………………………………… (225)
　第三节　网络舆情治理中的媒体协同策略 …………………………… (228)
　　一　媒体协同网络舆情治理的困境 …………………………………… (229)
　　二　媒体协同网络舆情治理的策略 …………………………………… (233)
　小　结 ……………………………………………………………… (239)

第八章　网民自治策略：培育共情意识强　塑理性表达 ………… (240)
　第一节　公共讨论、"圈子化"互动、情感共振：网络传播模式变化中
　　　　　的网民心理与行为 ……………………………………………… (240)
　　一　公共讨论：网络传播模式变迁中的个人与群体 ………………… (241)
　　二　"圈子化"互动：网络舆情生发演化中的"圈子化"
　　　　传播逻辑 ……………………………………………………………… (245)
　　三　情感共振：网络舆情生发演化中的情感共振逻辑 ……………… (247)
　第二节　基于功能共振理论的网民主体自治策略 …………………… (251)
　　一　合理利用技术，建立功能共振理论下
　　　　的"公共讨论"空间 ………………………………………………… (251)
　　二　"情绪化"还是"理性化"：优化网络舆论场中
　　　　的网民选择 …………………………………………………………… (253)
　　三　从"被动"到"主动"：发挥网民的
　　　　自组织功能 …………………………………………………………… (255)

小　结 …………………………………………………………（259）

结论与展望 ……………………………………………………（260）
　　一　研究总结 …………………………………………………（260）
　　二　研究展望 …………………………………………………（262）

参考文献 ………………………………………………………（265）

后　记 …………………………………………………………（278）

绪　　论

第一节　研究缘起与研究价值

舆情是社会的皮肤，是社会时势的晴雨表。当前，网络已经成为舆情生发的关键土壤，而网络舆情的治理也越来越成为国家治理中重要的一环。网络舆情的治理针对的是舆情事件本身，指向的是整个网络舆情环境，落脚于社会治理与国家治理现代化，服务于整个国家与社会稳定发展的大局，是一项意义深远且极具紧迫性、复杂性与系统性的工程，具有深刻的历史与时代背景及切实的内外发展环境考量。

一　研究缘起

1. 国际格局变动与国家民族复兴大局对网络舆情治理提出新考验

当前网络舆情治理绕不开的一大背景是国际环境的深刻变革以及由此引发的网络舆情治理的新挑战。从国际格局变动来看，科技的变革，加上全球化进程的加速，促使人类社会发展进入"百年未有之大变局"。当前的国际格局中，大国之间的战略博弈加剧，国际体系和秩序进一步调整，新机遇和新挑战不断显露，不确定和不稳定的因素明显增多。[①] 世界政治、经济和安全格局迅速调整，全球经济中心由西方向东方加速转移，政治格局由单极向多极加速演变，领导地位由传统强国向新型大国过渡。就国际舆论与舆情现状而言，尽管以中国为代表的发展中国家一直以来都积极争取国际话语权与舆论引导权，然而，目前以美国为首的西方国家依然占据着国际舆论场的主

---

① 高祖贵：《世界百年未有之大变局的丰富内涵》，《学习时报》2019年1月21日第1版。

导地位，肆意打压和误导国际舆论，贬低他国形象，阻碍他国发展。以新型冠状病毒疫情为例，疫情暴发后的相当长一段时间内，尽管中国政府积极应对、果断布局，在全球疫情防控方面做出了突出贡献，然而，依仗强大的传播体系和话语地位，美国等西方国家依然能够对中国进行污蔑和毫无事实依据的指责。在全球性舆论事件不断增多、一体化进程加速推进的当下，对网络舆情的治理已经成为在风云际会的国际格局中参与国际事务、维护国家利益的重大课题。

实现中华民族伟大复兴是近代以来中华民族最伟大的梦想。当前，中国正处于复兴崛起的关键时期，从1924年孙中山正式提出"民族复兴"一词以来，在近百年的漫长历史中，中华民族从未停止复兴的脚步。民族复兴不仅关乎中国经济社会的稳定发展、人民幸福感与自豪感的提升，也有助于中国的国际话语权和国际地位的提升，关系整个国家和人民的前途命运，意义深远。时至今日，中华民族比历史上的任何一个时期都更加接近、更有信心和能力实现中华民族伟大复兴的宏伟目标。在这一关键节点，稳定发展已经成为压倒一切的大局。而正如前文所言，对于网络舆情的治理不仅是观照社会现状、解决社会矛盾、缓和社会冲突，推动社会治理的重要举措，同时也是维护社会稳定、促进和谐发展的关键手段。换句话说，网络舆情治理已经成为中华民族伟大复兴这一宏大背景下必须正视、应对与处理的题中之意。

从人类命运共同体来看。在全球化背景下，网络舆情已经冲出一国、一区的边界，转而向全球、全范围蔓延。尤其是在涉及全人类共同命运与福祉的全球性舆情事件中，其影响力和作用力更为凸显。仍以新冠疫情舆情为例，由新冠疫情所带来的不稳定因素在全球多个国家与地区凸显，大有蔓延之势。毫无疑问，合理引导舆论，治理舆情，齐心协力，共渡难关，是全人类面临的共同课题。可以说，在人类命运共同体的背景下，任何国家都无法在发展上实现一枝独秀，也不能在安全上独善其身。只有进行全球化、共识性的治理，才能实现整体治理。只有追求普遍性、共同性、整体性的安全，才能实现真正的安全。从这个意义层面而言，做好网络舆情治理不仅是关乎本国稳定发展的紧迫任务，同时也是关乎人类命运共同体的重要举措。因此，无论从国内的治理现状而言，还是从国际局势下的稳定发展而言，网络舆情治理都面临着前所未有之大挑战。也正因如此，如何认识和把握网络舆情，过好网络舆情治理这一关，是摆在我们面前的重大课题。

然而，从近几年的现实情况来看，我们的网络舆情治理和舆论引导仍然处于一种"凭直觉来把握，用本能来处理"的无策状态。这体现在网络舆情治理的机制不足，治理主体协同性较差，治理效力欠缺等方面。从机制层面而言，尽管经过多年探索取得了一定的经验和成就，但总体而言，当前国内的网络舆情治理依然存在制度不健全的现状。一方面是舆情治理的领导机制不全。如对网络舆情引导的主动权把握不足，加之部分舆论工作者对网络舆情的治理时机把握不到位，面对网络舆情极易受到主观经验的影响而无法及时做出正确判断并有效应对，未能找准最佳的治理节点，导致舆情的扩散与蔓延等。另一方面，网络舆情治理的监测与预警机制不足。未能形成科学有效的舆情监测机制，尤其是对于一些突发性网络舆情事件无法准确监测，及时掌握。尽管目前存在一些预警体系，但总体而言种类繁杂，科学性和精准性不足，也未能建立统一的预警标准，这就导致无法获取最新舆情进展，形成有效的舆情预警。此外，当前的网络舆情治理亦存在反馈机制、问责机制欠缺等问题。网络舆情的有效治理离不开反馈机制的建立，反馈机制不仅是研判一则舆情事件治理效果的重要路径，同时也是反思现阶段网络舆情治理现状与问题的有益手段。尤其是在网民主体意识不断增强的当下，充分了解网民对于网络舆情治理的态度和意见对于推动网络舆情有效治理至关重要。然而，从客观现实来看，网络舆情治理更多停留在"治"的层面，对于治的效果则缺乏有效反馈。就问责机制而言，当前网络舆情治理亦缺乏一整套行之有效的问责体系，难以在网络舆情治理中做到"责任到人"，这也在客观上影响了网络舆情治理的时、度、效。

从治理主体层面而言。当前的网络舆情主体存在治理的协同性较差的问题。长期以来，我国的网络舆情治理基本形成了"中国共产党领导下的以行政力量为主导，网络服务提供商、行业协会、社会组织和公民个体多主体协同"[①]的治理主体架构。然而，受多重因素的影响，在具体的网络舆情治理实践中，各治理主体内部、不同治理主体之间并未形成有效的配合，依然存

---

① 韩建力：《政治沟通视域下的中国网络舆情治理研究》，博士学位论文，吉林大学，2019年，第105页。

在协同性较差、相互之间的支撑性不足等问题。如在以行政力量为主体的治理实践中存在由于地域差异而导致的协同效果不佳的问题,在同一职能但不同层级的治理主体之间存在条块体制而导致的治理范畴和治理效力的局限性等问题。在不同的治理主体之间,尽管国家层面就网络舆情治理推出了一系列规章条款,但不同的治理主体对这些条款的遵循和实践却千差万别,未能形成合力,在很大程度上削弱了制度执行的效力。此外,长久以来形成的网络舆情治理过于依赖媒体的传统也导致治理时效性以及公信力方面的弱势。

就治理效力层面而言,"有效性是良好的治理的评价标准之一"[①]。在国内,网络舆情治理是否具有实效主要有三个层面的评判维度,一是治理主体的网络舆情危机应对能力如何;二是治理规则是否能够服务于治理实践;三是治理实践是否能够有效解决舆情折射的社会矛盾,解决社会问题,消除负面影响。由于治理机制的不足以及治理主体协同性的欠缺,当前的网络舆情治理依然面临着治理效力有限的困境,未能形成行之有效的治理体系,总体而言仍处于探索之中。综上,无论从治理机制、治理主体还是治理实效层面来看,当前的网络舆情治理依然面临十分艰巨的任务,急需探寻一套系统的、行之有效的治理方法和治理模式。

作为系统致因理论的代表性理论,功能共振理论主要运用于事故调查、安全管理、风险评估等方面,并在长期的运用与实践中展现出强大的适用性与解释力。功能共振模型的特点在于能够对整个事件对象进行系统性的观照与把握,在充分剖析各个功能要件及其作用模式的基础上,对核心功能要件加以提取,找到导致功能失调的关键要素,为风险事故提供分析与预警的有益支撑。舆情爆发与重大安全事故的发生一样,没有察觉到造成舆情出现的诱因发生变化,任由其发展就会产生"连锁反应",导致爆发范围更大、影响力更强的新舆情。可以说两者是由诸多诱发因素耦合、复杂交互导致的结果,这就为将功能共振理论运用于网络舆情治理中,解决舆情治理问题提供了有益的契机。正是基于此,本课题旨在在纷繁复杂的国内外舆情环境背景下,立足当前网络舆情治理的现状,以功能共振理论为依托,着眼于建立一套针对网络舆情治理的系统模型,来研究网络舆情中各要素的耦合过程以及

---

① 辛向阳:《评价国家政治制度优劣的八个标准》,《北京日报》2014年9月第17版。

耦合过程中要素的变化诱发网络舆情的过程，并提出治理的具体举措。

2. 国内经济社会发展与国家治理现代化进程对网络舆情治理提出新要求

传媒技术快速发展与变化的几十年，也是国内经济社会稳定高速发展的几十年。技术的发展为社会带来了极大的机遇红利，乡村建设走向深入，城镇化步伐稳步推进，现代通信技术加速普及，互联网经济遍地开花，中国社会处于前所未有的转型与变化之中。社会转型是一个国家发展的重大命题，它意味着社会从传统型向现代型的转变，或者说是由传统社会向现代社会的转变。社会转型的结果是从传统的农业、乡村、封闭与半封闭社会转变为工业、城镇、开放的现代化社会。① 处于转型时期的中国社会，阶层分化加剧，不同行业、阶层、群体之间的交往和联系愈加密切。不同阶层之间的利益与矛盾冲突日益加剧，如由于新兴阶层分化导致的社会不信任感加深；由于社会利益加速调整导致的不公平感的加剧；由于财富分配不均、贫富差距等问题引发的被剥夺感凸显等；各种新问题、新情况、新矛盾层出不穷。在网民群体普遍年轻化的当下，其价值观念更为多元，文化程度相对较高，利益诉求也更加多样，加之其对网络的使用更加熟悉和便利，因此，借助网络平台发声已经成为网民在社会生活与交往中遭遇各类问题时的首要举措。互联网也便成为汇聚民声、表达民意的重要集散地。在这一背景下，网络舆情无疑充当了社会健康与否的风向标与指示器，网络舆情治理也成为纾解社会矛盾，解决社会问题的关键着力点。

网络舆情治理与国家治理体系现代化一脉相承。一方面，社会安定有序和充满活力是国家治理现代化的关键诉求。社会在国家治理中既充当着"客体"的角色，也发挥着"主体"的作用。就"客体"角色层面而言，其是国家治理的重要领域，就"主体"角色层面而言，其是参与国家治理的重要依托力量。社会这一兼具主客体属性的对象能否充分扮演其在国家治理中的角色，发挥好在国家治理中的作用，对于国家治理能否顺利推进意义重大。另一方面，网络舆情成为社情民意最为直接的反射器。转型社会的结构

---

① 郑杭生：《60年，中国社会是怎样转型和发展过来的》，转引自林敏《网络舆情：影响因素及其作用机制》，博士学位论文，浙江大学，2013年，第53页。

矛盾与利益博弈都会在网络中集中体现,社会与媒体的变革在网络中错杂交织。① 网络作为公共话语空间,能够在国家治理能力与治理体系现代化的进程中扮演协调多元治理主体、推进公民有序政治参与、凝聚发展共识、促进公共决策科学化的重要角色。②

可以说,无论是从经济社会发展视角而言,还是从国家治理层面来看,国家的稳定发展都离不开对网络舆情的有效治理。网络舆情治理的目的并非遏制言论,而是通过对舆情的掌握与剖析,分析相应历史时期社会大众的思想状态和民意诉求,将网络舆情作为晴雨表和指示器,及时化解潜藏在时代发展中的社会问题,平衡不同阶层之间的矛盾冲突,推动国家与社会治理的有序向前。③ 习近平总书记曾在多个重要会议讲话中强调,"做好网上舆论工作是一项长期任务,要创新改进网上宣传,运用网络传播规律,弘扬主旋律,激发正能量"④"把握好网上舆论引导的时、度、效,使网络空间清朗起来"⑤。而"好的治理可以理解为在外部干预和自行协调的综合作用下,保持网络舆情演化的动态平衡"⑥。通过对网络舆情的治理来促进整个社会治理和社会发展的动态和谐统一。这些都构成了当前网络舆情治理的深刻国内背景。

3. 以技术发展为主导的社会环境急剧变革为网络舆情治理提出新挑战

毫无疑问,技术的发展已经成为重塑现实社会与网络舆情环境的最大变量。经历了大众传播时代的"媒体为王"阶段,互联网时代的"百家争鸣"阶段,当前技术的发展正在助推整个人类社会走向后互联网时代的"人人传播"阶段。从广播、电视到互联网,从文字、图片、视频再到短视频,从VR、AR、大数据、云计算再到MR,技术的发展在助推人类社会不断向前

---

① 陈端:《国家治理现代化视阈下的网络舆情治理研究刍议》,《今传媒》2015年第5期。
② 陈端:《国家治理现代化视阈下的网络舆情治理研究刍议》,《今传媒》2015年第5期。
③ 陈华明、刘效禹:《从"凝固"到"流动":媒介学视域下的网络舆情再认知》,《湖南师范大学社会科学学报》2020年第3期。
④ 中华人民共和国国家互联网信息办公室:《习近平:创新改进网上宣传,把握网上舆论引导的时效度》http://www.cac.gov.cn/2014-02/28/c_126205895.htm,2014年2月。
⑤ 中华人民共和国国家互联网信息办公室:《习近平:创新改进网上宣传,把握网上舆论引导的时效度》http://www.cac.gov.cn/2014-02/28/c_126205895.htm,2014年2月。
⑥ 张权、燕继荣:《中国网络舆情治理的系统分析与善治路径》,《中国行政管理》2018年第9期。

的同时,也深刻改变了当前国内的传播环境和舆论环境,赋予了每个个体参与社会发展和传媒变迁的机遇与权利。

在传媒环境变革方面,伴随着技术的发展与新媒体的快速崛起,既有的传媒格局被打破:传媒格局经历了由原先的传统媒体一家独大到传统媒体与新兴媒体二元并存,再到新兴媒体后来居上的演变。加之自媒体、短视频等的传媒形式的崛起,传媒市场逐渐形成了多元并存的发展局面。传统主流媒体的"式微"与新媒体的崛起不仅改变了传媒格局,更在很大程度上改变了传播链条中的每一个环节。传播主体更为复杂、多元,传播渠道更加畅通、便捷,传播内容更为丰富、个性、小众,受众组成更加混杂、忠诚度降低、流动性加剧,传播效果更加充满变数、难以预测。在"推倒一切,重建一切"的带有后现代主义色彩的传媒环境下,传播这一行为发生了极大的改变。前互联网时代形成的传统媒体独具话语权的局面被打破,话语权进一步下放,话语权的下放又在客观上模糊了"把关人"的角色与地位,并在根本上促使传媒环境陷入前所未有的混沌之中,面临重新调整与排列组合。可以说,舆论与舆情为何在前互联网时代鲜少发生,而在互联网时代伴随着传媒技术的进步却日益凸显,都依赖于其所处的客观传媒环境的变革。换句话说,当前的网络舆情之所以呈现出与以往不同的样貌与表征,在很大程度上取决于当下的传媒环境,也即其赖以存在的土壤。

在个体媒介使用方面,正如前文所述,传媒环境的变革导致了话语权的下放与个体参与度的提升,直观地表现为个体媒介使用的改变。从使用人群构成来看,当前的媒介使用人群已经经历过了爆发式增长时期,进入平稳递增阶段,网络的普及率稳步提升。第50次《中国互联网络发展状况统计报告》显示,截至2022年6月,我国网民规模为10.51亿,互联网普及率达74.4%。农村地区互联网基础设施建设全面强化,我国行政村已实现"村村通宽带",农村地区互联网普及率达58.8%。① 从参与方式来看,个体的网络参与方式更加多元,不仅可以通过电脑、手机,还可以使用其他形式的移动设备,不仅可以借助微博、微信等社交平台,还可以通过各类短视频平台

---

① 中国互联网络信息中心:《第50次中国互联网络发展状况统计报告》,http://www.gov.cn/xinwen/2022-09/01/content_5707695.htm?eqid=cf036159000bd4f40000000364567e85,2022年8月。

以及自媒体平台发声。参与时间更加灵活，参与空间更为自由，已经实现了全时间、全空间、全场景参与。从参与环节来看，当前个体的媒介使用与参与已经覆盖从内容生产到传播的方方面面。既可以以受众的身份参与信息的接收，亦可以以传播者的身份进行内容的生产，同时还可以作为信息的传播者和传播效果的反馈者参与到信息流动的整个环节。然而，个体媒介使用的改变在客观上造成了大量信息的极速涌入造成的信息超载和信息传播方式改变带来的信息甄别难度的提升。正如马克·波斯特所言，"电子媒介交流使说话者与听话者之间的关系变远，并且摆脱了阅读者、书写者与印刷或手写文本的可感可触的物质性之间的关系，因而它搅乱了主体与主体所传达或接收的符号之间的关系，并以极其新的形势对这一关系重新建构。在信息方式中，主体要想辨明能治交流'背后'的'真实'存在已越来越难，甚至可以说毫无意义。"① 无疑，技术的发展与媒介的普及在进一步提升个体参与度的同时，也为虚假化、情绪性信息的传播提供了空间，这也成为技术重塑网络环境的重要结果与表征。

在网络舆论环境方面，正如克莱·舍基在《人人时代：无组织的组织力量》一书中形容技术的发展在消除集体行动障碍中的作用："技术在其中的作用是通过消除两大障碍——信息的地方局限和集体性反应所面临的壁垒，从而改变了公众反应的范围、力度，尤其是持续的时间。"② 当前的网络舆论环境特征是技术对集体行动壁垒的消除，以及由此带来的舆情环境的空前复杂态势。伴随着微博、微信、短视频等新媒介的崛起，个体已经成为重要的信息传播节点，原有的新闻场、舆论场等都发生了深刻的变革，公共议题的传播机制，意见领袖的作用模式，网络舆情的生发路径等等都表现出与以往不同的特点。③ 在"社群传播"成为主导传播模式的当下，网络舆情的偶发性与不可控性都不断增强，舆情的传播力和影响力更

---

① ［美］马克·波斯特：《信息方式：后结构主义与社会语境》，范静晔译，商务印书馆2014年版，第24页。
② ［美］克莱·舍基：《人人时代：无组织的组织力量》，胡泳、沈满琳译，中国人民大学出版社2015年版，第124页。
③ ［美］克莱·舍基：《人人时代：无组织的组织力量》，胡泳、沈满琳译，中国人民大学出版社2015年版，第124页。

广，由单个舆情事件引发的舆情风暴可能在短时间内借助社群机制形成蔓延式传播，造成跨群影响。网民的情绪更易被煽动，负面情绪的星星之火在舆论场中都可能很快形成燎原之势。与此同时，后现代社会娱乐与消费文化的快速崛起，网红的大量出现等社会景观，都在很大程度上造成了权威的消解。个体受解构思维的影响，往往不顾真相而仅仅凭借自己的喜好发声，进一步导致了舆论场的混乱，加剧了舆情治理的难度。集体行为与集体行动门槛降低，借助网络这一媒介载体，持续性更久，影响力更为深刻。可以说，在技术的作用下，网络舆情环境的复杂程度前所未有，这也成为当前网络舆情治理的客观背景。

二 研究价值

网络传播时代，互联网成为舆情事件滋长、爆发和演化的重要场域，也是政府、媒体和民众必须面对的新的传播环境。因此，研究网络舆情事件的演化规律与治理机制具有重要的现实意义。近年来网络传播在诸多社会安全事件、自然灾害事件、公共卫生事件和社会矛盾事件中发挥着不可忽视的作用。互联网突破了传统媒介在信息分发与接收的二元对立格局，将事件信息在网络场域中放大、解构、异化与重构。民众也在网络中进行事件信息的接收、浏览、转发、编辑与互动。研究网络媒体在现实世界与虚拟世界的实时交互状况、把握网络舆情事件的走势、提升应对突发舆情事件的能力，既是学界的研究热点与难点，又是政府与市场急需解决的重要问题。基于此，本书运用功能共振分析方法，强调从整个系统的功能特征角度分析舆情爆发动态过程的内在机理，为舆情演化的预测和治理提供决策参考。本课题相较于以往研究的价值在于：创新性地将主要运用于安全科学、风险评估学科的功能共振分析方法用来研究网络舆情治理的议题，既关注个体功能的作用，亦重视功能系统的耦合交互共振，从而更科学地把握舆情演化发展趋势；把功能共振作为舆情演化的焦点理论展开研究，有利于清晰把握舆情的演化过程，从而弄清舆情的爆发、熄灭机理；基于耦合交互共振功能识别构建的舆情治理机制更能有效把握舆情治理的关键节点；通过构建功能共振模型，可以预测舆情发生后具体哪些功能单位和功能会发挥共振作用；通过耦合、交互、共振功能的识别，确定关键功能和非关键功能，针对关键功能制定核心引导机制，针对非关键功能制定相应的预防机制，可以为及时有效地控制舆情爆发提供决策依据。

研究网络舆情的演化机制可以为突发性公共危机事件提供正确的信息发布与引导策略，减少民众的恐慌情绪，增加政府与媒体的公信力，维护社会稳定。突发事件是一个偶然性与必然性兼具的事件，是事物内部的矛盾通过转换由量变达到质变的过程，并在一定的诱发因素之下发生。研究舆情演化的规律，一方面，可以通过大数据和仿真手段对网络舆情进行危机预警、实时监控和趋势预测。预警是对网络舆论场域进行密切的观测，并根据已有的研究成果和舆情治理经验，在危机事件爆发前便有所警惕。对舆情进行检测和预测是指在舆情事件发生后，对舆情的发展状况进行全方位的监控，以便相关部门对舆情的处置和引导做出准确判断。因此，如何通过有限的经验和证据对舆情做出正确的预警和判断，把握舆情的走势，并提出科学可行的舆情引导策略，是研究舆情演化机制的目的。另一方面，可以通过对网络舆情演化态势和影响因素之间进行关系建模与仿真，运用功能共振理论来研究网络舆情的演化机理。通过识别网络舆情演化中的功能单位、功能作用，探究网络舆情演化中的各个功能单位的功能耦合共振规律，建立舆情演变 FRAM 模型和六角功能图，观察各个功能单位在舆情演变过程中的所起的作用以及它们非常态耦合涌现出的意外结果，提炼舆情事件演变的关键功能，针对关键功能制定治理的核心引导机制；同时，针对其他在舆情演变中的非关键功能制定相应的预防机制。

第二节 国内外研究现状

一 关于功能共振理论的研究现状

1. 关于功能共振理论的相关定义

共振理论是源起于物理学的经典理论，广泛用于多个学科领域的研究，经历了经典共振、随机共振到功能共振的理论发展过程。经典共振指的是当振动系统作受迫振动，所加外力的频率与其固有频率接近或相等时，振幅急剧增大的现象。共振是物理学乃至整个自然科学领域的一个重要的基础性概念。在社科领域，许多学者运用共振理论来解释对观点的认同、对政策的响应、被艺术所感染、从众心态等。随机共振（Stochastic Resonance，SR）是一种解释更加复杂、系统的共振理论，这一理论是由物理学家罗伯托·本兹、阿方索·萨特拉和库珀·曼詹尼特等人在 1981 年提出。随机共振强调共振的结果是非线性的，是瞬时发生或者涌现而成。随机共振理论主要用于信息技术、医学、生物学、神经科学等领域。功能共振是在随机共振的基础上完善而来，功能共振分析方法（Functional Resonance Analysis Method，FRAM），是一种技术—社会系统分析方法，强调从整个系统的功能特征角度分析事故及辨识动态系统中的风险因素，认为问题的出现往往是多个功能在耦合与交互的变化中产生的，可以提前对功能耦合产生的结果做出预测，并结合具体的情况做出及时应对。

2. 功能共振理论的研究现状

在系统模型的理论中，系统被认为是一个庞大且复杂的系统。事故发生是由于系统运行时出现了一种异于平常的行为现象。这类事故强调的是系统各因素之间的共振与耦合作用，使系统表现出反常的动态性和非线性特征。作为系统致因理论的典型代表之一，郝纳课于 2004 年首次提出了功能共振事故模型，郝纳课认为，了解事物出错的原因是了解系统正常运转规律的前提。[①] 在功能共振理论不断发展与完善的过程中，克里斯托弗·内梅斯认为，系统功能之间的相互作用带来了系统之间的"共振"，建立功能共振模型是为了建立一种指导人们理解复杂技术—社会系统中各因素之间的联系，用以预防系统运转失效。于是郝纳课于 2012 年最终确定了功能共振分析方法，并出版了著作 *FRAM：The Function Resonance Analysis Method Modelling Complex Socio-technical Systems*（《功能共振分析方法——复杂社会—技术系统建模》）。[②]

最初 FRAM 模型的理论框架是由郝纳课提出的，不仅对 6 个功能模块进行定义，还在定义的基础上对六角功能模块的表示方法进行阐述。这些都用于表示功能之间以及功能内外的联系，奠定了该理论模型在实际应用中的理

[①] Hollnagel, E. and Orjan, Goteman., "Proceedings of Cognitive System Engineering in Process Plant", *The Functional Resonance Accident Model*, Vol. 15, No. 1, 2004, pp. 155–161.

[②] Hollnagel, E., *FRAM：The Function Resonance Analysis Method Modelling Complex Socio-technical Systems*, Ashgate Publishing, 2012.

论基础，例如最初被用于航空领域的飞行事故分析。① FRAM 也能应用于系统的风险分析。沃尔特杰（Woltjer）等人将 FRAM 事故模型应用到航空、核工业、石油开采和卫生领域的事故分析和风险分析。② 在对金融系统风险进行分析的领域，森德斯特伦（Sundstrom）从系统分析的角度出发，将一种特殊的风险模型框架引入其中，建立功能共振的分析框架，并阐明运用该理论识别金融系统功能进行风险分析的适用性。伦布拉德（Lundblad）等人将功能共振视为一种风险评估的方法，将其应用于核工业燃料运输领域，并得到相关的功能分块，且对可能诱发事故的原因进行分析、总计和归类。③

目前国内运用功能共振理论及方法开展系统事故相关研究的学者还较少。为了将功能共振模型应用到实际的事故分析中，张晓全等人于 2011 年首次将该理论应用于分析可控的飞行器撞地事故，并认为功能共振的事故模型能够很好地解释事故发生的原因和过程，还能够为事故风险提供功能性变化的监测和预警，同时指出功能共振的事故模型对功能单位的识别和评价会影响整个事故的分析结果。④ 在张晓全等人的研究基础上，甘旭升等人于 2013 年将该理论应用于航空事故分析，并认为功能事故模型方法既能够解释事故发生的原因与导致功能耦合的因素，还能够对降低和预防风险事故发生提出解决方案。⑤ 胡瑾秋等人提出一种基于功能共振事故模型的 CTV（Cargo Transfer Vesset，原油转驳船）卸油模式风险分析方法，应用到 CTV 卸油作业的风险分析中，可以准确地找到导致事故发生的关键因素。⑥ 乔万冠等人利用改进后的 FRAM 模型对煤矿重大事故进行致因分析，结果表明，

---

① Hollnagel, E. and Goteman, O., "The Functional Resonance Accident Model. Proceedings of Cognitive System", *Engineering in Process Plant*, 2004.
② Woltje, R., Hollnagel, E., "Functional Modeling for Risk Assessment of Automation in a Changing Airtraffic Management Environment", *Crete, Greece*: The 4th International Conference Working on Safety, 2008.
③ Lundblad, K., Speziali, J., Wohjer, R., et al., "FRAM as a risk assessment method for nuclear fuel transportation", *Proceedings of the 4th International Conference Working on Safety*, 2008（9）.
④ 张晓全、吴贵锋：《功能共振事故模型在可控飞行撞地事故分析中的应用》，《中国安全生产科学技术》2011 年第 4 期。
⑤ 甘旭升、崔浩林、刘卫东等：《STPA 危险分析方法以及在 ATSA-ITP 设计中的应用》，《中国安全科学学报》2015 年第 5 期。
⑥ 胡瑾秋、唐静静、胡忠前等：《"FPSO + CTV + 普通油轮"外输作业模式风险分析》，《中国安全科学学报》2018 年第 10 期。

改进后的 FRAM 模型共发现 6 处导致案例事故发生的关键失效链接,包括下达生产任务和安全生产之间失效连接,维修设备和通风、瓦斯监测之间失效连接等。① 为了完善 FRAM 分析方法,并对郝纳课分析"自由者号"的功能网络图进行补充和细化,田瑾等人基于 FRAM 分析对"自由者号"事故进行了安全评估,这对于 FRAM 的深入学习和研究有很好的借鉴意义。② 张杨薇将 FRAM 应用于危险品道路运输系统分析,并指出 FRAM 模型的不足并对其进行量化改进。③ 同样,樊运晓等人将 FRAM 模型用于天津港爆炸事故的分析,认为制订规划职能方面的输出故障,致使系统其他功能运行失效,从而导致事故的爆发。④

二 关于网络舆情演化与治理的研究

有关网络舆情演化的研究中,国内学者主要关注网络舆情的演化发展逻辑。一方面对网络舆情的演化进行分阶段讨论,关注网络舆情演化发展的整个过程以及其中作用网络舆情演化的因素,从演化发展的过程及作用因素中来寻找网络舆情治理的关键节点;另一方面,随着网络技术的不断发展,网络传播的复杂性加深,学界开始运用更为复杂的技术模型来探究网络舆情的演化规律和治理路径。近年来,研究复杂网络模型问题已成为学术界的一种新的研究趋势。

1. 网络舆情演化机制的研究

网络信息传播具有速度快、范围广、影响深远和结构复杂等特点。在此传播环境中,网络舆情演化看似杂乱无章,没有头绪,实则在大数据与复杂模型的分析下仍然呈现出一定的规律性。目前,学界关于网络舆情演化机制的研究成果汗牛充栋。诸多学者从不同角度对舆情的形成过程、演化路径、

---

① 乔万冠、李新春、刘全龙:《基于改进 FRAM 模型的煤矿重大事故致因分析》,《煤矿安全》2019 年第 2 期。
② 王仲:《功能共振分析方法在事故分析中的改进应用》,硕士学位论文,中国地质大学,2017 年,第 12—13 页。
③ 张杨薇:《基于 FRAM 的危险化学品道路运输系统恢复力提升研究》,硕士学位论文,中国地质大学,2018 年,第 5 页。
④ 樊运晓、高远、段钊:《我国安全监管职能耦合分析与优化》,《西安科技大学学报》2018 年第 6 期。

波动规律、治理机制等方面进行深入探究，形成舆情演进的三阶段、五阶段乃至七阶段论。虽然学界对网络舆情的演化机制和演进路径并没有形成统一的结论，但学者们普遍认为舆情是一个具有时间周期的事物，会沿着发生、推进、高潮、消退和熄灭的脉络发展。

（1）网络舆情信息演进的三阶段机制

三阶段模型是学界对网络舆情发展规律较早的普遍划分方式。基于舆情的演化历程，王来华将舆情的演化具体划分成发生、变化和结束三个阶段。① 学者刘昊认为发表个人意见，形成震源；意见领袖促成网络舆论；权威意见引导网络舆论是网络舆情演进的三个主要阶段。② 通过数学建模来探究网络舆论的演进模型，张立和刘云进行舆情演进机制的分析，提出了爆发、发酵与消退三个舆情发展阶段。③ 卢毅刚以"时、度、效"为基础因子提出形成的舆论传播建模研究的三阶段逻辑。④ 在网络论坛的实证数据基础上，学者陈海汉通过构建舆情分析计量模型，运用数学方法，将舆情划分为潜伏期、高涨期和衰退期三个阶段，并分析每个阶段中舆情信息的传播规律，进而为舆情治理提出预警和引导对策。⑤

在网络传播时代，网络舆情的生发和消退更加难以掌控。三阶段模型虽然能够大致契合舆情演进的规律，但无法在细节处给予舆情治理更精准的建议。因此，本书将在三阶段模型的基础上，对网络舆情的演化进行重新梳理与摸索。

（2）网络舆情信息演进的四阶段机制

随着网络传播模型的迭代发展，网络舆情的演化路径也更加复杂。

刘毅将网络舆情作为具体研究对象，认为网络舆情演进过程可以分为涨落、变化、冲突以及淡化四个阶段。⑥ 姜胜洪将舆情热点作为其研究对象，

---

① 王来华：《舆情变动规律初论》，《学术交流》2005年第12期。
② 徐敬宏、李欲晓、方滨兴等：《非常规突发事件中网络舆情的生成及管理》，《当代传播》2010年第4期。
③ 刘毅：《网络舆情研究概论》，天津人民出版社2007年版，第30页。
④ 卢毅刚：《浅析网络舆情研判的方法与进路》，《新闻研究导刊》2017年第20期。
⑤ 陈海汉、陈婷：《突发事件网络舆情传播时段特征和政府预警模式研究》，《图书馆学研究》2015年第1期。
⑥ 刘毅：《网络舆情研究概论》，天津人民出版社2007年版，第27页。

认为网络演进可以划分为开始、高涨、波动、消退四个阶段。① 宾宁等基于社会化媒体的时代背景,在研究过程中将网络舆情信息传播与演进过程分为形成阶段、发展阶段、高涨阶段以及衰退阶段四个阶段,并运用博弈仿真方法分析了不同演进阶段的舆情演进策略。② 李纲等则基于生长曲线特征视角,研究公共危机事件过程中网络舆情的演进过程,研究指出网络舆情信息演进可以划分成潜伏期、发展期、成熟期以及衰退期四个阶段。③

（3）网络舆情信息演进的多阶段机制

谢科范等通过分析网络舆情公共突发事件,将其演进过程具体划分为潜伏期、发展期、加速期、成熟期以及退化期五个阶段,对于舆情事件所引起的公共突发危机事件的演进机制具有较好的解释性。④ 同时,也有一些学者在研究过程中提出了多节点的舆情演进阶段划分模式,喻国明研究提出包括初始发生、网民爆料、媒体跟进、网络炒作、舆情演化、政府决策、事件平息等的网络舆情演进的七阶段模型,该模型在诱发性网络舆情演进或者特定事件演进等方面的解释力很强。但是该多阶段舆情演进模型一般基于某一类舆情事件,其在网络舆情的描述过程中过于具体化,由此弱化了模型的抽象性。⑤

2. 网络舆情治理的研究

网络舆情的复杂性和重要性使得网络舆情治理成为学界和业界共同关注的议题。把握网络舆情的发展规律和演化路径能够为政府提高网络治理能力、实现国家治理能力与治理体系现代化提供对策上的理论参照。诸多学科例如政治学、管理学等,在网络空间治理的视域之下,探讨网络舆情演化和治理的工具理性、价值理性。传播学、心理学等学科则在把握信息传播规律的基础上积极探索网络舆情演化的一般性规律和影响机制。通信、电子信息、计算机等偏技术性的学科则更多的将研究重心放置于网络舆情治理的技

---

① 姜胜洪:《网络舆情形成与发展规律研究》,《兰州学刊》2010 年第 5 期。
② 宾宁、王钰:《社交网络正面信息传播及仿真研究——基于三方博弈视角》,《现代情报》2017 年第 11 期。
③ 李纲、陈璟浩:《突发公共事件网络舆情研究综述》,《图书情报知识》2014 年第 2 期。
④ 谢科范、赵湜、陈刚、蔡文静:《网络舆情突发事件的生命周期原理及集群决策研究》,《武汉理工大学学报》(社会科学版)2010 年第 4 期。
⑤ 喻国明:《网络舆情热点事件的特征及统计分析》,《人民论坛》2010 年第 11 期。

术手段提升上,以准确地把握当前网络舆情监测、预警与引导的现状,并积极探讨可能的技术优化路径。目前,学者已从不同方面对网络舆情治理做出了讨论。

(1) 微观层面的网络舆情治理

微观层面的治理研究是指网络舆情的技术干预和危机事件识别预警、应急管控的具体操作。通过建立网络舆情危机指标、危机管理模型,从而对舆情态势进行准确识别和快速反应是微观层面舆情治理的工作核心。目前的研究集中在以下几个方面:

在网络舆情的监测、预警方面,如何快速地定位舆情热点,并识别引发舆情的目标话题,且对其进行追踪是研究的重点。在该环节,网络舆情的治理强调的是通过技术手段发现新信息和特定的热点,如提取关键词等。然后通过汇总和分类将信息汇总给监管者,并同时对引发热点的新闻事件进行跟踪,把握事件发展的历程。在此基础上,大部分的研究通过建立模型,提出建立一套完善的网络舆情预警体系。如董坚峰利用大数据抓取技术,构建了采集、挖掘、分析、预警四层的应对突发事件的网络舆情预警系统模型。该模型能够实现事件信息的采集、分析、预警的实时化、智能化和自动化。[1] 吴绍忠对网络舆情预警等级进行了设定,将之划分为轻警情(Ⅳ级,非常态)、中度警情(Ⅲ级,警示级)、重警情(Ⅱ级,危险级)和特重警情(Ⅰ级,极度危险级)四个等级。[2] 曾润喜对网络舆情监控和预警进行了系统的研究,他认为应建立群体性事件网络舆情预警机制和组织体系,从警情、警兆、警源等三方面构建预警指标体系,将群体性事件网络舆情的预警系统设为五个子系统,分别是汇集、分析、预控、检测和警报子系统。[3]

在网络舆情预警的系统中,构建网络舆情的指标体系是第一步。这一步综合了诸多网络舆情管理的综合知识,应该将其视为一个重要的单独类别。学者兰月新以网民的反应、信息的特性、事态的扩散趋势、热点内容的直观程度、网民的倾向性和地理位置五个指标作为评估网络舆情安全的重要维

---

[1] 董坚峰:《基于 Web 挖掘的突发事件网络舆情预警研究》,《现代情报》2014 年第 2 期。
[2] 吴绍忠、李淑华:《互联网络舆情预警机制研究》,《中国人民公安大学学报》(自然科学版) 2008 年第 3 期。
[3] 曾润喜:《网络舆情突发事件预警指标体系构建》,《情报理论与实践》2010 年第 1 期。

度,为网络舆情监管部门建立一个健全科学的舆情事件预警机制提供了科学的理论参照。① 利用信息空间模型(I-space)对网络舆情产生的根源和传播的过程进行分析,谈国新等人提出了新的网络舆情监测体系,充分展现了地理分布、传播渠道和热点内容对舆情传播的影响。虽然目前学者们所建立的各类舆情预警指标体系成果丰富,但并未形成统一的定论,且各评价指标之间的差异明显。因此如何对预警指标体系进行构建并将其应用是网络舆情治理的重要环节。

(2)宏观层面的网络舆情治理

宏观层面的治理研究包括网络舆情及其引发危机的应急管控流程体系标准建设、政府的应对和配套法理制度完善。舆情的正面引导和信息的透明公开是网络舆情事件中最重要的一环。胡杰认为政府应该在保障民众对社会事件的知情权、促进事件信息公开透明、积极提升政府形象等方面加大投入。② 也有学者对政府信息的公开情况进行定量分析,探讨政府公信力与社会热点事件信息公开速度与程度之间的关系,并指出在网络舆情事件中,政府信息公开后,引导和控制舆论才是网络舆情治理的重中之重。

国外学者波特(Porten)认为网络舆情具有"沉默的螺旋"属性,容易煽动宣泄网民的不满情绪,引发网络群体性事件。当前,负面网络舆情所产生的危害不断增强,不仅能够引起线上的情绪极化,还会影响线下的事件发展,为地方各级政府的社会治理带来新的压力与挑战。③ 具体来说,当网络舆情事件爆发时,如果政府没有能够在合适的时间、以合适的方式在网络中公布事件的真相,做到信息的公开透明就很容易引发民众对政府的怀疑。当民众对政府的失望与不满情绪急剧增加时,这种负面情绪就容易发酵,成为推动负面舆情扩散的主要力量,最终影响到现实社会的稳定。但目前各政府部分工作人员的互联网思维还有待加强,对舆情事件的敏感度还有待提升。当前的政府工作人员,要么不愿意公开信息,要么以明显的强制手段干涉网

---

① 兰月新:《突发事件网络舆情安全评估指标体系构建》,《情报杂志》2011年第7期。
② 胡杰:《网络环境下的政府形象塑造》,《中共中央党校学报》2012年第4期。
③ Porten-Cheé. P, Eilders C., "Spiral of Silence Online: How Online Communication Affects Opinion Climate Perception and Opinion Expression Regarding the Climate Change Debate", *Studies in Communication Sciences*, Vol. 15, No. 1, 2015, p. 143.

络信息的走向，这对提升政府形象，提高民众对政府的信任度极其不利。[①] 并且，随着网络技术的不断发展，舆情信息的传播速度、广度和深度远超以往，但各级政府对网络舆情信息的把握较为分散，还没有形成一个整体的、系统的、联动的、动态的网络信息共享体系。因此，本书认为在宏观层面，还应该在构建舆情案例库的基础上，加快舆情网络信息平台的建设，提升政府部门之间和政府部门内部对网络舆情治理和响应的能力。

此外有学者从法理约束层面对美国、俄罗斯、澳大利亚、韩国、新加坡等国家的网络信息监管立法现状进行了详尽的梳理，并对照国外经验教训，提出我国网络舆情监管法律规制建设的规划。[②] 韩建力指出中国当前的网络舆情治理模式是以公权力为主导，多元主体协同的治理框架。在多元的网络舆情治理主体中，公共权力发挥着主导地位。但在此基础上，中国网络舆情治理中的网民言论权益保障问题、网络舆情的法制问题以及公权力的边界问题仍然亟待解决。[③]

3. 基于共振视角下的网络舆情演化研究

目前，国内外对网络舆情共振的解释并没有达成共识，但大部分学者都认可舆情的本质就是网民的情绪共振。社会事件触发一些网民的情绪，这种情绪在网民之间会彼此感染、反复累积，达到一定数量后，便会发生舆情共振的现象。

陈力丹最早提出网络舆情与情绪共振存在关联的观点，他将"微博微信公共事件"与"社会情绪共振"之间的关系界定为互动关系、因果关系、相关关系，共振主体包括微博微信、传统媒体、意见领袖、网络水军等。他认为在舆情的初始阶段，网民就已经开始无意识地表达自己对事件的看法、态度及情绪。这种具有强烈感染性的情绪，通过具体的舆论场被放大，在网民讨论与其切身相关的舆情事件中，少量的负面情绪会在短时间内传播开

[①] Park and S. Chang, "Does Twitter Motivate Involvement in Politics? Tweeting, Opinion Leadership, and Political Engagement", *Computers in Human Behavior*, Vol. 29, No. 4, 2013, pp. 1641–1648.

[②] 陈媛、古丽阿扎提·吐尔逊：《网络舆情法律规制的国外经验及其启示》，《情报理论与实践》2016年第2期。

[③] 韩建力：《政治沟通视域下中国网络舆情治理研究》，硕士学位论文，吉林大学，2019年，第35页。

来，成为多数人的情绪表达。在网络中，个人表达的随意性与便捷性让情绪与意见在网络场域中飞速扩散，相同的意见情绪极容易相遇从而产生共振。[1] 当个体的意见汇集成集体的共识时，舆情便产生了，当个人情绪汇集成集体情绪时，情绪共振便产生了。[2] 从事件生发、勾连、转变、共振的序列角度出发，可以发现网络舆情的共振是在事件演进之中发生的，是伴随着事态的发展而出现的。[3]

网络舆情共振的类型方面，学界主要将其分为三类。

第一类，事件内共振。该类型由独立的舆情事件中的要素或情绪造成。事件内的共振现象往往发生在某一个独立的网络舆情事件中。网民在事件的发展过程中，情绪观点不断相遇，形成相似的态度和情绪。期间，各种因素也不断地相互影响，形成舆情簇（簇：借用计算机储存管理的最小单位概念，指代舆情能量的集合），产生事件内的共振。

第二类，事件间共振。此类型由不同事件的主体关联或议题关联造成。事件间的共振现象一般发生在两件及两件以上的网络舆情事件中，这些网络热点事件的内部或外部具有一定的相同点，例如事件的主体关联或者议题关联等。在两件或者多件不同时间发生的事件中，网民的态度会形成一个舆情集，即多个舆情簇的集合。当网民和媒体由于情绪集的形成而将目光集中于某一个主体或议题上并产生强烈的共鸣时，便会引发事件间的情感共振。

第三类，情绪关联事件共振。此类共振始于相同或类似的情绪集合和碰撞。当网民因某个事件而产生某种情绪，而这种情绪恰好勾连起某种社会记忆时，这种情绪便会被放大，产生对这一类事件的强烈讨论，从而产生共振现象。在日常的网络事件中，情绪的关联事件共振往往会伴随事件中的主体关联或事件类型中的议题关联。

国内外研究已经在舆情演化模式、共振影响因素等方面提供了高水准的学术参考，但不少学者都将目光聚焦在网络舆情演化的阶段划分方面，缺乏

---

[1] 陈力丹：《舆论学：舆论导向研究》，上海交通大学出版社2012年版，第67页。
[2] 廖瑞丹：《基于随机共振模型的网络舆情共振现象研究》，硕士学位论文，南京理工大学，2016年，第15页。
[3] M. Kuperman and G. Abramson, "Small-World Effect in an Epidemiological Model", *Physical Review Letters*, Vol. 86, 2001.

对各阶段特征和功能进行详细的还原和解释，缺乏对网络舆情生态的系统性研究。

首先，定量研究是网络舆情研判的实证基础。用数学模型构造网络舆情发展的过程函数，并在此基础上进行计算仿真是目前学界对网络舆情进行实证研究的主要途径。但此种单一的研究方法不仅没能形成系统性的研究成果，也没有形成科学合理的理论体系。

其次，网络舆情的数据集是网络舆情研究的数据基础。目前学界对网络舆情的研判大多是从成因、影响和策略方面入手，或者以信息传播为切口对网络舆情的扩散进行模型分析。但无论是定性还是量化的研究都没有运用长时间大样本的案例数据进行现实拟合。虽然已有的研究也有少数研究中出现了个案的数据拟合，但也无法代表该理论模型的广泛适用性。舆情本身的复杂性导致了现有模型难以适用于现实。

最后，本书运用功能共振分析方法，强调从整个系统的功能特征角度分析舆情爆发动态过程的内在机理，分析网络舆情态势演化所涉及的主体、变量及二者之间的相互作用关系，通过系统分析和系统建模仿真出网络舆情态势演化规律。为舆情演化的预测和治理引导提供决策参考。另外一般网络舆情的事件涉及多个领域，主体间差异明显，时空异质，各变量的影响权重也处在变化之中，如何就不同特质的网络舆情发展进行建模更加困难，也是本书研究的重点。

第三节　研究内容、研究方法与研究框架

一　研究内容

本书运用功能共振理论来研究网络舆情的演化机理，通过识别网络舆情演化中的功能单位、功能作用、探究网络舆情演化中的各个功能单位的功能耦合共振规律，建构起网络舆情的科学治理机制。并认为网络舆情功能共振现象，是诱发舆情的要素出现了单独或集体异常后，引起其他要素产生因果或相关变化，最终出现网络舆情的彻底爆发的现象。

二 研究方法

第一，文献研究法。对有关共振理论特别是功能共振理论进行梳理，并对有关舆情演化机理及舆情治理的研究进行梳理，分析功能共振对舆情演化产生影响的作用机理。

第二，案例分析法。通过对近十年来的舆情事件进行分类梳理，将其分为自然灾害事件、事故灾难事件、公共卫生事件和社会安全事件四类，并从每一类中选取一个典型案例运用功能共振理论进行分析。从功能共振视角出发，探寻该事件引发网络舆情的关键功能节点。

第三，深度访谈法。为了获取更贴近现实的实证材料，在对理论梳理与现实剖析的基础上，本课题组成员前往全国五个地区进行了实地调研，对67名政府工作人员、50名媒体从业人员进行半结构式访谈。在访谈结束后，从功能共振视角出发，对访谈内容进行整理分析，找出现实中的功能连接与耦合。

第四，计算建模。基于案例分析与深度访谈的基础上，本书利用循环网络对网络舆情事件进行长时间、大样本的数据抓取，并利用机器学习确定各功能单位在舆情事件中的权重。基于此，建立基于功能共振理论的舆情仿真模型，以此来验证功能共振理论与舆情演化逻辑的契合，以及功能共振理论对舆情治理的能效。

三 研究框架

本书的研究思路主要围绕解决两个问题展开：第一，如何建立网络舆情演化的功能共振模型？第二，如何根据网络舆情事件的功能共振模型建立舆情的治理机制？第一个问题的基本思路如下：首先，根据网络舆情事件的分类，识别功能单位，建立功能六角图；其次，针对不同类型的网络舆情建立不同类型的舆情功能共振模型；最后，研究舆情各阶段不同功能间的耦合方式，以此探究舆情演化的原因并辨识出导致舆情演化的关键因素。第二个问题的基本思路如下：在舆情功能共振模型的基础上，对舆情演化的功能进行探析、辨识、评估，针对导致舆情发生转变的关键功能建立引导机制，针对非关键功能建立预防机制。基于此，本书将分为上篇、中篇和下篇三个部分展开。

1. 上篇：问题提出与理论构建

上篇作为本书的起点，重点展开两个方面的研究：首先，对功能共振分析方法进行深入研究，分析该方法的本质、要点，以及运用到网络舆情治理层面的价值和意义；其次，结合对突发事件的分类，如自然灾害事件、事故灾难事件、公共卫生事件和社会安全事件，对网络舆情事件案例进行分类，选取个案，确定功能单位，分析各功能单位如何在复杂网络系统的运转中通过功能耦合共振产生作用。

2. 中篇：模型建构与案例分析

该部分首先阐释功能共振分析方法的四个原理，即成败等价原理、近似调整原理、涌现原理和共振原理；其次，阐释功能共振分析方法的五个步骤，即确认分析目的、识别与描述功能、识别变化、判断变化的聚合、分析结果；再次，建立 FRAM 分析的基本结构以及 FRAM 基本模型，并在此基础上进行典型案例分析。最后，在大数据抓取与理论模型建构的基础上进行模型仿真，对功能共振模型与现实中舆情演化的契合度以及其对治理的效果进行模拟。

3. 下篇：基于功能共振理论的网络舆情治理策略

基于对功能共振理论的理解性研究以及仿真模型的实验性研究，该部分将从政府、媒体和网民这三类在网络舆情事件中主体功能表现最为突出的功能主体出发，结合其自身的属性和特点，构建以政府主导、媒体协同、网民自治的功能共振治理策略。

本书的研究框架如图 1 所示：

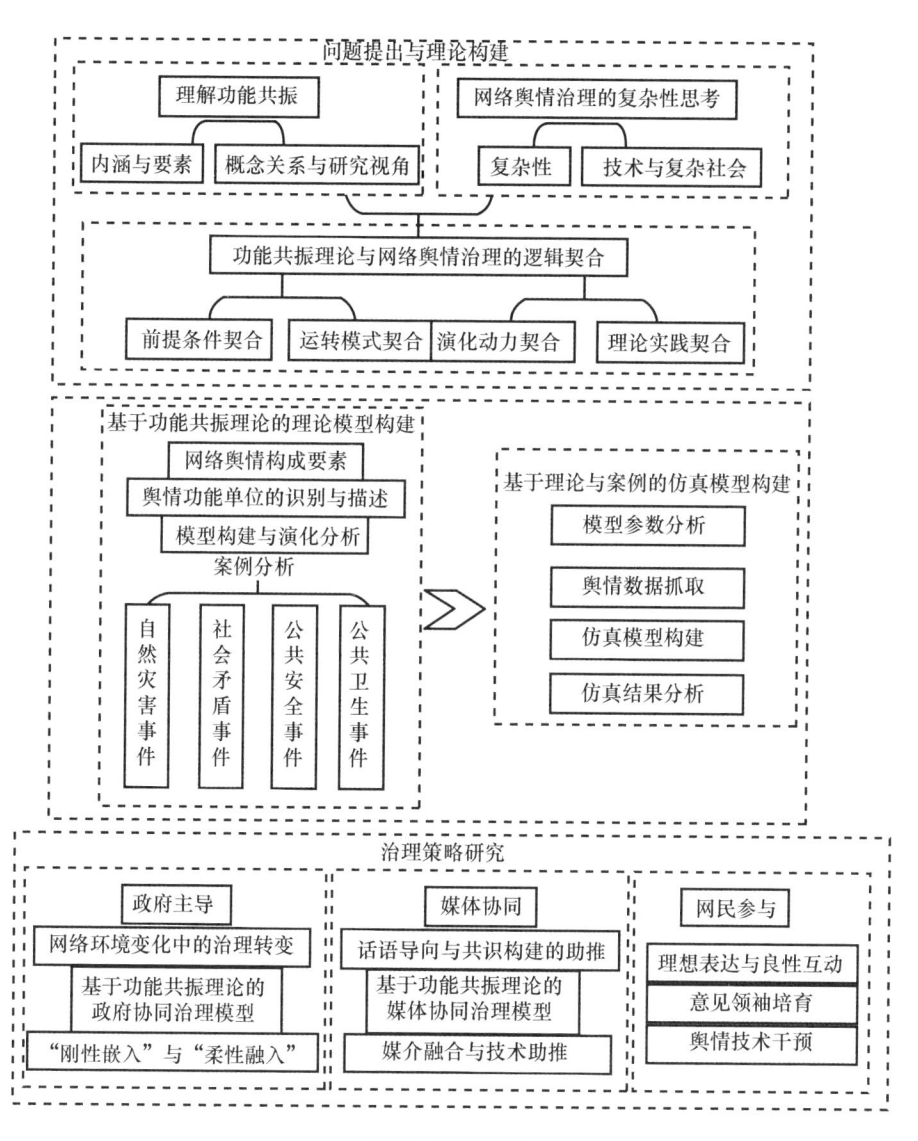

图 1 研究框架

上 篇
问题提出与理论构建

> 导言：共振现象是自然界十分普遍的现象，具有特定的危害性与破坏性，指的是系统固有频率因某原因造成频率变化，从而改变原有稳定状态，出现整体性的变化或变动。功能共振理论作为一种新的有关复杂性系统科学领域的创新理论，是对共振现象和规律进行深入研究后形成的更为系统性、规范性的理论认识，对认识共振现象以及"技术—社会"系统中社会复杂性现象极为有益。本篇围绕功能共振理论提出的现象背景、理论内涵和构成要素进行介绍，并基于对网络舆情的复杂性的认识，阐述功能共振理论与网络舆情研究的逻辑契合，发现正是正常信息系统的原要素发生变动，成为网络舆情的诱因并最终引发舆情的形成和传播。可以说，复杂性是社会运行的基本动力，利用复杂性理论和观点解释网络舆情具有较高的适配性，功能共振理论解释了网络舆情运行的复杂性基础、非线性的演变去向、多因素动态耦合的发展机制，为研究网络舆情及治理对策研究提供了一种新的理论进路。

第一章
理解功能共振

共振现象是自然界最频繁、最普遍的物理现象之一,具有特定的危害性与破坏性,指的是系统固有频率因某原因造成频率变化,从而改变原有稳定状态,出现整体性的变化或变动。但随着学界对共振原理和现象的研究,利用共振效应解决现实社会问题的治理效能作用越发凸显。目前,共振理论被广泛用于多个学科领域的研究,也经历了经典共振、随机共振到功能共振的理论发展过程。功能共振理论作为共振研究的最新成果,能够很好地契合并解决网络舆情的复杂性治理问题,可克服传统舆情研究从单纯组件失效引发事故的角度,或相对简单的系统角度开展研究的不足,功能共振理论可通过识别舆情从生发、传播到积聚爆发的功能共振及影响因素,解释舆情爆发的原因和过程,为舆情的演化预测和治理提供决策参照。

第一节 功能共振理论的内涵和要素

一 共振现象的发现

共振现象是十分普遍的自然现象。在工程技术的各个领域、物理现象或物理学的各个分支和许多交叉学科中均存在对共振现象的理论描述。在桥梁学中的共振现象称为"涡振";声学中的共振现象称为"共鸣";在电学中,振荡电路的共振现象被称为"谐振"。共振的概念不仅存在于自然科学各学科之中,也被应用于社会科学领域,如政策研究、高校教育等。总而言之,共振现象常在结构(系统)中特定频率出现大幅度自然振动的时候出现,表现为结构(系统)所受激励的频率与该系统的某振荡区间固有相接近的频率时，系统振幅显著增大的现象。换言之，共振是对固有的振动周期输入能量，这些能量被称为"激励能量"，当激励能量的激励频率刺激到系统并接近系统的固有频率时，即使这个激励能量的数值很小，也能导致系统振动幅值非常大，这就是所谓的共振现象。

共振现象具有特定的危害性与破坏性。历史上常发生因共振效应造成的共振问题，如18世纪的法国昂热市有一座大桥，一队士兵以威武雄壮的步伐通过此桥时，大队人马齐步走产生的频率正好与大桥的固有频率一致从而产生共振，当桥的振幅达到最大化且超过其抗压能力时，桥最终倒塌并造成二百余名士兵丧生。在美国，建成仅四个月的塔科马海峡大桥也因未考虑共振因素而坍塌。桥梁的共振问题一直困扰着桥梁专家，2000年英国一座名为"千禧桥"的"V"形悬索桥在开放日首日因两千多人同时在桥面上行走产生共振效应，出现了侧倾危险。在工程领域也存在类似情况，如高速列车通过桥梁时会因为与桥梁产生耦合效应而产生振动造成安全隐患，机械共振对涵洞建筑形成一定的破坏，造成坍塌事故等。共振现象的破坏作用可能就在我们身边。2004年5月17日中央电视台《走近科学》报道里讲述了一起上海某小区三栋11层的楼房于2003年春节后出现震动的奇怪现象，地震局专家运用仪器测量发现一处距离大楼800米的石材厂附近振动波异常，经查证是石材厂四台切割机工作振动频率和大楼固有振动频率都为1.5Hz，满足共振条件导致房屋出现振动。

共振是复杂性寓于系统中的现象，描述的是系统复杂性。共振效应造成的共振现象是由诸多诱发因素耦合、复杂交互的结果。19世纪，西方物理学领域深入讨论共振现象，例如美国科学家尼古拉斯·特斯拉毕生致力于研究共振能量的传输，他在实验室里，用一种简易钢套管在地上打出一口深井，向其中输入特定振动频率，观察由此引发的局部地面晃动情况。特斯拉认为，共振能够将输入到结构（系统）中的很小的能量转化为一种更大的能量，应用到全球能源革命中将无可限量。他仿照阿基米德的名言说："假如给我一个共振器，我就可以把地球一分为二。"一般来说，一个系统有多个共振频率，如简谐共振、阻尼共振、受迫共振，既有理想状态下的能量守恒振动形态，也有因外部施加外力造成新的系统能量积聚，进而造成破坏。

二 共振现象的研究及理论发展

共振理论的研究过程是对共振原理认知不断深入的过程，由起初的经典共振，衍生出现了有关随机共振、功能共振等研究。在"弱力出奇迹"的经典线性共振研究的基础上，随机共振是对更加复杂系统进行解释的共振理论。这一理论是由物理学家罗伯托·本兹（Roberto Benzi）、阿方索·斯特拉（Alfonso Sutera）和安杰洛·瓦普瓦尼（Angelo Vulpoiani）等人在1981年提出的，用于解决第四纪冰川问题。随机共振的结构是非线性的，也可能是瞬时发生或者涌现而成，不像经典共振那样随时间推移而形成。随机共振理论提出了一种解释"所观测到的结果是怎样从无到有地产生或涌现出来"的新思路，这种思路突破了因果关系。[1] 功能共振在随机共振的基础上完善而来，由丹麦学者郝纳课（Erik Hollnagel）教授于2004年首次提出。其理论核心是功能共振分析方法，强调将共振的有关研究放置于复杂的社会—技术动态系统语境中进行，进一步说明不期望的结果出现其实并非一定由于部件失效，而往往是多个功能在耦合与交互的变化中产生的。系统功能可以提前对功能耦合产生的结果做出预测，并结合具体的情况做出及时应对。

学界和业界常把低范围的系统频率作为研究对象，尤其注重研究复杂环境下"激励能量"逐渐接近固有频率时出现的共振现象或问题。因为越是低范围固有频率，越容易被外界激励能量激活，结构（系统）的振动越强烈，就越会导致不可预料的行为。专家学者们从系统功能正常运行的角度出发，利用共振效应对事故发生的风险及其致因进行评估和分析。在理论基础与应用基础研究方面，殷雪岩在《随机振动实验技术研究》中分析了随机振动实验中存在许多"失控"现象，提出任何物体都存在共振点，而且通常不止一个。[2] 张枫茁等人为研究固有频率与共振频率影响因素，为实验室常见的实验仪器烧杯构建了一种能够测量其共振频率的系统，结合实验设

---

[1] ［丹麦］郝纳课：《功能共振分析方法——复杂社会—技术系统建模》，田瑾等译，国防工业出版社2015年版，第41页。

[2] 殷雪岩：《随机振动试验技术研究》，《北京航空航天大学学报》1995年第4期。

计,运用实验系统测量各变量对实验对象固有频率的影响。① 在政策研究与高等教育领域,尤建新、王岑岚在《价值共创的理论与实践:基于"共振"视角的综述》中以物理学的"共振"视角来探索价值共创理论的本质,通过文献梳理提出了价值共创理论与实践中的"共振"需求,并提出了这是价值共创进一步拓展的研究关键。周廷瑜、李晋、孙元振在《博弈与共振:涉警网络舆情关键点研究》中通过对博弈与共振主体的界定、促成因素的梳理、博弈与共振关键点的动态分析研究,准确把握涉警网络舆情博弈与共振的客观规律。② 朱俐俐在《耦合与共振:文学与图像的偶然关系及其语境考察》中基于文学和图像在今天的含义与范围,提出文学与图像并列的措置乃一个偶然事件,在此基础上探寻新媒介对文学与图像的介入,研究耦合即二者的相互配合与影响,并解释两者如何因相似的困扰而产生共鸣。③ 可以说,有关共振效应及共振现象的研究已在基础与应用基础、工程技术、标准与质量控制、政策研究、高等教育等领域取得相应的学术研究成果和应用成果,用以解决共振的负面影响。

共振的自然性俨然已渗透到现实生活的方方面面,当外加驱动的"激励力量"以低能耗源源不断地作用在结构(功能)上,一个积蓄激发能量的过程就此出现。在现代物理学看来,宇宙间充满了各种物质与能量,如果其频率一致,就会发生共振。事实上,社会系统作为人类实践与认知的场域,也同样存在着形形色色的"社会共振",社会中万事万物都有自己独有的振动频率,并以这样的方式吸收或释放能量,看似弱小的能量也能造成很大的影响。无论是众多社会因素耦合、社会外力的叠加、内外能量的积蓄,自然科学中的共振原理对于解释社会系统的复杂问题具有一定的适配性,这也为跨越学科专业化鸿沟,分析社会演化脉络,提供了多重视角和进路,以全学科和跨学科的研究形态推进社会科学研究模式的创新。

---

① 张枫苗、顾吉林、李欣阳等:《固有频率与共振频率影响因素及实验研究》,《大学物理实验》2019 年第 2 期。
② 周廷瑜、李晋、孙元振:《博弈与共振:涉警网络舆情关键点研究》,《法制与社会》2016 年第 30 期。
③ 朱俐俐:《耦合与共振:文学与图像的偶然关系及其语境考察》,《艺术设计研究》2019 年第 4 期。

三 功能共振理论的提出及基本内涵、构成要素

共振效应可用来分析和评估造成事故发生的原因。早期绝大部分的事故调查和风险评估都是在对系统认知不足的背景下开展的，强调在调查和评估过程中关注技术、人和组织等因素，运用因素分析、结构矩阵分析、异化分析和障碍分析的方法，结合人员因素去研究系统，利用任务分析、变化分析、防范分析和因果分析等工具，研判人在事故过程中的功能作用；同时，建立起事件的"时间地图"，利用场景回溯意外事件中的问题点，强调人与事件的关联性；再综合二者关联性，利用事故演化与屏障功能分析，将事故发生视为系统运行过程，模拟出一系列技术、人和组织等因素间的交互，发现造成失效的原因并提出整改措施。例如詹姆斯·瑞森在瑞士奶酪模型（swiss cheese model）中提出，奶酪中的洞就可被视为操作人员的失误，单一的失误不会形成最终事故，只有奶酪层之间的漏洞形成了联系才会产生事故，也就是操作人员的失误、技术设备的显性失效，与组织或系统中不同层面的隐形缺陷同时被激发，最终才会造成事故。[1] 哈迪和帕菲特对1978年英国政府发布的当年84起事故报告进行分析后，提出人为灾难理论，认为事故发生都具有相似性，相比单纯依靠可靠性工程，进行系统性的分析和管理致因因素对预防事故能够起到更好的效果。[2] 该理论认为事故发生之前，可能导致事故发生的信息早已被某些人知晓，并被储存在某些地方。但由于人的因素，诸如故意拒绝或承认知道、信息已知但难以解释、先前信息未被正确收集、新收集的信息与先前信息发生规范与价值观的冲突等原因造成有效信息收集出现偏差，从而对危险信号产生忽视、误解，或固执己见造成最终事故的发生。

但是系统从未沿着我们期望的路径行进，而呈现出复杂性、涌现性、耗散性等新特点，出现因系统耦合带来的新现象、新问题。在当今社会—技术系统中，致因因果关系不显著，时间对结果的影响也不显著，从空间和时间

---

[1] Reason J., "The Contribution of Latent Human Failures to the Break Down of Complex Systems", *Philosophical Transactions of the Royal Society of London*, Vol. 2, 1990, pp. 475–484.

[2] Turner B. A. and Pidgeon N. F., *Man-made Dsasters*, Oxford: Butterworth-Heinemann, 1978, pp. 17–19.

角度完整地描述一个系统所需参数的数量越来越多，这都使解决越来越复杂的系统的复杂性问题变得难上加难。当今的复杂系统具有难解性，那些代表着对系统"易解性"认识的理论及分析方法显然无法胜任对这些复杂系统的变化的分析。通过简化系统来使其易于处理的做法又不合理，就需要寻找专门的办法应用于当今的难解性系统，即未得以完整描述或明确规定的系统。①

在安全科学领域尤其是风险评估与分析方面，事故致因分析是风险分析的基础。② 随着系统的复杂性、非线性、涌现性等特征愈加凸显，事故涉及的因素更多、事故机理更复杂，原有的安全理论和方法逐渐难以充分解释事故发生的原因和过程。于是，系统致因理论应运而生，主张将事故视为复杂系统的行为之一。③ 事故致因理论是研究复杂系统事故原因的重要理论，如安全屏障理论、目标冲突理论、正常事故理论等预防重大事故发生的主流致因理论，这些从不同角度出发的事故致因理论总结了事故发生的规律与致因因子，从而为定性与定量风险分析提供了依据，为事故预防奠定了基础。④

作为系统致因理论的典型代表之一，功能共振理论由丹麦学者郝纳课（Erik Hollnagel）教授于2004年首次提出。其核心是功能共振分析方法（Functional Resonance Analysis Method，简称FRAM），这是一种技术—社会系统分析方法，FRAM建立在以下4项原理的基础上：（1）成败等价：事物运行结果的正确错误与否，都来自于相同原因。（2）近似调整：社会—技术系统的日常运转，包括其中个体行为和群体行为，都在不断调整自身，以适应随时可能发生改变的环境条件。（3）涌现：许多事物的出现不具有因果关系，而是"涌现"造成的，人们往往不会意识到这点。涌现原理意味着虽然可见（最终）的结果通常稳定不变或者其发生过程稳定不变，但导致它们的原因却并非是稳定不变的。涌现结果可能归结于在特定时间和空间

---

① 杨雪、傅贵：《事故致因理论对自主系统开发与安全运行的启示》，《安全》2019年第9期。
② Leveson N., *Engineering a Safer World: Systems Thinking Applied to Safety*, Cambridge: The MIT Press, 2011, pp. 15–16.
③ ［丹麦］郝纳课：《功能共振分析方法——复杂社会—技术系统建模》，田瑾等译，国防工业出版社2015年版，第48页。
④ 杨雪、傅贵：《事故致因理论对自主系统开发与安全运行的启示》，《安全》2019年第9期。

点上的若干瞬态现象或条件的短暂结合，依此类推，这些条件也可由其他瞬态现象来解释。虽然一个条件存在于某一时间点上，但永远无法确定。变化是永存的，从这个意义上说，只有变化行为本身才是"不变的"。变化总有规律可循，所以很大程度上是可预测的，这就是为什么可以基于变化的存在来进行安全分析。（4）共振：系统功能间的关联可以在具体的特定情况下进行描述，即用"功能共振"的思路进行解释，而不是描述一种因果关系。FRAM 认为事故和问题并非一定由于部件失效，而往往是多个功能在变化、交互与耦合产生的，要提前对功能耦合产生的结果做出预测，并结合具体的情况做出及时应对。避免将事故视为单个事件的有序发生或潜在因素的层级叠加。① FRAM 的目的是建立一个模型去描述系统事故或系统运行"是怎样发生的"，强调在无须对系统进行分解以及不依赖于因果关系的前提下进行系统安全性分析。首先通过描述系统正常运行下的功能特性，聚焦"系统在做什么"而非"系统包含什么"，更加接近"理想化"描述系统运行，在特定条件下确定系统功能，考虑功能间的耦合与关联，以此通过关注真实发生的事件来弱化"相对无知"的状态，从整个系统的功能特征角度分析事故及辨识动态系统中的风险因素。②

功能共振是通过功能间彼此的紧密耦合而产生的，这并非一种因果关系。换句话说，FRAM 不能用类似于故障树、事件树或 Petri 网等简单的因果关系组合来对事故本身进行描述，因为这些线性图示是按照串行开发概念组合而来，不能够充分展现出系统功能间相互依赖的关系。FRAM 摒弃二维方法，运用六角功能模型描述系统的功能模块，首先确认描述事件正确运行状况和分析目的，之后进行四个主要分析步骤：识别和描述功能，识别功能变化，确定和分析功能共振，分析结果、最终形成 FRAM 分析的基本结构。

FRAM 分析开始前，需要先确认事件运行过程的正常状况和认识分析目的，这是分析方法开展的准备工作内容，主要是通过描述事物正常运行状况来为分析事物运行错误的原因。需要特别说明的是，18 世纪工业革命以来

---

① 张晓全、吴贵锋：《功能共振事故模型在可控飞行撞地事故分析中的应用》，《中国安全生产科学技术》2011 年第 4 期。
② ［丹麦］郝纳课：《功能共振分析方法——复杂社会—技术系统建模》，田瑾等译，国防工业出版社 2015 年版，第 101 页。

在技术系统中找故障的传统，附带着一个重要假设：只要失效或故障不存在，机械（系统）就会按照预期运行，① 然而这一假设在社会—技术系统中绝对是错误的，原因在于这需要对系统有着完全"先验性"的认识，而且要保证预期设想工作与实际完成的工作保持高度一致。但人们并非"机械"地工作，设计再精良的机械或成立再完备的组织都不能保证永远适应"变化的变化"。日常机械（系统）的运行存在难以量化的近似调整，如宇宙飞行器在预定轨道上飞行必然经历多次航向和角度的修正，才可无限趋近完成任务。那么当工作实际情况与预期设想出现不一致时，与其归咎于各种失误以及对规章制度的不遵守，不如将不一致视为日常工作正常运行的必然调整。FRAM 正是基于此认知，需要对机械（系统）本该正常运行的状态有一个清晰的描述，这在分析已发生事故原因和未来事件风险评估方面各有侧重，但思考的重点都是试图描述"正常"或日常情况下系统的正确运行状态，然后解释系统为何未能正常运行，以及理解存在的行为可能产生怎样的正面或负面的影响。

在完成以上准备步骤后，第一步是识别和描述功能。这里的功能（function）表示"目标—手段"关系，可以理解为完成目标的必要手段，旨在描述系统下正常活动是如何完成的。按照郝纳课教授在《功能共振分析方法——复杂社会—技术系统建构》一书中所言，FRAM 功能是描述系统正常状态下的"活动"而非"任务"。由于之前 FRAM 讨论的是实际发生或将要发生的事物，是对事物已开展情况的描述和分析，与"任务"这一类可以表述假定发生的事物有着很大区别，因为任务有可能代表的是理想化的功能或预先设想的活动，这一类活动带有预判倾向，将实际发生的事情视为一种偏差或偏离，从而对实际情况的客观分析造成不良影响。所以需要明确的是，功能是相对于实际活动而言。针对如何识别功能，郝纳课教授认为功能识别的基础是任务分析。功能指向的是目标，任务分析指向的是实现目标所需每一步骤的分析，两者印证的正是"目标—手段"的功能性，共同作用于描述过程始于何处和终于何处。现有的任务分析办法如时间轴视图或层次

---

① ［丹麦］郝纳课：《功能共振分析方法——复杂社会—技术系统建模》，田瑾等译，国防工业出版社 2015 年版，第 97 页。

化任务分析（Hierarchical Task Analysis，HIA），都可以描述功能之间的关系，实现对活动进行完整且一致的描述。FRAM采用六角图形表达法来描述和解释每个功能模块。每一个功能模块可以划分为六个并列的子功能，即输入（input）、输出（output）、前提（preconditions）、资源（resources）、控制（control）、时间（time）。形成如图1-1所示的功能六角模型图。

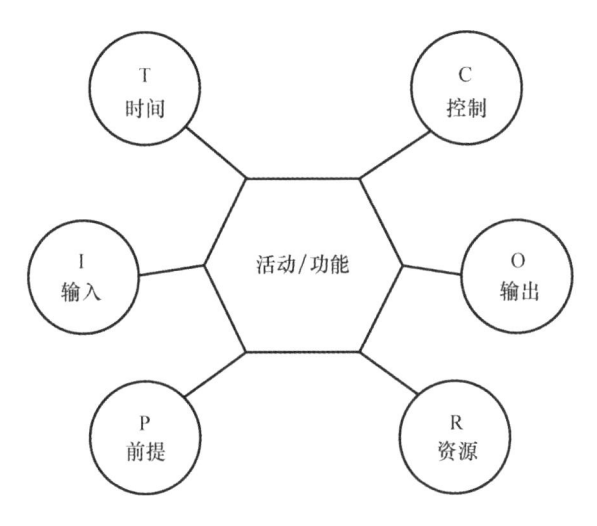

图1-1　功能六角模型图

六角功能模块各维度描述如下：

输入（I）：表示激活或启动功能的事物，解释环境状态改变是如何产生的；

输出（O）：表示功能运行的结果，是一个或多个输出参数的变化；

前提（P）：执行之前必须存在的条件，执行之前必须处于"真"的状态；

资源（R）：执行功能与产生输出，所必需的物质、能量、技术、软件、硬件等；

控制（C）：对输入产生相应输出过程进行监督和控制，可以是计划、程序等；

时间（T）：控制的一种形式，对功能构成影响的时间约束。

每一个功能的特征都是事件发展变化的充分条件，在这六个功能特征的作用下，事件中的下一个功能阶段会受到影响，当功能特征出现变化、形成非常态耦合的时候，就会涌现出意外结果，也即发生事故。

第二步是识别变化，识别变化旨在描述 FRAM 模型的变化特性，[①] 为了评估和梳理功能模块的实在性变化和潜在性变化。需要对不同类型功能进行划分，例如技术功能、人员功能和组织功能。除此之外，行为变化特征还要涉及功能潜在变化，需要通过研究影响功能的内在（内生）变化和外在（外生）变化，详细分析系统整体潜在变化。分析导致技术、人员和组织发生变化的内在原因和变化可能的表现，发掘变化是如何影响其下游功能的。内在变化方面，比如技术层面的内在变化可能源于难以掌握技术所有的运行机理而造成行为变化；人员层面可能因为心理因素导致功能发生变化；心理层面可能是由特性、偏爱、性格、认知、判断等诸多因素混合导致功能发生变化；组织层面可能由于组织结构、信任、组织发展、组织文化等诸多因素混合导致功能发生变化。外在变化方面，FRAM 默认假定技术功能具有稳定性；人员功能则可能高频率、大幅度的变化；而组织功能可能低频率而大幅度的变化；所以人员功能和组织功能是关乎系统是否受系统外部（外生）变化影响的重要两个因素。在明确了内在和外在变化的来源之后，需描述行为变化是如何表现的，即分析如何观察或探测到这种变化。解决这种情况就需要运用描述行为变化特征的两种手段：简易办法和复杂办法。这里主要介绍下简易办法。简易办法是属于有效但不彻底的办法，与属于彻底但不高效的复杂办法不同，因为更具实用性而常被运用解释系统特征变化，它主要通过时机和精确度两个方面进行描述，来评估功能潜在的变化。从时机的角度看，功能运行的结果，即输出可以分为"过早""适时""过晚"或"根本未发生"几种情况。从精准度的角度看，输出可以分为"精准""可接受"或"不精确"，这里的分类考虑到上下功能间存在耦合，所以精度是个相对概念，而不是绝对的。时机和精确度的易使用性和易理解性成为衡量功能潜在变化的共同性能条件，这些共同性能条件与技术（T）、人员（M）或组

[①] ［丹麦］郝纳课：《功能共振分析方法——复杂社会—技术系统建模》，田瑾等译，国防工业出版社 2015 年版，第 55 页。

织（O）形成的功能共振的可能性，可评为：（1）稳定或可变但充分；（2）稳定或可变但不充分；（3）无法确定。其中，（1）说明共振的可能性低；而（2）和（3）说明共振的可能性高。对共同性能条件与不同类型功能进行交叉分析，可以得到每个功能的变化状态，这种状态又可以分为战略、战术、机会和随机等四种类型，[①] 它们代表了功能性能的波动情况，按顺序依次由弱到强，处于机会和随机状态的功能单位很有可能形成功能共振。[②]

第三步是确定和分析功能共振。简单说是借助对功能上下游耦合情况的分析，来了解功能共振是如何形成的。功能性能波动情况中的机会和随机的两种状态所在的功能模块，最可能发生潜在功能共振波动状况。如郝纳课教授所言，功能变化终究是与上游功能耦合的结果，上游功能的输出（作为下游功能的输入、前提、资源、控制和时间）可能发生变化并影响下游功能的变化。[③] 为了了解上、下游功能间的耦合以及这种耦合如何作为一种输出（可以是功能模块的实际变化或潜在变化）而影响到下游功能的输出，就必然要分析功能的类型（技术、人员、组织）和功能特性（尤其是表现为机会和随机状态的）的耦合效应。六角图形图中的各功能是功能模块的子集，功能共振的上下游耦合分析，首先针对前提的上下游耦合、针对资源或执行条件的上下游耦合、针对控制的上下游耦合、针对时间的上下游耦合、针对输入的上下游耦合，对这六项功能的耦合效应造成的变化进行聚类分析，并分析相应共振模块和模块间关系，在分析中重点关注以下问题：（1）性能变化较大的功能，尤其是稳定或可变但不充分的功能。（2）特殊连接结构。如多个其他功能上由一输入连接，一个功能连接多个功能，同一输入又与性质不同的几个输出连接。（3）除了关注一个连接，还要关注后续连接。至此，可以参照功能之间的连接和影响功能共振的因素确定功能共振、找出影

[①] 张晓全、吴贵锋：《功能共振事故模型在可控飞行撞地事故分析中的应用》，《中国安全生产科学技术》2011 年第 4 期。

[②] Tetsuo Swaragi, Yukio Hriguchi and Akihiro Hnal, *Safety Analysis of Sstemic Acidents Tiggeredby Prformancey Deviation*, Busan: SICE-ICASE International Jint Cnferenceo, 2006, pp. 1778–1781.

[③] ［丹麦］郝纳课：《功能共振分析方法——复杂社会—技术系统建模》，田瑾等译，国防工业出版社 2015 年版，第 108 页。

响功能共振因素以及失效连接关系。

第四步是分析结果，制定性能变化的防控屏障。FRAM 前三个步骤能够发现每个功能模块中的行为变化，以及潜在的功能共振条件，第四步则是有效应对功能变化所带来的风险。FRAM 一直以来讨论的是行为的变化，无论行为是正向还是反向，都在 FRAM 的讨论范畴内。对于不可控的行为变化，FRAM 将其看作是功能产生变化的潜在因素，只要行为变化导致功能模块产生新的稳定关系或动态耦合，就都有可能带来所期望、有益的结果。但无论怎么说，FRAM 关注的重点在可能出现的不利结果上。在讨论分析结果之前，需要清楚有关事故本质代表的有简单线性模型（多米诺骨牌模型）、复杂线性模型（瑞士奶酪模型）、非线性模型（系统性模型）三种基本认识。FRAM 在分析事故如何发生时，假定的理解方式是采用超越线性逻辑推理的动态耦合，也就是非线性模型的功能行为变化。[①] 认为事故在非线性模型中是动态系统过程中涌现出的非线性输出，因此调查的目的就是找出造成动态耦合和功能模块变化的原因。按照功能结构，FRAM 将防控屏障划分为 4 种：（1）物理屏障：预防潜在事故发生，降低某行为发生可能，如设置围栏或阻隔性障碍。（2）功能屏障：执行前，建立一个或多个能满足的前提性条件，如对易燃环境设置灭火装置。（3）象征屏障：通过对发挥阻隔功能的限制行为或暗示性语境的对应变化进行控制，如交通信号灯等。（4）无形屏障：实际中，多依靠共同性模因因素来起到阻隔作用，如警示或规则等。综合起来，FRAM 对结果分析后，结合以上四种屏障，通过监控、抑制、消除、预防、保护等方式来解决和杜绝功能模块变化造成的事故。

第二节 功能共振与相关共振概念的关系

共振现象表现为结构（系统）所受外力频率与该系统的某振荡区间固有频率相近时，系统振幅显著增大的现象。共振是宇宙间物质运动的一种普

---

① ［丹麦］郝纳课：《功能共振分析方法——复杂社会—技术系统建模》，田瑾等译，国防工业出版社 2015 年版，第 97 页。

遍规律，它不仅是一种客观存在，而且也是有待进一步开拓的科技领域。①物理共振现象（Resonance Theory）可视为一个物体在周期性连续受到外部驱动力的状态下，当驱动力频率与物体本身产生的频率相当或相差较少时，物体受迫振动使振幅最大、系统的能量最大所呈现的现象。该现象长期存在于物理、机械和电气等研究领域，如今也正被人文社会科学领域所借鉴以解释复杂性社会系统运行现象或问题。长期的共振研究表明，共振形成的条件极为苛刻，必须同时满足受到外力驱动下做受迫驱动、驱动的频率与物体固有频率较为接近、在能量的驱动下振幅最大化三个条件。正因如此，在单一的因果关系和线性过程里无法出现真正意义上的共振，传统意义上边界封闭、结构稳定的系统概念不复存在，取而代之的是"黑箱化"效应，是复杂涌现、系统耗散性、突变性、模糊性加剧的新常态。越是在复杂非线性系统环境下，出现共振的潜在可能性越高。目前，共振作为复杂系统现象和理论的研究重点已成为学界和业界的共识。随着共振研究的视角逐渐多元，其中功能共振理论以特有的工具性视角切入，将共振效应跨界运用到了复杂社会—技术系统建模研究中。这种借鉴已有物理学等基础学科的共振研究经验，并将之正向运用于复杂科学、人文社会科学的方法是极为有益的。为了更好地理解功能共振理论的研究沿革，还需要厘清功能共振理论与经典共振（机械共振）理论、随机共振理论、自适应共振理论的相关关系。

  经典共振（机械共振）理论是研究共振现象及规律的基础理论，是功能共振理论的元理论，开辟了利用共振效应解释多元现象的进路。该理论主要用于解释机械共振现象及共振规律，关注系统自由振动情况下固有频率与外界激发能量产生的纠缠变化，研究系统共振固有频率与系统参数（所受激励力量）之间的关系。在自然科学领域，诸如力学共振、电子顺磁共振、光学共振、核磁共振、卫星与行星之间的轨道共振、探索物质的内部结构等微观领域中研究与应用颇多。在社科领域，该理论常被用于解释对观点的认同，对政策的响应，艺术的感染力，以及从众心态等。

  功能共振理论是在经典共振（机械共振）研究的基础上提出的，是一种运用共振效应解释复杂技术—社会系统的一次跨背景、跨学科的研究挑战

---

① 苏晓琴、姜其畅、苏艳丽等：《共振的研究及应用》，《运城学院学报》2011年第2期。

和实践。功能共振理论在保留对共振基本形态认识的基础上,按照"目标—手段"的功能建模思路,视经典共振(机械共振)中的导致固有共振频率变化的因素(元素)为功能模块里的子要素或子系统。不同于经典共振单纯随时间过程而变动的过程,功能共振理论关注自由振动情况下系统振幅及振幅因子变化。换言之,功能共振理论研究克服了经典共振理论过度关注单纯组件失效问题和相对简单系统的不足。

随机共振理论也是在经典共振研究的基础上提出的,用来解释更加复杂系统的共振理论。1981年,罗伯托·本兹(Roberto Benzi)、阿方索·斯特拉(Alfonso Sutera)和安杰洛·瓦普瓦尼(Angelo Vulpoiani)等人在研究地球冰川期变化机制的过程中,发现了随着噪声强度的增大,系统的输出信噪比呈现先增大后减小的非单调变化的现象,该现象被称为随机共振。[1] 随机共振理论的提出颠覆了人们对随机噪声的认识,发现随机噪声的存在不仅不会让原系统的信噪比降低,相反,系统因随机共振而输出有用信号的能量存在某一最佳入噪强度,致使原来被噪声掩盖的信号突显出来,从而改善信号检测性能。该理论以非线性系统为模型,研究物理系统的参数、噪声之间的协作效应,因此在信号处理领域具有良好的发展前景——无规则的随机干扰并不总是对宏观秩序起到破坏作用和负面影响,在一定条件下,它可产生正向运动、在建立"序"上有着积极作用。

功能共振理论研究,可将随机共振原理作为对出现功能耦合的信号检测的方法论。正常情况下,组件和子系统共同构成复杂系统,只要系统内的技术、人员、组织和设备等要素处于一种可控范围内,即可视为正常条件下功能模块中存在一个无法检测的弱调制信号。但实际中,当功能出现耦合时,始终存在"引起共振的随机噪声",这种"随机噪声"使各子系统功能(或是信号)的变化超出了原系统信号正常变化范围,导致随着环境变化功能模块的作用也出现变化。某一功能与其他功能发生无意识交织作用后会诱发非正常现象,因此会产生功能共振,当功能的性能超出正常范围就会造成最终事故发生。可以说,随机共振原理能够更加聚焦功能模块中功能异化带来整体异化的问题。

---

[1] 赵正业:《潜艇火控原理》,国防工业出版社2003年版,第87页。

自适应共振理论（ART）是一种无监督学习型人工神经网络理论。1976年由美国波士顿大学格罗斯贝格（Grossberg）和卡彭内（Carpenet）提出，用于描述当神经网络和环境有交互作用时，系统网络应对环境信息变化的编码信息可自发地在神经网络中产生，是神经网络自适应和自组织活动的表现。ART 理论可以用于语音、视觉、嗅觉和字符识别等领域。目前 ART 有很多版本，ART1 是最早版本，主要处理只含 0 与 1 的影像（即黑白）识别问题；ART2 可以处理模拟值输入；ART3 融合了前两种结构的功能并且将两层神经网络扩展为任意多层神经元网络。ART 能解决神经网络学习的稳定性与可塑性问题。所谓的稳定性是指新事物的输入后，旧事物的特征应适当地保留；可塑性是指当新事物输入时，网络能迅速地学习。ART 模型不像其他人工神经网络模型，原有多数类神经网络模型一般需要实现准备好训练模式集进行训练，而 ART 模型却能时时处于学习状态和测试状态，利用监视子系统、决策子系统和增益控制机制，实现无需多次连接神经元就可处于自适应和自组织流程。

就功能共振理论而言，ART 的功能架构的稳定性和可塑性，可帮助功能共振理论建立起"期望—耦合"的标准，即以稳定性与可塑性属性综合的评判标尺来检验系统的正常运行状态，进一步明确功能模块形成耦合关联的要求。这样可对描述复杂系统的多个功能在耦合与交互的变化情况进行监测，掌握最真实的系统运行状态。尤其是在进行功能共振分析的准备阶段，对 ART 模型及理论有关稳定性和可塑性要求的借用，能够帮助我们描述"正常"或日常情况下系统的正确运行状态，然后解释系统为何未能正常运行，以及理解存在的行为可能产生怎样的正面或负面的影响，对功能耦合产生的结果做出预测。

以上为共振理论的不同研究视角和理论成果介绍。作为源于物理学的经典理论，共振理论经历了经典共振、随机共振、自适应共振和功能共振的理论发展过程。无论是经典共振理论的共振元理论基础，还是随机共振理论中"造成共振的随机噪声"，抑或是自适应理论有关系统架构的稳定性和可塑性的耦合评判标准，功能共振理论的创新无疑都是在这些理论基础上被逐渐发扬和完善的。功能共振理论能够帮助我们更好地理解和把握诱发舆情爆发的因素，即功能是如何进行耦合交互作用的。

第三节 其他理论融合视角

功能共振理论以"目标—手段"的结构化视角审视技术与社会中的复杂关系,探索跨越多领域和多功能状态下系统功能正常耦合的运行机制。基于非线性化结构的研究进路丰富了认识复杂系统的研究视角,也让研究者看到了功能共振理论具备克服线性思维的特点。正因如此,这种非线性思维理论本身就具备了与其他理论多重融合的可能与能力,可转化为功能共振研究的基础知识,从而摒弃以只充分考虑技术风险问题来解决系统风险的盲目认知倾向。在这里,我们希望通过介绍几种与功能共振理论同样采用技术—社会关系框架的理论视角,丰富功能共振理论对技术—社会关系的研究外延,契合基于功能共振理论的网络舆情演化与治理机制的研究。

一 网络舆情研究的媒介学进路

媒介学的诸多主张同功能共振研究具有高度的同构性,可作为研究网络舆情的理论。媒介学(Mediology)一词最早由德布雷在其著作《法国的知识权力》一书中提出。相较于经典传播学,媒介学更加注重采取跨学科的思维视野,从共时与历时两个维度观照媒介演变与信息传播。媒介学以"考察信息传递中高社会功能(宗教、政治、意识形态和思想态度)和技术结构的关系,思考媒介如何运载信息"为主要研究目的。① 就如功能共振理论采用共振的观点来代替因果关系的观点一样,② 媒介学认为系统中某些功能的变化不受特定因素影响,结构是由相互耦合的动态发展过程造成的,包括技术发展、媒介载体、社会结构、意识形态、价值观念等在内的整体要素及其相互关系。在《普通媒介学教程》一书中,德布雷直白地表述了媒介学想要研究的问题,即"一个观念通过哪些媒介成为一种力量?一个话语如何能造成事件?一个精神如何能获得实体?"③ 值得一提的是,媒介学家只关心

---

① 陈卫星:《传播与媒介域:另一种历史阐释》,《全球传媒学刊》2015年第1期。
② [丹麦]郝纳课:《功能共振分析方法——复杂社会—技术系统建模》,田瑾等译,国防工业出版社2015年版,第104页。
③ [法]雷吉斯·德布雷:《普通媒介学教程》,陈卫星、王杨译,清华大学出版社2014年版,第96页。

那些能够改变意识、认识和运输的设备品质，也就是"所有用于发送、编制和储存信息的东西"①，即"中介"（médium）。在德布雷看来，中介并非某一件物品，或者物品目录，而是传播设备中的一个位置或功能，中介这一概念不仅指向工具，更指向个人和集体的行为，包括"符号表示的整体过程；社会交流规范；记录和储存的物理载体；同交流方式相对应的传播设备"。②简而言之，便是有组织性的物质（MO）层面和有物质性的组织（OM）层面。

从研究目的层面看，媒介学的宗旨在于探究技术与社会文化的互动关系，这与媒介学所遵循的历史观密不可分。媒介学认为，任何一种信息形式、言语行动、集体行为背后均有着深刻的"技术—文化"互动关系。当前，尽管信息生产与传播表现出极强的更迭性与流动性，但在即时性流动的信息背后，沉淀和隐藏着人类社会长久以来所形成的文化基因与意识形态观念。从这一意义层面而言，一方面，媒介与技术扮演着记录和传递社会文化与集体记忆的角色。正是由于不同媒介样态的持续性演进才为人类文化与文明延续提供了有益的载体；另一方面，媒介与技术与此同时又在充当着文化与文明的调节器与规训者，不同时代所表现出的意识形态、观念思维、行为模式等均受到这一时期占据主导地位的媒介与技术的影响，媒介、技术与文化及意识形态是共生共荣的关系，研究其中的任一面向都无法忽视其他面向。而媒介与技术的动态性发展与文化文明的相对静态沉淀构成了"变与不变"的辩证统一，媒介学正是在这一变与不变的博弈与交融中探寻技术与文化的种种关系。

从研究取向层面看，媒介学的最终取向并非批判，而是建构一种对技术与人、技术与社会等基础关系的一般性人文反思。尽管以"媒介学"命名，但媒介学并非一门学科，实际上，媒介学是综合信息传播学、符号学、历史学等学科理念而对当下技术、文化、意识形态等要素现状的一种整体性反思。德布雷认为，一直以来受"与本质有关的事物均与技术无关"的思想的影响，人类的精神意志与技术工具和技术体系被作为两种对立的事物而被

---

① ［法］雷吉斯·德布雷：《媒介学引论》，刘文玲译，中国传媒大学出版社2014年版，第89页。
② ［法］雷吉斯·德布雷：《媒介学引论》，刘文玲译，中国传媒大学出版社2014年版，第89页。

加以割裂，而这种"主观/客观""形式/物质""内容/载体""内部/外部"的二元对立观念同现实世界的真实情况并不相符，仅仅能提供一种精神上的舒适感。[①] 在二元对立观念的影响下，个体对技术与文化的认知被蒙蔽。媒介学的取向便是以"和"的思想抹平这一系列二元对立观念之间的沟壑，从而达到以"反面"代替"对立"的目的。在德布雷看来，文化及文化的传承便是填平这一系列沟壑的良药。作为媒介学研究者，一方面要破除技术中心主义的桎梏，将技术从乐观或悲观的极端认知中解放出来，以一种平和的眼光和态度对待技术以及由技术发展所带来的社会变革与文化传承；另一方面则需以人文主义的视角和眼光审视整个人类社会的发展演变，树立正确的"人—技术—社会"关系理念。

总体而言，从媒介学出发切入对网络舆情的认识，可以对网络舆情的技术发展与意识形态变迁、生成机理与演变机制等进行宏观层面的考察，可形成"共时+历时"的网格式视野，打破仅仅着眼于舆情事件的"凝固化"视野局限，在社会治理的大框架中以"流动化"的视角认识网络舆情，同时也对网络舆情治理带来新的实践指引。这种"流动"视角打破了以往相对"凝固"的静态个案研究，将网络舆情嵌入媒介演化所带来的变革与传承中，亦可突破传统研究中仅着眼于舆情本身的限制，对舆情生成的网络内部组织关系及其产生的客观环境、社会物质基础等加以综合考量，从而厘清其中的复杂关系和作用因素。

二 复杂系统及复杂系统范式

谈及共振效应以及功能共振理论的产生渊源及发展沿革，就无法避免谈到复杂系统、复杂系统范式以及相关内容这一议题。一直以来，复杂系统的研究也按着复杂系统本体论、认识论和方法论的研究进路，形成了有关复杂系统、复杂科学、复杂科学方法、复杂系统范式的研究成果。

复杂系统的研究端倪产生于20世纪初。当时，相对论和量子力学作为最新的重大科学发现，挑战了经典牛顿力学，自然科学领域里无论是技术技艺还是理论研究均取得了重大突破。同时在学界产生了两种截然不同的观

---

① ［法］雷吉斯·德布雷：《媒介学引论》，刘文玲译，中国传媒大学出版社2014年版，第166页。

点，一种认为科学解决未知现象的作用已达尽头，形成科学无法解决科学难题的悲观论调；另一种认为当下科学已走出易解科学的阵地，开始面对更多科学的难题，这是科学的新起点而非终结。面对两种论断的激荡，自20世纪中叶，越来越多的科学家就此来讨论这一新转折点。物理学家安德逊、盖尔曼、经济学家阿诺三位诺贝尔学得主等人资助了部分科学家和一批从事物理、计算机、生物学、经济、人类学的学者在圣塔菲研究所（Santa Fe Institute）开展复杂性研究，试图寻找一条学科交叉和跨学科合作的道路来解决复杂性问题。随着各形各色的研究成果出现，所有的问题和现象都指向一个共同之处：复杂系统中有许多独立因素在许多方面进行相互作用下能够自发形成稳定的有序结构。① 那么何者是复杂系统？复杂系统的特征是什么？这一系列的追问也催生了复杂科学的兴起。复杂科学的兴起是物质、生命和人类社会进化的必然。② 复杂科学的研究对象就是复杂系统，即由诸多相互联系、作用的要素构成的有机整体。这其中包含物质构成和关系构成，即复杂系统的"实物性"和"关系性"。经典科学主要关注"实物性"，认为实物性依赖、关系性独立；复杂系统科学主要研究"关系性"，认为实物性独立、关系性依赖。③ 复杂系统思维正在逐渐渗透到诸多科学领域，例如物理学、化学、地质学、工程学、神经生理学和社会科学等。④ 同时，在牛顿机械决定论范式解决复杂性问题时表现出不适用性的背景下，复杂科学方法也孕育而生。复杂科学方法的基本思想和方法最初来源于自然科学，并衍生出复杂系统范式。目前复杂系统范式没有统一的定义，综合起来可认为是在对各类复杂系统的主流研究中，形成的一套基本的、具有通约性的认知模式和方法论规范，其核心是建立复杂系统框架。相比经典科学，复杂系统科学具有跨学科特点，并密切关注社会问题，这也暗示了复杂系统范式对于社会科学的适用性。⑤ 例

---

① 李景平、刘军海：《复杂科学的研究对象：非线性复杂系统》，《系统辩证学学报》2005年第3期。

② 李景平、刘军海：《复杂科学的研究对象：非线性复杂系统》，《系统辩证学学报》2005年第3期。

③ George J. Klir, *Facts of Systems Science*, New York: Kluwer Academic/Plenum Publishers, 2001, pp. 5–6.

④ Cliff Hooker, *Philosophy of Complex Systems*, Holland: North Holland, 2011, pp. 74–77.

⑤ 李景平、刘军海：《复杂科学的研究对象：非线性复杂系统》，《系统辩证学学报》2005年第3期。

如诺伯特·维纳（Norbert Wiener）在《控制论》中探讨如何将控制论的观点用于解决社会问题；普利高津（Ilya Prigogine）将耗散结构理论推广至社会、经济、文化等领域；协同学被应用于社会科学的诸多主题，如人口动力学、社会管理等。沃勒斯坦（I. Wallerstein）指出，复杂性科学和文化研究的出现代表了自然科学和人文学科的未来方向，也为社会科学的重建提供了契机。① 运用复杂系统范式去认识社会系统成为越来越多人剖析社会系统的复杂本质、重塑认知社会科学模式的新尝试，复杂系统范式主张将物质构成和关系构成纳入系统知识形成过程的考量，秉持"流体实在观"（fluidreality），② 即实在的展示过程不再是静态的、间断的，而会表现出连续的过渡和变形，我们只能通过揭示实在内部的复杂性层次及动态交织来把握实在本质的过程性。③ 随着人们越来越清楚得认识到社会是一个系统演化过程，任何机械性或线性的认识社会，都会造成识别不清社会要素的同时忽略社会系统的思想层面带来的问题，比如造成社会危机和冲突的认知演化、新层次的产生、多样性的出现和分化等被忽视甚至无视。需要注意到，复杂自然系统中构成要素之间是物理可见，如神经单元通过突触来进行连接。而在复杂社会系统中，个体之间连接更多是依靠符号意义上的互动，是意向性的体现。人们通过文字、意念、信念和情绪等，链接各种物质或非物质外化物，这些心智结构以复杂的方式与实在发生交互作用，形成复杂的社会结构网络。因此，在复杂系统范式下，社会复杂系统的符号形式化更加清晰地呈现出来，使用简单的相互交互规则可表现系统复杂性表现和生成过程。本课题围绕功能共振效应，对社会系统的功能耦合和复杂交互过程的分析，发现了突现、耗散结构、混沌认知、自适应等这些有关复杂系统的核心认知依然体现其中，这种适用性可以说是适配性，也是体现了复杂科学在社会研究中的跨界应用可能性。

---

① ［美］伊曼纽尔·沃勒斯坦：《知识的不确定性》，王昺等译，山东大学出版社2006年版，第9—10、99页。

② Tom Jorg, *New Thinking in Complexity for the Social Sciences and Humanities：A Generative, Trans disciplinary Approach*, Berlin：Springer Netherlands, 2011, p. 248.

③ 李景平、刘军海：《复杂科学的研究对象：非线性复杂系统》，《系统辩证学学报》2005年第3期。

三　社会复杂性治理视角

从 18 世纪对系统的初期认识起，历经 19 世纪有机理论的发展，再到 20 世纪六七十年代一般系统论的形成，有关系统复杂性研究的结论都指向一个认识：无论是单细胞生物还是现代工业社会，所有复杂系统的数学模型都具有数学同构性，同时，基于此认识可以形成不同的规律性认识。社会复杂性治理视角下的复杂科学的复杂范式作为一种社会治理的技术映照，其没有弱化社会系统思考层面的多样性和复杂性，而是围绕社会系统思考层面，从系统动态化过程切入，丰富和细化了有关社会系统的物质构成和关系构成。这种社会技术关照为社会系统的思想层面研究找到了依据，也揭示了思想形成过程的复杂性及结果的有源性。社会系统的思考层面是适应性主体在复杂要素交织下对社会自适应理解和认知社会系统过程及结果的综合。社会系统思想层面中这种适应性主体特征，按照圣塔菲研究所的复杂系统适应性理论所言，是构成复杂系统的基本要素。所谓具有适应性，就是指环境中各种主体在关联耦合的作用下，自然产生了主体相互作用过程，此过程中各主体能够不断学习和吸收，并根据学习和吸收结果来改变和生成新的方式或结构。所以说，适应性主体揭示了各类社会系统有关思想认识的主动主导特征。这个形成过程充分考虑到了系统构成要素的自主性、自适应性和自反性，也充分意识到了微观个体之间及其与环境之间的交互作用对推动宏观社会结构整体有序的意义。利用复杂科学的复杂范式理解宏观系统演化的内生性议题，让我们看到了复杂自然系统与复杂社会系统在认识理解上是存在着同质性的地方。这种借用复杂科学的社会技术关照研究思路和模式，对于剖析社会系统的复杂本质，重构社会治理的新模式都是有益尝试，为日益复杂化的社会治理带来了新的转机。

20 世纪 80 年代起，社会一直处于剧烈变革之中，全球化、后工业化让世人意识到社会客观发展已经呈现高度的复杂动态，开始于自然科学领域宏观与微观世界的探索与发现已如一条栈桥，连接了更多通向未知的可能，科学的发展与进步作为一种影响现实社会的力量正在建构着我们对周遭社会环境和关系的新认知，最终带来态度、行为的转变，这些转变正在重构着社会的发展去向。当前，我们的社会正处在高度复杂性和高度不确定性的状态中，社会结构性缺陷更是引起风险社会和危机事件的频发，[①] 伴随着社会复杂性、多样性和风险性的不断提升，社会治理日益成为引人关注的公共管理问题，复杂性时代急需社会复杂性治理。具体而言，社会复杂性治理，是指利用复杂科学及工程学科思维、逻辑和办法对社会复杂性现象的理论和实践问题开展本质性研究，弄清社会治理的基础性、根本性问题，揭示多层次社会问题间的复杂耦合关系及其复杂性本质，科学系统地形成基于理论与实践结合的社会治理解决方案，从而精准识别社会治理的瓶颈，找寻迭代更新的治理机制体制，路径及形式，强化社会治理的韧性管理，实现从"响应性"转向"自组织"管理，实现社会治理效能的最大化。

党的十八届三中全会明确提出要推进国家治理体系和治理能力现代化、创新社会治理、坚持系统治理。[②] 社会治理的现代化要求治理理论现代化、治理技术现代化、治理手段现代化，其中治理技术与手段现代化表明社会治理具有一定的复杂性和社会工程学属性。[③] 就功能共振与社会治理而言，功能共振能以复杂社会—技术的建模方法来观照复杂社会发展治理问题，运用社会工程性设计和分析方法，除了能够很好地分析人因社会发展的致因要素，还能更好结合诸如混沌与分形设计、协同与控制、"二相"性与并行治理、社会仿真与社会计算等手段，探寻社会系统其微妙变化，使社会治理具有了从社会理论到社会技术到社会工程的完整框架。[④] 功能共振建构方法参照工程学范型，结合社会治理语境综合使用一种社会科学复杂系统范式来完成社会化研究和治理应用，可以弥合社会科学和自然科学在研究对象、方法和模式上的二元对立差异，也重新审视诸如复杂科学范式等自然科学之于社会科学研究的适配可能。

中国已进入高速发展与快速转型的社会高质量发展变革期，社会治理的层次日渐复杂，治理的领域越来越大，治理的时间跨度越来越长，治理的手段越来越多元，过往的理论指导已不能完全适应社会系统每时每刻的变化，这迫切需要摒弃过往"头痛医头、脚痛医脚"的线性化思维和手段，转而

---

① 张康之：《论高度复杂性条件下的社会治理变革》，《国家行政学院学报》2014年第4期。
② 《中共中央关于全面深化改革若干重大问题的决定》，人民出版社2013年版，第3、49页。
③ 范如国：《复杂性治理：工程学范型与多元化实现机制》，《中国社会科学》2015年第10期。
④ 范如国：《复杂性治理：工程学范型与多元化实现机制》，《中国社会科学》2015年第10期。

充分认识到——社会系统要完成复杂而又精巧的设计、构建、运行及功能实现，是需要借助社会工程学范型来完成的。社会治理的理论与实践表明，社会复杂性是具备虚、实二相的复杂社会系统，为了实现此复杂系统的正常运行，实现治理科学化、现代化的最终目标。围绕这个目标，应构建由政府主导，多主体、多领域、多广度参与的协同治理体系；交叉使用社会科学、自然科学和复杂科学等学科理论和研究范式的治理框架，充分揭示影响社会功能正常化运行的所有要素及步骤，理解社会出现问题的相应耦合规律及复杂关系。比如，在社会公共安全事件的防范中，各级政府要针对此类事件先明确正常防范的步骤和目标，同时进一步做好系统正常运行的要素和环节，具备能够细化和具化社会治理的能力手段，制定详细且具有可操作性的行动方案，形成更加多元层次的管理模式、统一应急联动和指挥机制，真正形成应对因系统复杂性缘故导致的安全事故的能力。

小　　结

共振理论是理解舆情演化的一个重要跨学科路径，创新性地将主要运用于安全科学、风险评估学科的功能共振分析方法来研究网络舆情治理的议题，探索网络舆情诱发、爆发、熄灭过程中舆情要素变动造成的新耦合，对舆情走势的局部或整体的变化影响。既关注个体功能的作用，也重视功能系统的耦合交互共振，从而能更好地把握舆情的演化过程，最后基于耦合交互共振功能识别构建舆情治理机制，能更好地有效把握舆情治理的关键节点。同时，将功能共振作为舆情演化的焦点理论展开研究，从而拓宽了研究网络舆情治理的研究进路和研究视野。

第 二 章
网络舆情的复杂性思考

就网络舆情的复杂性而言，它是在社会复杂系统中形成的，这个过程充满不确定性和复杂性，其本质是对社会世界复杂性的一种映射，是具有多向因果自反能力并具有复杂属性的"社会主体"，以一种超越个体意见和思想的言论方式，对复杂混沌状态下网络时空关系表达和话语权利维护的过程。网络舆情的复杂性源于社会本身的复杂性。复杂性是简单性的相对概念，用来描述系统出现反复与混杂交织的统一状态。与简单揭示组成事物因素的可分解性、还原性、绝对可预测性等相比，复杂性关注事物的潜在、无序、偶然等复杂因素，关注事物与外界环境的非线性复杂层次，关注复杂因素形成耦合的复杂关联。正如钱学森曾就系统科学的复杂性提出，"所谓'复杂性'实际是开放的复杂巨系统的动力学，或开放的复杂巨系统学。"钱学森所讲的"动力学"指的是动力学特征，"开放的复杂巨系统学"指的是开放复杂巨系统的特性，复杂性就是开放复杂巨系统的动力特征。[①] 可以说，复杂性是复杂巨系统的无序状态中存在可循规律的混沌状态，表现为开放的、巨型的、异构异质性显著的动力学特征，是理解物理世界、生物世界和人类社会世界三个层面彼此联结规律的动力。复杂性产生的混沌状态存在于以上三个层面之中，复杂性又建立在混沌状态的"多样性"和"差异性"两大支柱之上，按照其自身规律性表现为一种存在。简而言之，（耦合）一定是在混沌的状态下产生一定的复杂性，而社会混沌现象普遍存在于社会世界之中。[②] 社会世界是包含传统的作为物质系统的社会，也是包括作为思想系统

[①] 苗东升：《复杂性管窥》，知识产权出版社2014年版，第97页。
[②] 李冠福：《论社会科学方法论中的复杂性转向》，《百色学院学报》2012年第4期。

的社会。它们有各自的组成和结构，两个社会互为补充、相互依存、相互作用。两者的耦合关联形成的自反性作用造成社会复杂性，且不断变化着不同的层次和跨层次相互联系。

而就网络舆情而言，其本质是对社会世界复杂性的一种映射，是具有多向因果自反能力并具有复杂属性的"社会主体"，以一种超越个体意见和思想的言说方式，对复杂混沌状态下网络时空关系表达和话语权利维护的过程。网络舆情作为一种知识对象的社会特征，从某种意义上来讲是在放大社会世界复杂性和现象复杂性，并在此基础上对社会秩序进行重构。无论是网络舆情的信息生发、传播、演化、反馈还是各参与主体的非线性互动勾连，都是在一个复杂巨大系统中发生，这个复杂巨大系统具有完全非均质化运行的状态，因受情感、言论、价值观及认知经验等影响，形成"多样性"和"差异性"的耦合在推着舆情系统运行。因此，用复杂性解释社会运行具有普遍适用性，进一步而言，利用复杂性思维分析网络舆情可作为转变舆情治理思维模式的重要方向，对探索社会复杂系统演化的动力学机制是有益的思考。

第一节　复杂性：社会运行的基本动力

一　复杂性解析社会运行现象的普遍适用性

在时空压缩、时空多元化以及时空流动性加强的全球化时代，复杂性已成为其越来越真实的写照，是时代趋于多元多样状态下，无法避免地去认识和研究的一种自然状态，是人类社会从低级向高级迈进进程中必然的经历，也是当下人类两大学科系统基于学科发展来开展复杂性思考和范式论证的重要内容。

复杂性突出表现为在宏观领域的复杂动态及演化问题，和以复杂性思维解析社会运行的复杂性运作问题。研究复杂性的科学行为称为复杂科学，复杂科学的研究对象是复杂系统。复杂系统是作为一种介于有序与无序之间的客观属性载体，包含了自然系统、技术系统、社会系统等。人们最早认识到复杂性是从那些人类知识起初无法解释但可以观察到的复杂系统开始。如在自然现象层面，一只蚂蚁毫无智慧可言，但一群蚂蚁可以搬家、找食物、抗击敌人、抱团逃离火场。这些蚂蚁之中没有领导者和控制者，但却能完成复杂性动作，形成复杂性整体行为；还有大雁南飞，个体按照简单的规则、跟随、距离、协同形成整齐划一的队形，变成有方向、有形状、最省力的飞行生命体；人类免疫系统对侵入人类身体的细菌展开灭杀，会在没有中央控制的情况下高效协同，白细胞被激活，发出警报，接着淋巴细胞被激活，产生大量的淋巴细胞在人体内搜寻和摧毁入侵者，而且产生相应的记忆抗体，形成免疫力。在人类知识层面，复杂性涉及数学、物理学、历史学、政治学、文化学、人类学和管理科学等众多学科领域，在这些学科中所指的复杂性意思是非常含糊的，共同指向的是混沌性的局部与整体之间存在的非线性形式。关于复杂性研究形成了诸如系统观念、现代系统科学、复杂性系统、复杂性科学等概念作为研究复杂性的显学，这些概念常叠加和混合使用，来描述客观事物的一种属性，用于描述事物层次之间的相互跨越的状态。统一而言，任意复杂系统中的复杂性是指系统运行中许多组成要素在许多层面有着无法用线性思维认定或评判的方式在相互作用，这种相互作用下形成种种"运动张力"，产生的结果使整体与其中的组成部分具有不同的性质。[①]

从目前人类对复杂性的研究来看，复杂性的内涵和外延是五花八门的。正因如此，有关社会进化的复杂性论述也有不同的定义。美国记者约翰·霍根（John Horgan）在其著作《科学的终结》中所讲，麻省理工学院的物理学家赛思·劳埃德（Seth Loyd）曾向他提供过一份关于复杂性定义的清单，据统计共有 45 种关于复杂性的定义。苗东升在《复杂性管窥》一书中认为劳埃德提出的这些定义（如所谓同源复杂性、树形复杂性、随机复杂性等等）局限性很大，依照它们还是无法揭示和解释什么是复杂性科学及其特征。从这 45 种看似很多但依然没有穷尽复杂性含义的定义可以看出，复杂性正如其没有一个完美的定义一样复杂。思考复杂性问题不能离开对系统的观照。为了使论述不至于过于空泛，这里整合现有复杂性的定义，从系统与人的关系入手，结合开放复杂巨系统的人脑、人体、社会、地理和整个宇宙这五个层次划分，从日常语言中的复杂性、科学语境中的复杂性、哲学意义上的复杂性三个方向来阐释复杂性及其作用形式，同时观照网络舆情的复杂

[①] 金吾伦、郭元林：《国外复杂性科学的研究进展》，《国外社会科学》2003 年第 6 期。

认识基础。

　　日常语言中的复杂性，是描述复杂状态的形容词，源于名词"复杂"。在《现代汉英词典》中，"复杂"的意思为"（事物、情况）错综复杂"，例如人们常说的"情况复杂""问题复杂""关系复杂"等。在《朗文当代英语词典》（Longman Dictionary of Contemporary English）中，复杂对应于名词 complex，复杂性对应于形容词 complexity。可被解释为：①难于分析、理解或整理，不清楚或不简单；②与有关事物的部分共同组成；③分为主要部分与次要部分共同组成。从词源学的角度看，complex 来源于拉丁语词 complexus，complexus 又从 complecti 转化而来。它们的意思都跟拥抱、怀抱、编织等有关，后来引申为把东西结在一起。纵观上面有关日常语言的定义，复杂（complex）既包括本体论意义，也包含认识论意义。在日常语言使用中，也能看到有关复杂性的认识始终就是开放性、多层次性、非线性，动力学特征整合起来所涌现出来的系统特性。网络舆情体正是"涌现性"的产物，"舆情"字面上是情绪、意愿、态度、言论、意见和观点等的非统一性概括，它的形成基于中介性社会事件的发生、发展和变化，复杂社会网络中代表不同民意的声音被持续放大，最终形成多种情绪、意愿、态度和意见交错的总和。

　　科学语境中的复杂性，特指建立在近代科学之上的复杂性科学及复杂性思维模式。近代科学大约覆盖了 16 世纪到 19 世纪的 300 多年，从培根、哥白尼、伽利略、牛顿等学者开始，尤其是以牛顿经典力学为代表的工业文明的思想和技术基础的科学范式，有其时代的局限和烙印。由于人类眼界、技术条件和社会经济水平等诸多因素，简单、绝对和静止的思维方式是近代科学思维观念和研究方式上的推出缺陷和弱点。[①] 以牛顿力学为代表的科技还原论和线性方式已统治科学研究和科技解释几百年：在本体层面上明确事物有结构和层次，在认识层面上通过前置推导条件从部分（或从低到高）的概念、规律、理论和学科推导出关于整体的概念、规律、理论和学科，在方法层面上运用分解方式将整体分解为部分、把较高层次的研究对象分解为较低层次的研究对象。尽管传统还原论科学取得了不菲的成绩，但也随着解决

---

　　① 陈禹：《复杂性研究——转变思维模式的一个重要方向》，《复杂系统与复杂性科学》2016 年第 3 期。

新的科技、社会等复杂性现象变得捉襟见肘。20世纪就已出现的复杂性科学又被称为整体论科学或非还原论科学，从"整体"或"系统"的视角为解释复杂现象提供新方向。学界普遍认为贝塔朗菲创办一般系统论标志着复杂科学的诞生。经历了一战后的整体论（holism）、格式塔理论（gestalts）以及创造性的演化（creative evolution）；"二战"后的信息论（information theory）和一般系统论（general systems）；当前人们热衷的是混沌理论（chaos）、自适应系统（adaptive systems）、遗传算法（genetic algorithms）以及元胞自动机（cellular automata）等。① 目前，科学语境下的复杂性是指简单性科学与复杂性科学叠加的复杂呈现，当前有关复杂性的混沌边缘、混沌、自组织等主要概念的出现，是在简单性科学框架下研究比较复杂的现象中孕育和产生的，显示出复杂性的研究发展已超过原来科学的范围，正在建构新的科学领域，带来科学世界图景的变革也更加复杂。研究科学语境中的复杂性是极为不易的，这与运用技术手段来研究网络舆情具有同向性。就网络舆情研究和治理的复杂性而言，网络舆情以网络为载体，以事件为核心，是广大网民情感、情绪、态度、意见、观点的表达、传播与互动，以及形成的影响力的集合，是无序混沌之中显露社会不同认知观念和意见表达的态度集合。网络舆情作为网络技术和复杂社会交织重叠的产物，内部机理已并非简单的因果机制可以解释，或是单纯的信息传播模式实证研究可以印证，随着网络舆情环境的越加复杂，原有的复杂性现象将成为演化新复杂性现象的基础，网络舆情会呈现与之相对应的不规则发展和混沌认知。

哲学意义上的复杂性研究已历经半个多世纪，至今还因为基本概念不一致、研究边界模糊、学术用语失范、知识积累困难等问题仍未被完全研究清楚。"复杂之复杂"的各类描述如同"乌尔比斯环"一样处于混沌与有序的边缘，更让复杂性研究显得微妙至极。复杂性显然不仅仅是一个科学问题。正如著名诺贝尔奖获得者、著名物理化学家和理论物理学家普利高津所言："复杂性研究将开创人与自然、科学与人文的新对话。"② 当复杂性思维渗透

---

① 金吾伦、郭元林：《国外复杂性科学的研究进展》，《国外社会科学》2003年第6期。
② 刘劲杨：《哲学视野中的复杂性——拓展复杂性研究的新视野》，《江南大学学报》（人文社会科学版）2008年第5期。

到管理学、历史学、社会学、环境学等诸多社会科学和自然科学的领域中时，复杂性以及复杂性思维的科学性成为前沿科学家和保守科学家不断争论的焦点。在争论的过程中，复杂性的哲学思考仍然是一片荒漠的问题日益凸显。① 法国著名的思想家、哲学家和社会学家埃德加·莫兰曾言："无论在科学思想里，还是在哲学思想里，复杂性的问题仍然是不受重视的。"② 莫兰是研究哲学视野下复杂性的早期学者，它撰写了大量研究复杂性哲学的著作，如《复杂思想：自觉的科学》《方法：思想观念》《方法：天然之天性》等。书中阐述了"复杂性思维"和"复杂性范式"，莫兰的观点认为，对于客观世界的认识，需要借助"宏大概念"、策略性眼光、元系统理念进行理解。关于哲学意义上的复杂性思考，可以参照复杂性的内外围研究本质进行对比阐释、深入剖析。复杂性内核的研究基于科学方式，而外围研究则是一种哲学式的思考。科学方式研究在回答"何为复杂性"时，是一个自外围到内核的无限收敛过程，是为了考察清楚不同领域中的相似复杂性问题，以科学的形式提炼或总结出具有通约性的统一规律、规范。当我们以哲学的思维来回答"何为复杂性"问题时，就是一个从内核向外围无限发散的过程，以日常语言形式诠释复杂性现象和理论内涵，赋予复杂性研究丰富性、深刻性和启发性。哲学意义上的复杂性研究，就是澄清复杂性思想，建构复杂性范式，③ 以复杂性诠释、丰富复杂性的实质性研究，澄清复杂性思维而不是说明复杂性科学规律，建构一个源于复杂性的科学探索，能够辐射到政治、经济、社会、文化等各领域的思维范式，将科学文化视野中的复杂性、科学观视野中的复杂性、实践视野中的复杂性、本体论视野下的复杂性、认识论视野下的复杂性、方法论视野下的复杂性等都纳入哲学研究的范式中来。对于网络舆情而言，其生产、形成与时代、社会发展的现实是一对写照关系，应当立足在科学探索、评判的基础上，构建一个关于网络舆情表达的规则体

---

① 刘劲杨：《哲学视野中的复杂性——拓展复杂性研究的新视野》，《江南大学学报》（人文社会科学版）2008年第5期。

② 刘劲杨：《哲学视野中的复杂性——拓展复杂性研究的新视野》，《江南大学学报》（人文社会科学版）2008年第5期。

③ 刘劲杨：《哲学视野中的复杂性——拓展复杂性研究的新视野》，《江南大学学报》（人文社会科学版）2008年第5期。

系，并且在网络舆情治理规则的形成中回应复杂性的要求，以发散性的思维方式理解和把握网络舆情生态机制中的关联，拓展复杂性科学常用的"硬核"分析，善用网络舆情生态的自组织机制，丰富网络舆情演化和"涌现"的复杂性研究。

复杂性在日常语言、科学预警、哲学意义三个层面有不同的解释。作为研究复杂性的核心对象，网络舆情作为社会复杂性现象和现象的复杂性部分越来越被重视。网络舆情作为社会系统的子部分，表现出与社会系统运行特征的同一性，目前网络舆情的研究已跨越单纯研究网络舆情认知、演化机制及舆情文本的语义分析，而是借助复杂性来研究网络舆情复杂性生态下的差异性与整体性的统一、个体性与关联性的统一，尤其是从这种同统一中认识要素如何进行交互，并最终造成整体呈现。

二 风险社会中的复杂动力及其特征

"风险概念是联系和区分第一次现代化和第二次现代化的关键节点。"① 有关风险的认识伴随着人类追求现代性的步伐，从18世纪对不可抗拒力量的自然事件的认识，到19世纪"风险"在自然领域之外的拓展认识。学者们普遍认为"风险也存在于人类当中，在他们的行为中，在他们的自由中，在他们的相互关系中，在他们与所处社会彼此联系的这一事实当中"，② 这个时期关于"风险"的认识表现为对"好风险"与"坏风险"的中性化认识。20世纪末，现在的风险概念更多是将自然风险与社会风险交织在一起，更多来自于对人类社会现代化深刻反思产生的体悟。风险社会是工业社会现代化发展进入到"自反性"的一个阶段。③ 风险社会作为一个异常复杂的系统，无论从乌尔里希·贝克和安东尼·吉登斯所言的风险制度主义，还是拉什所言的风险文化主义的视角来看，制度与文化的动力因素也不能全然解决风险社会发展动力问题。由于现代社会复杂性加深，导致社会发展动力问题也更加复杂，随着物质、能量和信息的大量流动，作用于系统动力因素及因

---

① 宋友文:《自反性现代化及其政治转型——贝克风险社会理论的哲学解读》，《山东社会科学》2014年第3期。
② 陈华明:《网络社会风险论——媒介、技术与治理》，中国社会科学出版社2019年版，第1页。
③ 陈华明:《网络社会风险论——媒介、技术与治理》，中国社会科学出版社2019年版，第2页。

素之间交互作用的机制也越加复杂。

研究现代社会发展动力复杂系统,需要对其复杂动力有一个总体上的了解。除了认识稳定性、作用力持久的生产系统、生产关系之外,还需要研究其他动力系统的积极的、不可或缺的作用。现代风险社会发展的复杂性,是在工业革命时代发展而来的,极为突出的科学技术动力性因素。在形成"科学—技术—生产"的一体化过程中,科技能力的多面性改变了社会结构,激活了本来不活跃的其他系统结构。在每一个系统结构中,都有一种或几种决定其支配作用的量叫序参量。序参量包括:系统的核心要素(即实体范畴),左右系统变化的"场",如文化、精神、语言(即关系型范畴)。[①] 每种系统变量在协同和竞争的机制下,与其他变量发生关联,当达到社会系统的临界点产生新的分化时,系统将衍生出不同的模式与形态。我们说,风险社会的风险化加剧是因为原来作用于社会的动力发生了根本性的变化。造成这样根本性变化的动力特征,突出表现为基于适应演化向协同演化的同步力和用于阐述社会发展二相性形态的解释力两种复杂动力。

基于适应演化向协同演化的同步力。按照马克思、恩格斯基于社会发展动力思想提出的脉络来看,人类社会的动力,经历过神学动力、理性动力转向唯物主义动力的过程。从早期关注物质与利益,到后来唯物史观的探索;从初期生产力是社会发展"动力的动力"的阐述,以及分工、协作等动力因子的辅助功能,再到关注生产关系中具有互动机理的实体性要素——要求我们在社会动力分析过程中,既要看到"亘古不变"的社会规律的主导趋势作用,也要看到系统演化过程中偶然性、随机性等变量的重要作用。当人类对风险的认识还停留在转移风险的历史阶段,社会的动态变化伴随着一种生产力、生产关系取代他者,每次社会的进化都是以颠覆性或革命性的方式实现历史的前进。而如今,除了生产力及生产关系这一核心要素之外,人类对风险判断时更多是引入了个体生活的制度与文化背景。从"存异"到"求同",不以被动的方式迎合社会发展,更多基于适应演化,摒弃矛盾二分分析法而从整体性结构和各种因素的交互作用来看。从整体反观部分,做到可能性与现实性、确定性与随机性、必然性与偶然性的相统一。通过对系

---

① 李丽:《社会发展动力系统观初探》,硕士学位论文,中共中央党校,2002年,第65页。

统非平衡状态的引导，正视复杂性的协同演化作用，实现风险社会合规律、合目的的发展。

作为用于阐述社会发展二相性形态的解释力，风险社会系统是建立在社会系统已有的基础之上的，作为复杂系统的一环，具有"二相性"特征。"相"（phase）作为物理学中一个非常重要的概念，其系统所处的状态及其状态集合，即"相"及相空间（phase space），是一个非常重要的概念。[①]风险社会是"二相"对偶的辩证统一体，相空间是指由系统的状态变量所构成的抽象空间，相空间里的一个点即"相"，表示系统在某时刻的一个状态。[②]"二相"在社会系统视域下处于"实相"和"虚相"的对偶关系。结合这种对偶关系来理解风险社会的"二相性"，乌尔里希·贝克在《风险社会》中提到"一个风险本身"和"对风险的公共感知"之间存在着不确定性，要么是风险被激化，要么是我们对风险的看法被激化，而这其中充满不确定性。贝克主张，真正的"风险社会"存在于后现代社会，风险也不像早期工业社会那样够明显被察觉和防备，当下很多风险都无法提前察觉，是日常经验也未能提前规避的。如2019年底爆发的新型冠状病毒（COVID-19）并不会被人视为超自然事件，而被视为某种不明确因素造成人体出现新毒株带来的病毒性肺炎症状，一切的风险越来越难以说清因果。风险来源的复杂性形成风险社会的"二相性"，其形成因素具备了重要的"自反性"特征。可以说，风险社会发展到一定程度后，就会发生突变，涌现出新的风险特征或结构，此时社会系统的状态（相）通过演化，由一个现有状态（实相）向另一个新状态（虚相）转变，带来新的结构性风险或要素性风险。总结起来，复杂性可以揭示风险社会系统的构成及表现，不仅可以从风险的完整性、稳定性、互动性、空间差异性角度来解释风险社会变异状态，还可以揭示风险社会的"复合二相性"，可以理解为从"正式"结构与"非正式"结构二相性解释风险社会的致因要素；从"随机性"与"确定性"状态二相性解释风险社会因素的动态作用过程；从"均衡"与"非均衡"状

---

① 罗会军、范如国：《社会制度系统的复杂"二相性"与社会治理创新研究》，《学习与实践》2016年第2期。

② 罗会军、范如国：《社会制度系统的复杂"二相性"与社会治理创新研究》，《学习与实践》2016年第2期。

态二相性解释风险社会系统演化的全部状态;从"理性选择"和"自然演化"动态二相性解释风险社会系统耦合的整体规律。

综上不难看出,风险社会发展的主要动力因素有两个,一是基于适应演化向协同演化的同步力,二是用于阐述社会发展二相性形态的解释力。它们揭示了网络舆情中各要素的相互影响和各要素影响的不可先验性,说明了舆情要素其中之一若发生变化,大概率上也会造成其他要素随之发生变化,最终产生"彼此影响彼此"的放大效果,也就是舆情爆发。可以说,两个主要动力因素及特征都是以复杂性作为思考基础带来的结论,回答了形成风险社会的复杂动力问题,这也在客观上为研究网络舆情的复杂性提供了理论上的适用性。网络舆情作为社会子系统的系统单元,社会治理的参与主体在适应原系统变化的同时,也会根据个人或群体的需要参与社会的"共建共治共享"。出于一种非主动协同的需求,网络舆情会出现非均质性的反馈,这种非均质性的反馈又会作用于复杂性社会,使之充满新的不确定性。

三 技术与复杂社会:技术与社会共同形塑复杂社会网络

技术毫无疑问已经成为当前网络舆情治理的核心。它不仅作为一种致因要素嵌入网络舆情生发演化的整个过程中,还作为一种环境要素与社会要素相互交织,构成了网络舆情爆发的复杂社会网络。在某种程度上而言,正是愈来愈复杂的技术形变导致对复杂社会的讨论和研究成为网络舆情治理的关键。

前文已阐述了复杂性对于分析社会运行的普遍意义,交代了风险社会运行的复杂动力及其特征,厘清了研究网络舆情的复杂性理论背景。按照科学技术与社会(Science,Technology and Society,STS)系统演化发展理论,随着研究的深入,"技术决定论"与"社会建构论"两种盛行而对立的极端观点已逐渐被摒弃,目前复杂性与复杂社会存在着协同演化发展的共进特点。技术的作用、其影响社会的方式,以及社会的建构如何发挥技术功能的耦合关联已成为学界和业界普遍关注的研究对象和领域。科学技术与社会认识方式的运用在学科范式、理论工具、研究领域中都有所体现,是把科学和技术放在社会生产(物质生产、精神生产、社会关系生产等)和社会生活(物质生活、政治生活、文化生活等)中,把本来就由科学、技术参与或支撑的社会生产、生活（本来存在）科学、技术的活动场域、生成条件和整合基础。① 自 20 世纪七八十年代，在技术经济学家和管理学家开始对技术使用和线性创新模型批评的同时，技术社会学理论把人们拉入到了一个将社会学的基本方法移植到技术创新研究中去的新情景，不再只简单地关注技术的社会影响或后果，而开始致力于探索"什么形成了影响社会的技术和实现这些影响的方式"②。技术与社会之间产生过断裂的关系重新形成无缝之网，主张科学技术和技术人工物均可以看作是社会建构的，将技术创新看成一个演化过程，即变异和社会行动者选择的交替过程，遵从"多方向模型（the multi-directiona model）"，而不是"线性模式"。③ 技术与社会已结成无缝之网，两者绑定在一起的关系越加紧密，共同形塑复杂社会网络。两者功能的耦合程度决定了复杂系统的完整性及运行的流畅性。技术作用于社会，体现为技术的生产、配置和使用三大子功能。为进一步理解技术—社会之间的系统耦合，这里借助小生境、域和生态进一步说明。

"技术—社会"生产方面，借用于生物学中的小生境概念来解释，其基本概念是为了适应自然界的生存竞争，各物种（或亚种）特有的可以为其生存提供支撑的生态圈。新物种本身抵御外界风险的能力有限，迫切需要一个如此特殊的空间和环境，来适应环境压力获得继续生存的能力，这也保证了物种的多样性。在技术与社会的耦合形成复杂社会网络的过程中，技术小生境位于微观或核心层面，新技术的扩散范围极为有限，如网络舆情的监测和分析系统起初是金融领域用于分析金融数据走势的数据技术系统对早期金融数据进行运行分析，而非直接用来分析网络舆情。技术的小生境以及社会为其营造的较为独立的和短暂的受保护的空间，一方面能提供"干中学""用中学"和"互动中学"的场所，另一方面提供构建保护技术的社会网络，如金融数据库和技术创新者—使用者之间的关系。

---

① 田鹏颖：《科学技术与社会（STS）——人类把握现代世界的一种基本方式》，《科学技术哲学研究》2012 年第 3 期。
② Williams and Edge, "The Social Shaping of Technology", Research Policy, 1996, Vol. 25 (6), pp. 865 - 899.
③ 孙启贵：《技术与社会的创新及其协同演化》，博士学位论文，中国科学技术大学，2009 年，第 87 页。

"技术—社会"配置方面，从纳尔逊和温特1977年提出的"技术域"概念的发展延伸来看，它介于微观小生境与生态间的中观层面，"指技术的认知结构和参与其中的个人和组织群体结构"[①]。技术域的存在说明，技术与社会间存在一个共享的核心配置框架。这个框架里由复杂工程实践、工艺技术、产品特征、技能流程、人员运用等深层结构及法则，及社会背景、文化、用户或市场、价值认知等异质性要素共同构成。技术—社会的构成要素存在于相互关联的结构中。一方面，不同要素是相互独立和自主的；另一方面，它们之间相互依存并相互作用。就网络舆情而言，网络技术及基础设施条件是由网络运营商建设和维护，舆情扩散传播使用的互联网及应用程序是由互联网公司开发，网络舆论生态环境通过政府、网民、媒体的互动而形成，这些涉及网络舆情的诸多要素和条件需要相互协调。由此可见，"技术—社会"配置层面具有社会选择和保持的功能，技术要素都附在不同的社会群体中并嵌入到一套规则当中。

"技术—社会"使用层面囊括生产、配置要素，表现为更加宏大的外围领域，是影响"技术—社会"小生境和域的外在环境生态。这种生态下，系统功能并不会自动实现，而是通过多种异质性要素的存在和相互作用，复杂网络内形成的内生动力，以及技术演化发展可能造成的新动力综合而成的系统化运转。如涉及网络舆情的原生事件，舆情言论，舆情主体、本体、客体，价值认识、舆情环境、网络技术等，网络舆情的生成、扩散、影响正是在这些系统的动力因素和限制的双重作用下完成。我们可以将其归入几个维度：宏观社会环境、知识、制度和深层的文化、基础设施。"技术—社会"使用层面是各要素或行动者互动的外围环境，与更广泛的技术和社会外在因素有关，是比"技术—社会"配置层面也就是"技术域"的变化更加缓慢和不经意察觉。

因此，可以说，在技术与社会的无缝之网的宏观语境下，在网络的微观语境中，网络舆情是技术与社会发展映射在网络中的产物，如果没有复杂社会网络，没有对技术的深刻观照，对网络舆情的治理的研究将无从谈起。

[①] 孙启贵：《社会—技术系统的构成及其演化》《技术经济与管理研究》2010年第6期。

第二节　网络舆情：根植于技术—社会复杂系统的演化机理及新变化

网络舆情具有爆发性、环境复杂性、群体扩散性、演变不确定性等特点，是舆情事件内在复杂矛盾积累到一定量级的表现，是一种以不可预知的时间、态势、规模爆发并在网上快速蔓延的群体性观念和认识。可以说网络舆情是技术—社会复杂系统的产物，是这种复杂性的网络映射。研究网络舆情的复杂性，是研究复杂社会网络的一个"镜像"。作为近年来随着网络技术勃兴发展的新生事物，网络舆情在复杂性科学视野下表现出复杂性机理。同时，国内外对网络舆情及治理的研究随着社会环境日趋多元、技术手段越加复杂而呈现出新特点、新要求、新方式。

一　网络舆情世界的复杂性机理认知

网络舆情是社会的主流舆情。① 作为一种对社会热点的表达与聚焦，可以说它是对我们生活的两个世界的反映，是在人类赖以生存的现实世界基础之上，展现的另一个传播到我们眼前的世界，是民众依托网络，借助大众媒体、自媒体等传播给我们的舆情世界。就其复杂机理而言，本书在借鉴厦门大学邹振东教授《弱传播》一书中论点的基础上，结合复杂网络背景下网络舆情的表征加以修正，将网络舆情世界的基本特征概括为"弱者强势、情绪优势、次者为主、轻者为重"。②

（一）弱者强势：强弱对比的反像世界

网络舆情是集约化的民意在网络上传播的产物，"情"反映的是一种心理状态，笼统而言是指普通民众的看法和想法，是比较抽象的概念。也可以说，网络舆情是网络舆论的一种聚合解释。"舆论"代表的是众人公开化的言论和评议，是特定历史时期和社会空间条件下，公众对特定公共事务、社会问题、自身利益相关事物的整体感知和情感，是多种意愿、态度、情绪等

---

① 喻国明：《网络舆情治理的要素设计与操作关键》，《新闻与写作》2017年第1期。
② 参考邹振东《弱传播》，国家行政管理出版社2018年版，第127—128页。

融合的产物,① 当网络上舆论代表的观点态度形成一种"势",这种"势"再加上个体情绪的影响,就会成为弥散于网络的舆情。舆情的理解可以从张克生等人认为舆情反映的是社会客观现实和主观民意的概念化界定中找到答案。② 网络舆情自出现之初就是群体性的主观民意的综合表达。在现实的语境和权利关系中,一些话题或议题没能正常表达时,就会形成各种带有情绪化的意见集合,这种集合是那些与舆情事件有相关利益关系或冲突,但在现实生活中能量较低的弱势群体或小众群体的心声;或是与事件本身不相关的"旁观群体"无意识或有意识的参与行为。最终个体的观点、情绪等影响到群体。当群体形成一定的共振效应时,就会形成表达的"势",形成舆情。如近几年出现的舆情事件,如"西安奔驰女车主哭诉维权事件""携程亲子园虐童事件""空姐滴滴打车遇害""腾讯、优酷、爱奇艺超前付费点映热议"等。大部分网民在了解这些事件之后,会对4S店、亲子园方、滴滴运行平台、音视频平台这些现实中的强势主体进行舆论上的声讨,无论这些强势主体是否有舆情引导不当在先的情况,舆论的能量总是朝着有利于现实中弱者的方向在运动,这些声讨既有理性也有感性的。事件所投射的舆论场内有多种关系:对错关系、是非关系、因果关系、正反关系……舆论双方的各种关系都在舆论场内,引起一方的热议、声讨、站队,另一方的解释、道歉、处理,再引起舆论场根据双方的强弱关系进行站队、舆情反转等。这些事件经过网友或媒体爆料、进一步全网传播、最后当事方和主管机构的应对处置,所有多方关系都会成为强弱关系。

网络舆情的参与主体来自社会各方面,具有不同画像的人群。这些人群的一言一行可以对舆情起到非常重要的影响作用。截至2022年6月中国网民数量为10.51亿人,互联网普及率达74.4%,庞大的网民数量加上网络技术的开源使用,使所有人都有了"麦克风"来表达个人的意见和建议。网民在舆情世界里成了"大多数",规模的庞大加上舆情事件多与其利益相关联,反映了这个群体的心声,使得网民群体在舆情世界里处于强势的地位。舆情世界的强弱与现实世界的强弱是相反的,现实中的强者往

---

① 刘毅:《网络舆情研究概论》,天津人民出版社2007年版,第53—54页。
② 张克生:《国家决策:机制与舆情》,天津社会科学院出版社2004年版,第17页。

往是舆情中的弱者，如上述实例中的4S店、亲子园方、滴滴运行平台、音视频平台。

舆情的世界是争夺关注与表达的世界。在现实中长期处于强势的强者，其居高临下的地位容易成为舆情中的焦点。在争夺关注与表达时，弱者在认同上比强者有更大的人数优势，但凡强者在舆情解答或引导中没能满足弱者，或是继续以现实中强者的身份、态度对话弱势群体，就一定不能得到大多数的认可。网络赋予原本现实中的弱者更多能量，弱者对舆情的把握似乎与生俱来、无师自通，而强者对舆情的认识，却颇有些缩手缩脚犹豫不决。现实世界是个强世界，强者高居塔尖，居高临下；舆论世界却是一个呈倒金字塔形的结构的弱世界，弱者因规模效应能量巨大，强者因规模有限能量较小，此时的弱者高居塔尖，强者位于底部。① 现实中的强者若想在舆情世界中争取更多的主动，就要主动与弱者进行对话，对话越频繁、对话越有质量、对话越能有序，强者在舆情世界里才不至于疲于应对。

（二）情绪优势：情胜于理的情感世界

网络舆情作为一种社会现象，是没有规律的；而网络舆情构成的具有复杂性机理的空间形态，是有规律的：即舆情世界对现实世界的反映偶尔是全面的、深度的、本质的，但必然是局限的、表面的、关联的。这一不同于现实的"表象构筑"，在网络传播技术和移动终端快速发展的新媒体时代里尤其突出。长期郁结的非主流社会舆论及其代表群体有了不同以往任何一个时代的发表与分享意见的权力，在这样的环境下，微信公众平台、朋友圈、微博、博客、贴吧、知识问答平台、短视频、直播平台、聚合新闻等渠道，成为网民获取信息、交流思想、发表意见的主要途径。不同的观点、意见和评价越来越兼容，超过了传统媒体时代资讯带来的舆论浪潮。当情绪与舆情事件交织在一起时，情绪作用影响下舆情事件会出现情感偏向，给事件贴上了更多的情感标签，"体现人的社会性需求、如道德感、美感、信念感等，具有深刻性和稳定性"②。在舆情的世界里，事实的传播不如情感的传播，情

---

① 邹振东：《弱传播》，国家行政管理出版社2018年版，第127—128页。
② 卢毅刚：《认识、互动与趋同》，中国社会科学出版社2013年版，第97页。

感线是贯穿网络舆情生发演化始末的牵引索。① 遵循情感逻辑，网络舆情就不只是"透过现象看本质"，也要"透过本质看现象"，在网络舆情的生发过程事实的客观性之外，看到情感介入会催化舆情产生我们预想不到的剧情反转。

网络中公众观点和意见的表达、互动和传递，本质上出现了情感与信息嵌入、情感与社会背景嵌套的特点。② 这种嵌套在波兰尼的《大转型：我们时代的政治与经济起源》一书中被最早提及，"社会关系被嵌入经济体系中……市场经济只有在市场社会中才能运转"。我们回溯一下网络舆情的形成过程，客观事件作为信息被传播了才有变成舆情的可能，经过人的扩散，信息会受人的情绪、态度、价值观等发生新的偏向，最终形成网络舆情，是信息、情感、社会环境的三者存在嵌套的关联。首先，网络群体传播中，群体的情感因素是具有先验性的，相对于信息而言，情感因素嵌入信息中会随着信息的流动而不断激发起人性的共通性。网络舆情传递的是叠加了人的情感后的信息，是超过客观存在的一种情绪信息。其次，情感能量形成"舆能"决定了网络舆情内容的情绪化。我们说舆情之所以能被快速传播扩散是由于传递的主体赋予了信息更多的情感动能，也可以称为情感势能、情感能、情感热能等。情感除了是能量本身，也是载体和导体。舆情的爆发一定是能量的爆发，信息本身不存在爆发的情况。在互联网中，网络的开放性摒除了大众传播的组织化中介与专业化把关，情绪的传递因为这种开放变得没有边界和管控。在这里，情感是真实的、自然的人性流露。③ 最后，情感共鸣与网络舆情形成共振。网络舆情世界的逻辑主线并非是有道理的、客观的、讲逻辑的。情感具有动力功能，情感能够引起态度及认知的变化，甚至促进负面行为的产生。④ 互联网群体的情感表达是为了争取其他人的认同来支持自己所持的立场。正所谓"动之以情，晓之以理"，网络舆情需要有感

---

① 陈华明、孙艺嘉：《情感线逻辑下的网络舆情生发演化机理与治理研究》，《西南民族大学学报》（人文社科版）2020年第5期。
② 常启云：《论互联网群体传播的情感偏向》，《现代传播（中国传媒大学学报）》2019年第12期。
③ 常启云：《论互联网群体传播的情感偏向》，《现代传播（中国传媒大学学报）》2019年第12期。
④ 陈华明、孙艺嘉：《情感线逻辑下的网络舆情生发演化机理与治理研究》，《西南民族大学学报》（人文社科版）2020年第5期。

情的嵌入在先才有了传播的可能，"情"产生"动"，"动"就会形成"势"，形成一种选边站效应来争夺关注、争取认同，而争取的过程中总是伴着强烈的情绪与意义共振。

（三）次者为主：现实判断倒置的反转世界

网络舆情世界是一个主次倒置的传播世界，是次主流舆论、非主流舆论比主流舆论更活跃的反转世界，① 非主旋律能够以较快速度传播开来。在网络中，舆情是群体性心理的现实投射，是客观事件在网上和现实中的各类表达的交织纠缠，网络传播机制放大客观信息使得现实中突发事件的燃爆风险增加，并进一步影响现实中行动的发展。② 总体来看，现实事件可以在网上得以燃爆成为舆情，现实中舆情的能量也足以改变现实事件的发展走向。当舆情产生的环境超越了明显的线上、线下分界条件，整体上的客观世界与舆情世界在网络化的语境中融合彼此，就会成为复杂性的网络现象。过往，舆情中的客观事件是主流舆论所关注的重大事件，以传统突发事件为主，例如自然灾害、事故灾害等。重大突发事件、安全事件、社会事件常是由主流媒体或主要信息单位进行主流报道，同时形成主流舆论并引导社会舆情发展。但是网络舆情中的事件多以中介性社会事项为主，这些事件与现实事件有着紧密的联系，但又同时受线上、线下的影响，因此与传统常规性突发事件在定义、内涵及事件性质等方面有着较大的差异，③ 在网络舆情发展的过程中，舆情事件衍生出来的新闻报道、网民评论和政府决策等舆情信息在社交网络中形成扩散态势和井喷效应，④ 由于多元主体在网络中具有了与主流媒体或机构同等的发声机会，打破了政府、精英与大众建构起来的传统舆论环境，因此改变了过往由主流舆论为基准设置的坐标系。与此同时，西方的社会思潮和价值观随着网络信息传播格局的扩大逐渐侵入中国社会，对传统文学形成冲击，民众的主流意识形态受到多种价值观念的杂交影响。这一现象

---

① 邹振东：《弱传播》，国家行政管理出版社2018年版，第218页。
② 毕宏音：《网络舆情的基本共识及其动态规律再认识：多维视角考察》，《重庆社会科学》2019年第1期。
③ 梅松：《网络舆情事件及其风险特征》，《党政干部论坛》2020年第1期。
④ 夏立新、毕崇武、梅潇等：《基于事件链的网络舆情事件演化研究》，《情报理论与实践》2020年第5期。

使得民众在网络场域中呈现出理性与非理性并存、彰显个性又渴求认同、自我实现与自我宣泄等多重矛盾并存的形象。① 在诸如此类心理的驱使下网民对客观事件地解读和评议，比主流媒体或主管机关引导的主流舆情有了更多的可能。非主流舆论需要争取大多数的认同，表现得异常活跃。张浦涛等人提出"舆论流动性过剩"概念，指在一定语境下，舆论表达过度活跃，溢出了社会正常的可承受限度，致使舆论表达过热。这种"流动性过剩"就是一种风险隐患，失控时则变为舆论危机，② 越是非主流的舆论就越会在全网中表现出这种"过剩性"，搅动舆论的影响动能和作用范围。一旦各类信息在短时间内迅速聚集，形成舆论波，舆论引导工作便面临信息传播迅速难掌握、意见分散难平衡、圈层传播难渗透、情绪共鸣难疏导、社会共识难获得等难题，③ 最终引发网络舆情。

唯有借鉴非主流或次主流舆论的传播效应，打破格式化表达形式，积极融入非主流舆论场，借助叙述性传播、符号化传播、热点传播、小众传播等传播手段或技巧，借次级的"形"传播主流舆论的"神"，才能在网络舆情中将占据的地位优势转化为影响更大的舆情优势。

（四）轻者为重：举轻若重的活力世界

网络舆情是民众对社会中介化事件态度与意见的集合，被视为社会生态的"晴雨表""温度计"。意见涨落与网络舆情有着互为表里的关系。态度与意见涨落是网络舆情复杂性的无序之源；网络舆情是意见涨落的集合反映，网络舆情以公共影响力的方式将群体性意见无限放大。网络舆情是争夺关注和争取认同的过程及结果，但这个过程与现实相比是基本倒置的。网络中群体性意见在所有媒介或渠道传播的叠加效应下，唤醒了民众对舆情的关注，放大了民众对事情的看法和评价，也在网络中形成观点和意见的交锋。在群体流动中表现出的分离聚合、消解蜕变、迁移转换、归类重组等潮水般

---

① 毕宏音：《网络舆情的基本共识及其动态规律再认识：多维视角考察》，《重庆社会科学》2019年第1期。
② 张涛甫、王智丽：《中国舆论治理的三维框架》，《现代传播（中国传媒大学学报）》2016年第9期。
③ 陈帆帆：《移动互联网背景下突发事件舆论引导的难题与破解》，《传媒》2017年第17期。

的涨落现象。① 网络舆情的传播目的是争取认同、扩大影响力和接收度。更大的覆盖面与更好的传播效果无疑要求扩大传播的"语义空间",也便需要更加"轻便"的信息内容。更进一步而言,唯有简单易懂、易于接收和理解的信息才能获得更为广泛的受众基础。从而在传播对象之中达成共识,形成更强的传播力和影响力。

在网络舆情的传播过程中存在着广泛的"轻者为重"现象。即相较于内容更为"厚重"的信息,"轻便"的信息更易在网络舆情的传播和生成中发挥关键作用,从而形成一种"聚轻为重"的倒金字塔结构。具体而言,在舆情传播场域中,围绕某一舆情事件往往形成一个传播漩涡,在漩涡的底部是网络舆情中最具社会意义与价值,最能代表其背后深层根源与缘由,最复杂多元的结构要素及其作用关系,也是作为普通受众无法触及和从根本上理解的复杂要因。由于这部分内容的"高语境"特征,其很难获得普通受众的接纳与传播。而在网络舆情的顶端则是易于解释的,平白易懂的、具有情绪煽动性的,便于传播的信息。此类信息由于符合大多数受众的接受限度与接收水平,更加容易获得被传播的机会,也成为网络舆情生成过程中起到主导影响力的信息内容。由此,在网络舆情的传播中,情绪化、浅薄化的信息更易获得传播的机会,而隐藏在表象化信息之下的深层化、更具阐释力和解释性的信息则在传播中被选择性忽略。当浅层信息传播行为不断重复,轻者为重的倒金字塔结构信息传播模式便最终形成了,成为网络舆情信息传播的一大特征。结合2020年初新型冠状病毒疫情舆情,以人民网舆情数据中心发布的《2020年互联网舆情形势分析与展望》报告里2020年1月至8月500个热点事件之一的"湖北红十字基金会接连陷入舆论风波系列事件"为例。1月29日,湖北红十字基金会(以下称红十字会)官方微博公示的一张拨付资金退还单中被网友圈出了有开户行错别字,按照写错名字收款方无法正常收到款项的正常流程,认为红十字会不该出现这些"低级错误",广大网友质疑照片存在改动痕迹,并对善款去向提出关心。此事之后一波未平一波又起,红十字会1月30日公布了17项捐赠物资使用情况,其中显示主打不孕不育诊疗的武汉仁爱医院收到了1.6万个N95捐赠口罩,而武汉市

---

① 陈卫国:《意见涨落与舆论监督》,《新闻前哨》1999年第2期。

61家发热门诊之一的某医院仅收到3000个口罩,强烈的反差再次引起网友对红十字会对捐赠物资分配不合理的热议。此事件披露后,"口罩捐给'莆田系'"的指责在互联网上刷屏。随后红十字会公开回应物资使用情况的说明亦被质疑,在发布的更正说明中承认是工作失误导致捐赠信息发布不准确带来的负面影响,就在这篇说明中又被发现落款时间"2020年1月31日"写成"2019年1月31日",红十字会内部管理存在疏漏再次被网友调侃热议,成了舆论中的靶子。在此系列事件中,还未从2011年郭美美事件的严重冲击中完全恢复的国内红十字会的声誉一落谷底。在这场历史性的抗击疫情的大战中,各地红十字会都在全神贯注应对疫情和舆情的双重考验,然而湖北红十字会却纰漏不断,网民以发现"错别字""写错时间""有悖逻辑"等众多"轻"信息作为切入点点燃了网络舆情的浪潮。

可以说,在网络舆情的生成过程中,"轻"信息往往借助其浮在表层的传播优势成为舆情生成与爆发的导火索,并作为契机引导舆情由轻到重不断蔓延,最终导向网络舆情的深层机理。网络舆情某种程度而言是一种举轻若重而又充满活力的话语空间。总结而言,网络舆情世界是一个"弱者强势、情绪优势、次者为主、轻者为重"为特征的特殊空间。

二 网络舆情复杂性机理下的新特点、新要求、新方式

(一)新特点:情感极化与民粹主义相交织

随着传统互联网"平台化"时代的逐渐式微,自媒体时代已经解开了互联网大发展的新序幕,网络舆情在微观化的信息源、Web 2.0 时代的个体、人机友好的工具平台的综合语境下,民众海量意见易在短时间内聚集形成言论态势。网络舆论场上观点多元,众说纷纭,真假难辨,受众的"后真相"感官刺激不断被点燃,带来网络舆论场上一片哗然,民众越来越享受这种"真相已无意义"的精神放空。情感极化是当下网络舆情演化过程的突出特点。在情感驱使下,众网民结成无形的"情感同盟"以情感惯性的态势,形成难以发挥实质性作用的"运动式"舆论。这种舆论往往裹挟着民众对社会的极化情感和诉求。网络舆论是在"错误的靶子上留下弹痕",围绕的社会公共议题而起的众声喧哗很可能并不代表解决实质问题的需要,呈现出"情绪—理性化—再次情绪化"的路径特征,最终可能沦为社交狂欢

的噪声。这里以网络舆情翻转案例为切入口来进一步说明,如"山东辱母杀人案"中遭到债主人格侮辱的母亲苏某的遭遇令舆论深表同情,但与此同时其欠债几千万拒绝还款,被列入法院老赖黑名单的事情令网民大跌眼镜;"陕西榆林 27 岁待产孕妇"一事引爆舆论场,关于院方与家属之间就是否拒绝产妇剖腹产,最终导致孕妇因腹痛难忍跳楼身亡引发争议,舆情多次出现反转;"汤显祖墓考古重大发现"舆情事件中相关政府部门联合宣布汤显祖家族墓园考古取得重大成果消息在网上热议后,却因擅自进行墓葬挖掘和未及时上报重要发现情况,被国家文物局约谈并惩戒。网络舆论的反转带来更多对网络舆论的隐忧:网络舆论本身就不可能是绝对理性的,民众关注表层现象重于事件本身,作为社会监督的手段和方式,早已成为一种"社交狂欢"的写照。从转发量、点赞量、热搜榜来看,舆论声量或大或小往往说明网络舆论处于"失焦",难以形成合力。舆论失焦是指由于网络技术的赋能,公众的话语权和知情权得以提升,原来"独有声音"难以被一方主导,舆情演变的主体规模和范围越来越多元和极化,参与舆情发声使事件中心议题越来越被模糊化。如某省高考二百余人被顶替上学事件中,转发与评论的焦点从彻查事情原委,到后来质疑学生就读高中、当地招办和报考大学等多方合力造假问题,再转移到对该"考生大省"的"地域黑",不断扭曲事实与带偏舆情焦点。从这一事例中看出舆论自身的局限性与技术赋能的网络时代的交织带来更多的不确定性。"谎言""假象""情绪"形成的后真相内容在网络中廉价的产出并被转发,"圈子化"的社交圈层如同"信息茧房"不断地在过滤大量真实事实,造成网络舆论的碎片化与圈层化。各方众说纷纭,都希望突出议题中符合自身利益的事件点为自己服务,导致舆论失焦,逐渐丧失合力。如在该高考事件中,有人"地域黑",有人认为是剥夺女性受教育的机会,有人认为是地方教育产业链的暗箱操作,也有人认为是地方官场的贪腐,等等,最终陷于对细节的内耗和事情的揣测,失去原本"正本溯源"的动力。

同时,我们也要看到网络舆论表面自由,实则极其易受外力影响。多元价值的话语自由竞争的外相,虽然有实质性的内容,但内里受诸多外力影响,是无序、混沌、非理性等简单信息的集合。"后真相时代"的网络舆情有更多情绪化、民粹化的特点,原本严肃的舆情出现泛娱乐化倾向,由此我们也需要摆脱对网络舆情合力的浪漫主义想象,要认清"后真相时代"下网络舆情的特点,发挥议题正向引导作用,达成舆论与公众利益相吻合的新要求。

(二) 新要求:议题正向引导与公众利益相吻合

舆情在技术赋能复杂社会中形成的具象性网络空间中得以孕育、产生、变化、消亡、异化。网络的工具性特征在推动网络舆情变化和发展中被打上了鲜明的技术特征。"网络社会"已经超越了"赛博空间"的数字化定义,界定网络空间与现实空间的定义、划定二者的边界的难度不断增大,随之而来的是网络舆情中组织与传播的多元化。[①] 随之在网络中形成了两个不断博弈、冲突、互动与交融的"舆论场",简单划分为主流舆论场和民间舆论场。两个舆论场是突破既有文化传播格局的主要力量交汇点,也是影响和决定当今与未来一个时期主流文化走向及其基本构成的舆论场域。如今,网络基础设施、网络技术与规则框架、网络应用、网络文化等利好网络社会兴起的条件不胜枚举。在这样的大背景之下,长期郁结的非主流社会舆论借助网络有了可以释放能量的新出口。自媒体、移动媒体、智能媒体等社会化媒体开创的互动传播生态,又为非主流社会舆论赢得平等话语权提供了无限可能。因此可以说,技术生态正在改变原有固化的主流舆论场,在技术加持下的民间舆论场获得了与主流舆论场进行对等传播的历史契机,甚至可以说是以一种"弯道超车"的方式在改写两者间的话语权利,在部分方面上表现出比主流舆论场还要"主流"的认知判断。因此不能机械地再以官方和民间、主导和从属、强势和弱势、主流和非主流来做简单的二分界定。除了不能机械划分两者之外,当下主流舆论场已出现了主动积极回应,更加主动的应对舆论场态势的变化,进行观照这种变化可用:①关注"后真相时代"的网民情绪共振,正向介入引导舆论热点;②引导网络意见领袖正确发声,全方位增强舆论力量;③持续自检和避免加深传播隔阂,杜绝出现媒体危机;④主动破除误解,防止社会对抗式解码四点来概括。结合2018年长春长生疫苗事件来看,2018年7月15日国家药品监督管理局发出公告,称在对长春长生生物科技有限责任公司的检查中发现,此公司生产的冻干人用狂

[①] 左蒙、李昌祖:《网络舆情研究综述:从理论研究到实践应用》,《情报杂志》2017年第10期。

犬疫苗存在记录造假等严重违反《药品生产质量管理规范》的行为，责令吉林省药监局收回该企业《药品 GMP 证书》，并要求停止疫苗生产。一时间"长春长生公司疫苗事件"引发全网关注，这是继"山东疫苗"事件、"乙肝疫苗"事件之后，再次引发的全网对疫苗安全性的广泛关注。2018 年 7 月 15 日—7 月 19 日，从国家药品监督管理局发出公告，国家疾病预防控制局密切关注事态发展，搜狐网、东方财富网转载公告，再到主流媒体人民网、新华网发表评论文章，重要官方消息在舆情酝酿阶段陆续发布。该舆情在爆发期期间（2018 年 7 月 20 日—7 月 27 日），酝酿期中公众积蓄的负面情绪被一篇自媒体发布的题为《疫苗之王》的文章点燃，该文章披露了长生生物及其早期管理人员在国企改制和上市过程中存在的种种违法行为。借助《疫苗之王》的快速传播，将此事舆情推向高潮，舆情信息在全网形成井喷。此事也引起习近平总书记和李克强总理对此事做出重要批示指示。随着国务院调查组的深入调查和长生公司 15 名涉案人员被依法采取刑事拘留后，各级疾控中心纷纷披露本地区是否使用过涉案疫苗，是否停用涉案疫苗，以及针对涉案疫苗的补救方案等信息，行政机关也跟进发布信息及时向民众公布调查进展情况、官方态度、专业技术问题等。每一个信息节点的披露均紧扣公众关注问题。在震荡期（7 月 28 日—8 月 20 日）期间，李克强总理主持召开国务院常务会议，专门听取调查进展汇报。国家有关机关在完成调查取证和处罚决定后，针对民众对此事的热切关注，及时公布最新消息，同时邀请专业机构、业界专家，行业意见领袖等公共人士通过全媒体进行疫苗科普，发布或转载了若干篇关于疫苗的知识介绍，例如"一图读懂：接种长春长生公司狂犬病疫苗续种补种方案""如何确定注射疫苗是否有效？补种需注意什么？"等相关问题解答。在民众迫切知晓事件进展和知识需求的阶段，及时有效提供科学解答，全网协同配合，及时做到了舆情引导。可以说，整个事件中，党和政府及其机构、部门自觉主导网上舆情，不断凝聚社会对重大突发事件关注的共识，对一系列重大信息及时进行权威发布，并引申解读事件具体内涵和重大意义。主流矩阵围绕中心、服务大局，坚持践行人民至上，第一时间跟进报道事件，抓住舆情热点，主动呼应网上舆情焦点，对错误言论厉行公正批评，并做好辟谣止谣，引领各类媒体同步发声，放大正面舆情。网民作为多元主体参与网络舆情传播的热度不减，同时也表现出参与舆情正向演绎的主动性作为,尽管部分网民的正向主张会有片面化、个体化、情绪化,但也正朝着认同主流价值、参与舆情反转的积极作用方向发展。总结而言,目前我国的网络舆情呈现出正向演绎的鲜明特点,舆情涉及的议题正向引导更加重视公众利益的维护。

(三) 新方式:"目标重塑"和"主体重组"治理路径相融合

网络舆情是网络社会的重要组成内容,而网络舆情治理是网络社会治理的关键一环,也是网络社会治理题中之义。中共中央政治局第十二次集体学习时,习近平总书记在讲话时强调,要推动媒体融合纵深发展,做大做强主流舆论,巩固全民共同思想基础,[①] 这进一步彰显了网络社会治理与现实社会治理同等重要。技术驱动的网络社会形成一张紧密且利益交织的巨大网络,在这个网络中各类多元主体星罗棋布,资源要素合纵连横,虚拟与现实"你中有我,我中有你",整体社会产生了技术结构与社会结构兼具的非线性社会状态。网络社会作为中国社会急剧转型的一个侧面,其要素性作用也成为当下强化社会治理能力现代化的重要侧重点。与此同时,保障网络安全、重点防范与化解意识形态安全风险业已成为当前网络社会治理的重中之重,[②] 尤其是网络舆情治理。

近些年来,突发公共事件越发牵动社会公众的神经,公众作为发布者和信息传播者的双重角色,在虚拟网络中热议现实社会事件已成为参与公共事务的重要方式。网络社会深度融入现实社会,在互动中那些影响重大的突发事件或突出社会问题形成一种舆论的"势",进而形成强大的网络舆情。网络舆情的溢出效应对国家和社会的安全稳定造成巨大威胁,因此网络舆情治理成为政府和学界关注的焦点。从目前网络舆情治理实践来看,网络舆情治理的既有路径有基于自由民主的"民主治理路径",基于多元主体参与的"回应治理路径",基于市场外包的"市场治理路径",还衍生出一些基于网络舆情治理的路径,如欧盟提出的"多层级治理路径"、联合国提出的"多利益方共治路径"、美国提出的"网络边界治理

---

① 新华社:《习近平在中共中央政治局第十二次集体学习时强调推动媒体融合向纵深发展巩固全党全国人民共同思想基础》,《思想政治工作研究》2019年第3期。

② 曹海军、李明:《大数据时代中国网络舆情的治理反思与路径拓展——基于"技术治理路径"嵌入视角》,《行政论坛》2019年第5期。

路径"等。① 这些宏观社会层面的治理路径为网络舆情治理拓宽了治理视野，提供了治理依据，但随着网络技术的建构作用日益凸显，非"技术归化"的治理路径已经不能观照到网络技术对舆情治理的新的影响，存在明显的滞后性。观之中国，基于网络舆情研究和治理新实践，可归纳为中国的网络舆情治理存在着两种主要路径，一是基于政府主导、多方参与的"回应治理路径"，二是基于法治规范的"法制治理路径"。在笔者看来，既往的研究路径出现了"一抓就死，一放就乱"的现实困境，这两种治理手段对于应对重大突发公共事件的网上舆论，主要表现为网络舆情风险的控制与保障网络言论自由难以合理平衡，会出现事前管控过紧导致网络表达渠道不断窄化，或是事后法律法治警示、惩戒未能及时管控住舆情溢出效应。于是，在这种矛盾之下，网络舆情治理往往陷入"内卷化"（involution）的循环当中。"内卷化"概念最早由美国人类学家亚历山大·戈登维泽（Alexander Goldenweiser）提出，是指某种文化模式在演进过程中，既不能完全稳定，也不能蜕变成新的形态，进而在内部不断精细化与复杂化的过程。② 当前中国网络舆情治理在"技术—社会"复杂性背景下呈现明显的"内卷化"特征，一方面是先进的网络技术如大数据、AI 算法等飞速发展，多元主体和信息资源越来越多参与其中，网络空间中的不确定性越来越大；另一方面，中国网络舆情环境越发复杂化，现实的复杂性与网络的复杂性杂糅在一起，网络谣言、负面言论、网络水军产业链等负面因素不胜枚举，造成任意舆情都可能被扩大化。纵观近年来国内发生的舆情事件，如"演员翟天临被指博士学位论文抄袭事件"中其本人"什么是知网"的言论引起万千应届毕业生热议和调查，最终舆情爆发引出真相，翟天临博士学位被取消，其导师陈浥博士研究生导师资格也被取消。还有"'视觉中国'黑洞照片版权风波事件"中因人类历史首张黑洞照片发布后就被"视觉中国"声明了版权，并明确了付费购买使用的条款，引来众多网友深挖"视觉中国"的照片版权问题，甚至连国旗国徽都被标注了版权。这引发了媒体和网友的集体声讨，

---

① 曹海军、李明：《大数据时代中国网络舆情的治理反思与路径拓展——基于"技术治理路径"嵌入视角》，《行政论坛》2019 年第 5 期。

② 刘世定、邱泽奇：《"内卷化"概念辨析》，《社会学研究》2004 年第 5 期。

最后"视觉中国"因其违法违规行为被责令整改和处罚，并被要求做出建立符合中国市场的版权保护模式等承诺。可以发现，网络舆情的影响效应以指数级的形式蔓延开来，网络社会中各主体时刻紧盯牵动大家神经的舆情事件，通过互联网随时随地以转发、评论、点赞等来表明态度，左右事件的发展进程。针对常态化爆发舆情的生态而言，要么舆情管控的"防患于未然"做得不够，要么事后的治理机制的"公开—回应—引导"的滞后模式不能有效解决舆情已造成的危害。因此，解决传统的"路径依赖"惯性，需要寻求网络舆情治理的新路径。

前述可以说明，现有两种主要治理路径于显性风险类网络舆情治理效果明显，然而对难以预期的隐性风险类网络舆情存在治理功能失位的可能。从这一意义上讲，提出"技术治理路径"可以弥合两种治理路径，具有现实意义。大数据、AI等技术的发展为网络舆情治理增添了"技术归化"功能，针对既有的"回应治理路径"和"法制治理路径"无法解决隐性风险类网络舆情情况，可利用数据和算法适时对舆情进行监测、预警、研判、应对，全面介入舆情的全生命周期的治理过程。"技术治理路径"并非要替代之前两种主要治理路径，而是一种提升的新路径，主要是将两者的治理逻辑、治理框架、治理要素纳入到网络技术范畴里，既通过"目标重塑"来形成多元主体参与维护合法利益和社会稳定团结的网络舆情治理观念；培养"齐抓共管"的网络舆情治理生态；进一步优化网络舆情治理过程与技术；依靠"主体重组"代替原来政府治理的单一治理模式，调动媒体、公众等其他主体参与实质性的舆情治理。"技术治理路径"相较于"回应治理路径"和"法制治理路径"而言，在价值导向方面，以满足公众利益和社会稳定为核心；在解决思路方面，注重网络舆情治理技术的开发和保障；在治理标准方面，注重隐性舆情风险成功治理的标准化和可复制化；在主体功能层面，注重建设平台聚合各类主体共同参与有分工有协作的参与。最后，还需要补充说明，"技术治理路径"比之前的路径都还要能够有效介入网络舆情的全生命周期，具有精准度高、监管面全、操作性强等优势，但也要看到它是对之前路径的补全而不是否定，是在继承与优化的基础上完成更加有效的治理。

小　结

　　复杂性是复杂巨系统的无序状态中存在可循规律的混沌状态，表现为开放的、巨型的、异构异质性显著的动力学特征。运用复杂性能够阐述社会发展的本质性特征，对解释社会运行也具有普遍适用性。作为网络社会的"晴雨表"，网络舆情的本质是对社会复杂性尤其是网络社会复杂性的一种映射。在风险社会的当下，技术在复杂社会形成中的基础性作用决定了其本身作为网络舆情生成演化助推力的角色地位。其不仅是网络舆情的生成动力，同时也是网络舆情生成土壤的构成要件，是构成复杂社会的核心要素。一方面，技术与社会的互构使网络舆情呈现的新的复杂性特征，表现为"弱者强势、情绪优势、次者为主、轻者为重"的复杂性机理，并出现了复杂性的三"新"，即情绪化与网络民粹主义相交织的新特点、议题正向引导与公众利益须吻合的新要求、"目标重塑"和"主体重组"的技术治理路径相融合的新方式。另一方面，这一技术主导下的复杂社会新机理以及复杂性的新表征也在客观上为当前的网络舆情治理提出了基于"技术—社会"二元构建基础上的多元要素共同作用的新治理要求。

第 三 章
功能共振理论与网络舆情治理的逻辑契合

　　正如前文所述，功能共振理论是基于复杂系统提出的一种理论模式，无论是理论根基还是运行机制都依赖于复杂系统网络，旨在解决的也是复杂系统中的要素作用、系统运转等基本问题。而就网络舆情而言，其本身便具有极强的复杂性特征。网络舆情的功能共振解释起来，是指诱发网络舆情的所有要素中有一个或多个出现异常后，引起其他要素产生因果或相关变化，最终造成网络舆情的彻底爆发。网络舆情基于复杂的社会人际关系网络，具有信息交互性、观点动态变化、系统自组织、自适应等特点，尤其在 Web 2.0 的环境下，网民观点传播和演化更加复杂多变，所以网络舆情演化是典型的"复杂巨系统"，具有复杂系统的特征。[1] 因此，可以说，功能共振理论同网络舆情之间存在某些相似、相通，甚至相同的内在特征与规律，这构成了二者相互融合的内在关联，也揭示了用功能共振理论去解决网络舆情治理问题的逻辑起点。

　　具体而言，二者的契合性表现在复杂性、非线性与功能耦合三个层面。这三个层面都从属于复杂系统理论，是复杂系统的三个最为鲜明的特征。换句话说，这三个层面也构成了复杂系统的一体三面。而功能共振理论与网络舆情在这三个层面的共通性是对其逻辑契合性的最佳诠释。

---

[1] 任立肖、张亮等：《复杂网络上的网络舆情演化模型研究述评》，《情报科学》2014 年第 8 期。

第一节　前提要件契合：以复杂性
为依托的运行基础

复杂系统依托动态网络得以生成、演化、消亡与再生，要素的地位、功能与形式通过系统要素之间的相互关系得以重塑，并在这一过程中引导系统不断地进行运转、完成演化。复杂系统具有结构庞大、节点特征多样、进化性、连接复杂、非线性动力学演化、多重交互等特征，这些特征实际上都指向复杂网络的根本特征，即复杂性。

就功能共振理论而言，复杂性是 FRAM 得以成立的前提基础。FRAM 所遵循的四项原理，即成败等价、近似调整、涌现和共振，均依托于复杂性之上。具体而言，离开复杂性的支撑，无论是系统的运转、事物的发展还是系统功能之间的相互关系，都将失去赖以存在的动力，而变得扁平化、直线性，脱离人类社会这一立体化系统的运转规律和运转模式。就网络舆情而言，小世界和无标度特性的发现成为复杂网络兴起的标志，之后的网络舆情演化模型大多是基于复杂网络建构的。① 复杂性在包括网络舆情在内的复杂网络中发挥着重要作用：一方面，复杂网络在兴起之际便应用于反映复杂社会关系。复杂网络的研究者米尔格拉姆开展的小世界实验研究便是借助于复杂社会关系这一概念。而网络舆情无疑包含了复杂的社会人际关系这一基本向度，复杂性在其中的作用不言而喻；另一方面，网络舆情是依托于复杂网络这一网络结构加以演进的。网络舆情的演进是一个极具复杂性的过程，从信息的发布、接收、转发到反馈等环节，网民、媒体、政府等舆情主体的行为与动机都具有极强的复杂性，符合无标度、小世界等复杂网络的结构特征。最后，网络舆情演进的影响机制表现出复杂性特征。网络舆情本质上是处于转型发展时期的社会矛盾的集中体现，而社会矛盾与社会问题，以及由此激发的网民情绪等构成了网络舆情演进的基本影响因素，这实际上便是主体之间多重复杂交互影响的过程，是复杂性的集中体现。

---

① 任立肖、张亮、杜子平等：《复杂网络上的网络舆情演化模型研究述评》，《情报科学》2014 年第 8 期。

而就功能共振来谈网络舆情，可以发现网络舆情的复杂性源于造成舆情的元素较为多元，且相关、因果关系等每时每刻都会出现变化，会进一步造成次生舆情、舆情翻转的新变化。网络舆情与功能共振多元素复杂性构成了二者得以运转的前提要件，进一步而言，体现在二者在基础层面、主体层面以及客体层面的契合。

一 基础层面：都以涌现作为核心机理

涌现是复杂性系统中的关键概念和核心机理。哲学中对涌现的解释包含两个层面的含义：一方面，涌现是一种结果或者说特质，是由于某种复杂性原因所导致的；另一方面，这一特质并非可以简单地理解为各部分之和[①]，因此，"整体大于部分之和"是复杂系统涌现的一大特征。这一表述实际上包含了这样一种喻指，即整体拥有部分所没有的特性。正如贝塔朗菲所言，"'整体大于部分之和'的含义仅仅是指组合性特征不能从分离的部分得到解释。因此，与那些组成要素相比，复杂的特征表现为'新的'或'涌现的'"。[②] 换句话说，涌现实际上描述了系统在内部要素的作用下所表现出的一种超越以往的形态。从这一意义角度而言，网络舆情事件实际上便是传播系统中要素作用而产生的一种"涌现"，而在功能共振中，则表现为"耦合"这一核心机理。

在一般的信息传播系统中，信息从发送者出发到达接收者，通过传播到达更多的受众，并在这一过程中通过反馈不断进行内容的调整，从而完成一次"有序"的传播过程。然而，在网络舆情中，由于某些功能要素的缺失、不作为或者不当作为，导致传播环节出现问题，某一要素或者某几个要素在整体系统中作用凸显，对其他要素产生影响，并在各个要素的整合下出现超出"有序"或者说正常传播系统的涌现效果，并最终导致舆情事件的爆发。换句话说，信息传播结构的变异、失控与重组导致了网络舆情这一具有"标出"意味的"异项"的出现。

[①] 金炳华：《哲学大词典》（修订本），上海辞书出版社 2001 年版，第 1467 页。
[②] Von Bertalanffy, Ludwig, *General System Theory: Foundations, Development, Application*, New York: G. Braziller, 1969, p.55.

而在网络舆情功能共振中,涌现产生的过程被描述为要素之间的"耦合"。即原本在系统中有序发挥作用、相互配合的要素由于某一要素的异变而产生失衡,既有的有序系统被打破,某些舆情要素对应的功能弱化,而某些功能突显,不同功能要件之间出现了非正常化的联结与作用,从而导致共振的形成,造成舆情的爆发。

从涌现的具体特点来看,网络舆情事件与功能共振理论之间亦存在诸多相通性。一是不可预测性。不可预测性亦是复杂系统的一个基本特征,这种不可预测性实际上是随机偶然性的一种体现。正是由于这种不可预测性,所以系统所表现出的状态是多样多元的。共振的发生本身便是系统不可预测导致的一种后果。在功能共振理论中,常规的、一般化、有序化的系统状态被称为"零的状态",即遵循系统运转规律的、可预测、可评估的状态。在这一状态之下,系统平稳运行,没有风险或事故发生。而正如上文所言,共振的发生本质上便是系统要件发生变异,冲破规律性的运转轨道,不可控制的情况下不同要件之间非正常连结而导致的结果,具有不可预测性。网络舆情亦具有极强的不可预测性。尽管当前学界已经就网络舆情的演化阶段基本达成共识,但网络舆情缘何爆发、何时爆发、如何演变、是否会二次爆发、何时消退等问题却无法预测,也没有可供参考的实践标准。这是二者的共性之一。

二是非演绎性。在逻辑推理中,演绎是一种重要的方法。然而,由于涌现本身所具有的不可预测性,演绎在其中处于失效的状态。这种非演绎性在客观上决定了对于一个复杂事件和复杂系统的解释都无法独立完成,而需要归结和联系其他的解释模型。无论在功能共振方法当中,还是在网络舆情的生发演变中,其都具有较强的非演绎性。由于功能要件之间的关联与耦合所产生的复杂关系,对于功能共振发生的系统或者网络舆情这一复杂系统而言,都无法对系统所发生的事件本身进行单一、独立的解释,而必须将其纳入更为复杂、庞大的系统中去考量。以网络舆情为例,对于网络舆情事件本身和其背后原因的剖析和解释都必须考虑其所处的客观社会环境、网络环境、网民构成、深层意指等要素,而无法就单一事件而论因果。

三是历时性。涌现本身是一个不可逆的过程,其是一种在不可逆的时间中演化的现象和结果。无论是功能共振这一现象的发生还是网络舆情的演化都是在一定的时间与空间中发生的一个本身具有一定势能的过程，换句话说，二者都具有一定程度的不可逆性。功能共振理论可以被用于对事故的评估，显然是符合涌现特征的。而尽管对网络舆情的治理本质上是要达到舆情预警与舆情治理的目的，我们依然无法忽视和否认网络舆情本身所具有的不可逆特征。

四是不连续性。所谓的不连续性并非指涌现是超出某一时间、空间和事件范畴的，而是指在涌现的过程中，两个在时间上相继的状态之间并不一定具有稳定的、可供考察的过渡性中间状态，后一个状态往往是突然间出现的，是跳跃的、突然性的。这一特征实际上恰恰契合了功能共振与网络舆情的内在机制与演化表征。在功能共振中，耦合的本质便是功能要件之间的突然性、异常化联结与相互作用，而耦合的存在预示着系统出现了超越正常范畴的跳跃式运转，意味着原先前后相继的两个状态之间发生了失序与错乱，超出一般范畴的波峰或波谷。这些都表明功能共振所依托的复杂系统所隐藏的不连续性特征。而就网络舆情而言，之所以能够爆发大规模的网络舆情，一个重要的原因也是信息传播系统或者网络言论系统出现了无法以常规规律来解释的具有突发性与跳跃性的信息异动。而这些异动一方面导致了其过程的不连续性，另一方面也在客观上构成了网络舆情治理必须加以解决和应对的重要课题。

五是层次性。复杂系统中的涌现是具有层次的，不同层次表现出不同的涌现现象，且一般而言，越往上层"回溯"，这种涌现的表征就越复杂。就人文社会科学而言，由于其包含了"人"这一最高层次、最具复杂性的对象，因此，其复杂性相较于自然科学而言更为突出。在功能共振与网络舆情系统中，都存在层次性的特征。在功能共振系统中，当涉及事故或事件本身属于偏向于技术性的，如飞机失事，那么，其层次性相对较低。当涉及对象包含人这一主体的，那么其层次性和涌现的表征就较为复杂。而在网络舆情当中，几乎可以说在任何时候，其都属于高层次，具有高度复杂的特征。

综上不难看出，功能共振与网络舆情都以涌现作为其运转的核心机理，在不可预测性、非演绎性、历时性、不连续性、层次性五个方面有共性。这也在客观上为功能共振更好地解释网络舆情提供了理论上的适用性。

二 要件层面：都具有适应性主体

任何复杂系统都是由诸多基本要素构成的，网络舆情中的各要素均可称之为适应性主体，意味着任何要素都可能引发网络舆情。圣菲研究所的复杂适应系统理论把构成系统的基本要素视为适应性主体（Adaptive Agent）。所谓"适应性"，就是指"它能够与环境以及其他主体交互作用"①。长期以来，人们认为物质系统的基本单元是要素、元素等实体，不同要素之间的基本关系构成系统的基本结构。1994年，以霍兰为首的一批科学家提出了复杂适应系统理论（Complex Adaptive System，简称CAS）。在该系统理论中，霍兰提出，系统的基本单元不应是元素和要素，而应当是具有适应性的主体，换句话说，"构成系统的基本单元是相互作用的主体"。传统的系统观中所谓的单元、元素、子系统等一系列称谓实际上将自身与系统性、整体性和全局性相对立起来，是一种被动的、相对局部的概念。而适应性主体的提法则将个体的能动性提升到了整个系统演化发展的基础单元和基本动因的地位，承认了"活的主体"在系统复杂性方面所起的基础作用，从而为对复杂系统加以研究和考察提供了科学的出发点。朗琦斯基（Illachinski）博士将适应性主体的特征归纳为五个方面：（1）适应性主体是一个实体，能够感知环境并采取行动，同时它还可以试图达成动力学环境中复杂的目标；（2）适应性主体通过传感器感知环境，并对环境做出刺激性反应；（3）适应性主体具有内部信息处理和做出决定的能力；（4）依靠内部模型，适应性主体可以对未来状态和可能性进行预测，并改变系统的聚集行为；（5）适应性主体具有四种不同形式的目标，即期望局部的状态、期望最终的目标、选择最优化的目标、收到有限控制的内在需求或动机。②

适应性主体强调关系、结构在系统生成和演化中的地位与作用。主体在同周围环境及要素联系与交互过程中，不断地学习、累积经验，并且基于其所学的经验对系统本身的组成结构及运行方式加以改变。通过这样一个重

---

① 殷杰、王亚男：《社会科学中复杂系统范式的适用性问题》，《中国社会科学》2016年第3期。
② Andy Illachinski, "Mathematical Background and Technical Sourcebook", *Land Warfare and Complexity*, 1996, Vol. 461, pp. 101 – 102.

复、循环的过程，宏观系统亦不断得以演化，新的要素、层次不断出现和分化，甚至最终聚合生成更大的主体，实现系统的稳定运转及必要的更新迭代。[①] 此外，适应性主体的提出也在客观上肯定了"系统是一个生成的过程"的普遍认知。引导研究者们更加注重系统的整体性问题，由下往上的涌现问题，从而沿着复杂思维的方式去看待、剖析和应对问题。

无论功能共振还是网络舆情，都遵循适应性主体的存在规律，也都包含和依赖适应性主体，并且以适应性主体作为整个系统存在和演化的重要因素。在功能共振理论中，构成系统的各个要件实际上便是系统的适应性主体。不同于以往强调系统作为一个整体、由彼此独立的若干部分以不同方式相互关联而成的定义，在功能共振理论当中，关注的是系统如何运行，而非关注它包含什么组件或这些组件的组合方式。因此，这意味着需要对全部功能进行系统描述，从而理解系统的行为特征。换句话说，功能共振更加关注"做了什么"，而非"是什么"。这实际上更加强调系统要件的"能动性"，在客观上暗合了"适应性主体"的逻辑。在网络舆情当中，适应性主体在其中的角色与作用更为凸显。一方面，作为人或者以人为核心组成的组织原本就在整个舆情系统中发挥着重要的功能要件作用，是实质上的"活的"适应性主体；另一方面，整个网络舆情的生发演化均离不开各类活动主体的能动性作用，换句话说，网络舆情系统本身就是一个充满了适应性主体的复杂系统，各舆情要素都可能造成舆情的爆发。而对于适应性主体的认可与包容，在方便认知和剖析复杂系统演变路径的同时，也为使用功能共振理论来解决网络舆情的演变与治理问题提供了有益的契机。

三 结构层面：都与众多复杂要素相勾连

功能共振理论与网络舆情在前提要件层面的契合还表现在结构层面都与众多复杂要素相勾连，无法脱离与其他要素的联系而单独存在。正如前文所言，在复杂系统中，某一要件要想发挥其作用，势必需要同其他要件之间发生联系，作为系统性的存在而存在。正如约翰·霍兰所说，"系统的行为更

[①] Malcolm Alexander, "We do complexity too! Sociology, Chaos Theory and Complexity Science", *The Future of Sociology*, Canberra: The Australian Sociological Association, 2009, pp. 11–12.

多地依靠的是相互作用，而不只是个体的行为"①。这就要求将共振行为与网络舆情都置于复杂的要素构成中加以考量，跳出事件或对象本身，去关注更加宏观、多元的周边要素与环境。

  在复杂系统中，复杂要素的勾连表现在系统内与系统外两个方面。就前者而言，系统内部各要素之间的相互联系和相互作用既包括作为"活的主体"之间的相互作用，又包括主体与其他要素之间的相互作用，以及要素与要素之间的相互作用。从"活的主体"之间的相互作用来看。在所有要素中，指向人这一个体的"活的主体"，乃是主体中的主体，是系统中的主体和相互作用中的主体。主体之间的相互作用构成了系统复杂性最直接最根本的来源，同时也是分析系统，把握系统的关键所在。在功能共振理论当中，无论是对事故的评估还是对风险的预测，都离不开人这一主体的存在，也无法回避人与人之间的互动与联系。如手术风险评估中，医生、护士等主体的配合对于是否会造成人为性的手术风险具有极强的影响作用。而在飞机失事的风险中，机长、副机长、飞行员等之间的配合与协同也会在很大程度上影响事故发生的概率。对于网络舆情而言，其极强的人文社科属性导致主体在其中发挥的作用更加明显，主体和主体之间的关系更为复杂，对于系统的影响更为突出。甚至从某种意义上而言，网络舆情的爆发与发展均是主体之间相互作用的结果。从作为人的主体与其他要素之间的相互作用来看，系统运转的一大动力便是主体为客体施加作用力，以促使客体发生改变，促成系统运行。无论是前文所述的手术风险还是飞机失事风险，均是作为人的主体与医疗器械、机械设备等要素相互作用的结果。在网络舆情中，作为人的主体与信息、媒介等要素的相互作用也是网络舆情得以不断向前推进的关键。就要素与要素之间的相互作用而言，尽管要素是相对被动的，但在特定的情况下，要素之间的关联所产生的强大耦合效果亦是系统运行不可忽视的动力。

  就系统外勾连而言，系统与外部环境的作用，甚至系统与其他系统之间的相互联系也是系统复杂性的重要体现。如在 FRAM 分析案例当中，飞机失事除了与飞机机械系统以及飞行员等主体状态有关之外，还与飞行当天的气

---

① ［美］约翰·霍兰：《隐秩序》，周晓牧、韩晖译，转引自韩毅《论"适应性主体"的哲学方法论意义》，《甘肃社会科学》2006 年第 6 期。

象条件、地面指挥中心的应急措施等有极大的相关性，无法仅仅从系统内部要素的关系来判断事故的缘由。在网络舆情事件当中，舆情的爆发和演化同样也离不开其所处的客观社会环境，而网络舆情事件之间的同频共振也在客观上表明了系统与系统之间关联性的存在。由此，可以说，将功能共振理论应用于网络舆情治理，进而发现网络舆情的功能共振是无法离开对系统内外部复杂要素的综合考量的，这也在客观上体现了二者的高度契合性。

第二节　运转模式契合：以非线性为特征的演变取向

非线性是复杂系统的表征之一，在自然科学中，非线性概念具有两个方面的含义：一是叠加原理不成立，即要素之间存在耦合；二是变量之间的变化率是非恒量。系统要素之间的相互作用以及耗散性是非线性得以产生的重要原因。复杂系统之中的大量粒子之间发生的相互作用、耦合机制以及同外部环境所进行的持续性的物质、能量及信息的交换最终促成了非线性的发生。

系统中个体之间并不是简单、被动、单向的因果关系，而是主动适应、互动、甚至是互为因果的关系，即非线性关系。[1] 网络舆情事件的发展与演化，是由多要素、变量、子系统之间的"非线性相互作用"推动的。[2] 不同要素、系统及变量之间既存在矛盾又相互联系，形成复杂的非线性关系，共同推动网络舆情事件及舆情系统的演变与发展。

舆情与舆论研究曾陷入线性思维的窠臼之中，而传统的线性思维无法实现对事故、灾难等问题的解读与预测，网络舆情的出现以及复杂性思维在社会科学研究中的应用推翻了传统线性思维的桎梏，转而向非线性思维转变。作为一种由自然科学发展而来的理论，功能共振理论研究的兴起实际上也是非线性思维在自然科学中被应用、被重视的一种体现。这也在客观上印证了

---

[1] 齐佳音、刘慧丽等：《突发性公共危机事件网络舆情耦合机制研究》，《情报科学》2017年第9期。

[2] 齐佳音、刘慧丽等：《突发性公共危机事件网络舆情耦合机制研究》，《情报科学》2017年第9期。

二者在运转模式层面的契合。

一 认知与模式探索层面：均经历了从线性思维到非线性思维的转变

在非线性科学诞生之前，多数科学家认为世界是简单的，并将简单性作为科学追求的最高目标。巴罗·朱恩（Barrow Joun）的一段话可以很好地概括线性思维在这一时期的主导地位："根据较少的统治自然的力的规律去进行解释的模式并最终达到一个统一的规律，是物理学家把世界看作是简单的核心。"[①] 然而，随着科学技术的发展，研究者逐渐发现，在诸多学科之中，传统的线性化思维与方法对于非线性问题已经不再具有解释力，非线性思维方法由此诞生。科学界对于非线性问题的认识和研究至少可以追溯至17世纪70年代惠更斯（C. Huygens）对单摆大幅摆动非等时性的偏离以及两只频率接近时钟的同步化两类非线性现象的研究。[②] 从这一阶段开始直至20世纪50年代，学者们对于非线性问题的研究集中体现在两个方面：一是定性分析，二是定量求解。比较有代表性的如李亚普诺夫（Lyapunov）、本迪克斯（Bendix）、杜拉克（Dulac）和比尔科夫（Birkoff）等人对系统稳定性、极限环等问题的研究。[③] 庞加莱（Poincare）、阿多罗（Andronov）和波哥洛波夫（Bogolubov）等人针对小参数法、平均法等对非线性系统精确解的研究等。[④] 20世纪60年代初，"混沌"这一概念被揭示出来，在客观上推动非线性研究进入了高度发展的蓬勃阶段，围绕非线性这一对象的新的理论和方法层出不穷，从而形成了自然科学领域有关非线性动力学研究的概念和理论基础。

功能共振理论是依据非线性思维而形成的一种理论体系，在《功能共振分析方法》一书中，郝纳课教授将线性思维与非线性思维作为知识背景专门

[①] Barrow Joun D., "Is the world simple or complex?" In Williams Wes eds., *The Value of Science*, Boulder: Westview Press, 1999: 84.

[②] Guckenheimer J and Holmes P., "Nonlinear, Oscillations, Dynamical Systems, and Bifurcations of Vector Fields", *Springer Science & Business Media*, 2013.

[③] 陆启超：《分岔与奇异性》，上海科技教育出版社1995年版。转引自张春《非线性切换系统的复杂动力学及其机理研究》，博士学位论文，江苏大学，2014年1月，第77页

[④] 陈予恕、唐云等：《非线性动力学的现代分析方法》，社会科学出版社2000年版。转引自张春《非线性切换系统的复杂动力学及其机理研究》，博士学位论文，江苏大学，2014年1月。

做了交代，通过对线性思维的自然性——即人们往往会自然而然地认为事件的发展过程是循序渐进的，即一个个动作或事件接踵而至——以及对简单线性思维与复杂线性思维的对比剖析指出，简单线性思维的产生是前互联网时代社会发展速度相对缓慢时所产生的一种思维方式，自20世纪50年代之后，社会的加速变化已经大大削弱了这一思维方式的解释力。当前，无论是简单线性思维还是复杂线性思维都不足以描述我们周围的世界。而功能共振理论正是从线性思维到非线性思维方法论发展历程中的一部分，它向我们展示了在无需对系统进行结构分析以及不依赖于因果关系的情况下，如何进行安全性分析。① 可以说，从线性思维到非线性思维的转变和应用是功能共振理论得以提出和存在的关键基础之一。

网络舆情的认知和治理也经历了从线性到非线性思维的转变。在社会科学领域，长久以来，社会科学研究者在获取系统知识的过程中存在一种"形而上学分裂"问题。② 这主要表现在，在对社会系统的基本内涵及其运行规律的认知过程中，线性思维占据主导地位。这一思维方式导致无论是基于机械决定论还是还原论，都仅仅对包含事实、原因以及包含物理主义特征的物质或原子领域加以处理，而排斥或者说忽视了对具有规范性、意向性和模态等的被归为"第二形而上学"领域现象的关注。这种思维方式在很大程度上阻碍了对于整体社会系统及其基本属性的把握，不利于揭示系统中潜在的、高层次的复杂性。③ 在网络舆情治理研究早期，线性思维随处可见，即认为网络舆情的爆发是可以进行线性归因的，试图寻找促成网络舆情的清晰的、单一的、或者说起"主谋"作用的因素，进行简单直接的治理。然而，随着对网络舆情研究的深入以及治理经验的积累，人们逐渐发现，网络舆情的爆发并不能简单归结为某一要素的变化，而是多要素复杂作用的结果。传统的线性思维只能停留在对于表象诱因的浅层分析，而要想揭示深层因素则必须使用非线性思维。也由此，复杂性、非线性思维逐渐成为当前网络舆情

---

① ［丹麦］郝纳课：《功能共振分析方法——复杂社会—技术系统建模》，田瑾等译，国防工业出版社2015年版，第19—28页。
② Bickhard M. H., "Systems and process metaphysics", *Philosophy of Complex Systems*, North-Holland, 2011, pp. 91 – 104.
③ 殷杰、王亚男：《社会科学中复杂系统范式的适用性问题》，《中国社会科学》2016年第3期。

治理的主导思维。

这种由非线性到线性思维的转变尽管反映的是一种思维方式的变革，但实际上也暗含着分析与解决问题的逻辑思维共通性。正是这一共通性为功能共振理论在网络舆情治理中的应用提供了可能性。

二 现实与客观事物层面：与对象的联系均是多元复杂而又非线性的

如上文所言，任何复杂系统都建立在与外界交互联系的基础之上，任何网络舆情的出现都不是线性发生的，而其之所以遵循非线性的规则与特征，则主要是由于系统要素之间以及系统与外界之间联系的非线性。具体而言，非线性作用表现在以下四个方面：

一是个体之间的非线性作用。主体之间的联系并非简单、被动、单向的因果关系，而是主动适应、互动、甚至是互为因果的关系，即非线性关系。[①] 无论在网络舆情还是功能共振理论的逻辑之中，都体现着个体之间的非线性作用。网络舆情系统的发展演化依托于包含其中的要素、变量以及子系统之间的非线性关系与作用。这其中，个体之间的非线性关系是其演化的关键。参与网络舆情的个体身处信息网络、人际网络、技术网络等多个复杂网络之中，个体与个体之间的交往和作用实际上是其背后所隐藏的各种复杂网络的交织、碰撞和融合，看似简单的信息互动与交往关系都牵扯着庞大而又复杂的网络体系，因此，无法用线性思维对其加以认知。在功能共振理论中，作为主体的个体之间亦存在着复杂的关系网络，一个鲜明的关系便是协作的存在，而个体之间能否实现有效协作实际上也同其背后的复杂网络关系密不可分。个体之间的非线性作用导致了要件之间的复杂联系，也促成了系统的非线性运转。

二是个体与环境之间的非线性作用。个体相对于环境并非是孤立存在的，而是存在着诸多的"流"的交换与相互作用，如物质流、能量流、信息流等等。这些"流"的渠道是否畅通、周转程度如何都将对系统演化过

---

① 齐佳音、刘慧丽等：《突发性公共危机事件网络舆情耦合机制研究》，《情报科学》2017年第9期。

程起到直接的影响作用。① 在网络舆情事件当中，个体在与其他个体产生联系的同时还同外界环境之间发生着复杂的相互作用，如外部环境给予个体的信息反馈、外部环境变化导致的个体对于舆情事件参与的变化、个体的作为对客观环境产生的作用等等。这些相互作用是复杂多元的，其产生的结果也会成为网络舆情事件与网络舆情系统运转和演化的潜在助推力。在功能共振方法中，个体同样存在与外部环境的非线性作用，外部环境的变化同样会作用于个体的生理、心理、态度和行为。例如在飞机失事案例中，情感、家庭、生活、睡眠质量、精神状态等外界要素都会作用于个体，使得飞行员产生各种各样的情绪面貌，影响飞机的驾驶，并最终将系统从一种状态导向另一种状态。

三是个体与对象事件之间的非线性作用。个体与事件对象本身也存在非线性的复杂联系。例如在网络舆情事件当中，网络舆情的爆发本身就无法离开具有主观能动性的个体的参与，而网络舆情事件的演化也是众多个体在其中发挥作用的最终结果。但是个体与网络舆情事件之间的关系却无法被简单归结为因果线性关系，因为无法判断个体的哪些行为直接影响了网络舆情事件的走向，也无法判断是哪些个体的行为导致了这样的后果。对于个体及网络舆情事件关系的判断受到多重因素的影响，充满复杂性。在功能共振方法中，无论何种性质的事件，当其能够使用功能共振方法加以分析，就表明了其对象连接的非线性。即便是作为主体的个体在其中发挥作用最小的技术类事件，也离不开与个体之间千丝万缕的联系，因为无论多么复杂的运行系统与技术机制，最终都无法脱离人这一核心要素。

四是对象事件与环境之间的非线性作用。对象事件与环境之间同样存在非线性的复杂连接关系。任何事件都无法脱离环境单独发生和存在。以网络舆情事件为例，正如前文所强调的，网络舆情尽管表现为具体的舆情事件，但其背后反映的是一类社会问题或社会心理。而无论是社会问题还是社会心理，归根结底都是根植于复杂的社会环境之中，因此，网络舆情事件与客观环境的关系也是复杂而非线性的。在功能共振方法中，仍以飞机失事案例为例，飞机失事看似是一个具体化的事件，但其同样与外界环境存在多维度

---

① 方美琪、张树人：《复杂系统建模与仿真》，中国人民大学出版社2005年版，第75页。

的、双向互动的复杂关系，不能将其从复杂环境中剥离出来单独剖析，否则便无法真正了解其背后的根本原因，也无法在此基础上寻求科学的解决和应对策略。

要素或者说要件构成了复杂系统运转的基本框架，而要素和要件之间的相互作用，以及其与外部的相互作用构成了系统运转的基本方式。就功能共振方法而言，其本身解决的便是复杂系统中的复杂关系问题，也即非线性关系问题。而对于网络舆情而言，无论从生成原因还是最终的消亡过程来看，都逃离不开诸多复杂要素的关系作用，换句话说，非线性关系的存在在一定程度上左右了网络舆情的生发演化。也正因如此，用功能共振理论解决网络舆情困境，是在对复杂非线性做出恰切解读的基础上提出的新路径。

三 实际操作与应对层面：均无法用简单的线性思维思考与解决问题

长期以来，人们习惯运用两种方式来对系统以及处于系统中的事件加以分析和理解。一种是还原论和构成论的方法。这种观念认为，对基本的原子部分的认知和了解是把握系统的关键，且对系统的认知离不开对各个部分进行隔离式的分开研究，这属于一种将系统各要素简单相加的简单化、线性化思维。然而，实际上，"整个系统的行为不能通过对系统的各个组成部分进行简单的求和得到"①。这种分析只有在整体被看成各个部分的总和时才是有效的，但即使各部分间只存在极少量的简单的相互作用，这种分析方法也不会得到有效的结果。② 进一步而言，这种线性思维脱离了对事物之间关联性的考量。

另一种则是"倒推因果链"的方法。这种方法认为，事情的发展是一环扣一环的循序渐进式，换句话说，特定的原因导致特定的结果。在这一方法的指导下，对于事物的认识以及对于问题的解决基本遵循因果关系的线性思维模式。然而，实际上，用这种方法对事件原因的概念和本质加以探寻，本质上遵循的是"没有任何没有来源的事物"这一逻辑。进一步而言，任何结果都能找到背后的原因，因此，即使是事件本身也需要加以研究和解

---

① [美] 约翰·霍兰：《涌现》，陈禹译，上海科技教育出版社2006年版，第133页。
② [美] 约翰·霍兰：《涌现》，陈禹译，上海科技教育出版社2006年版，第17页。

释。如果按照沿着"倒推因果链"的思维方法对事件结果加以探寻，那么这一过程将是没有终点的，且从逻辑和实践层面来看，也是无法实现的。尽管在多数情境下，我们假定问题的原因存在于系统本身，但基于线性推理对其加以搜索和解释也是充满不确定性的。即使假设问题的原因存在于系统之外，也存在同样的问题。最终的结果便是为了探寻所谓的原因不断扩大搜索的范围和边界。从这个逻辑层面而言，传统的因果关系已经无法适用于复杂系统中的"探因"解释。

无论是网络舆情事件还是功能共振的理论模型，就其内在逻辑而言，都无法用简单线性关系的分析来解决实际问题。就网络舆情事件来看，其本身就是复杂系统的复杂事件。这种复杂性不仅体现在形成原因的复杂、演化过程的复杂，同时也表现在解决和治理的复杂上。而其中的一大原因便是非线性关系所带来的归因或者说寻因过程的复杂性。无论是将网络舆情的爆发归因于个体、群体的情绪化表达，还是某一治理主体的失职行为，抑或是归结于技术和平台的发展，甚至是个体主体意识的萌发，都无法科学合理地解释网络舆情。且无论是采取 A 作用于 B，B 作用于 C，还是 A 作用于 B、C、D 的思维方式也都无法在不同要素之间搭建起逻辑周密且因果合理的关系链。因为一方面，A 在作用于 B 的同时可能同样作用于 C、D、E，且可能与此同时 C、D、E 中的一个或多个要素也在反作用于 A，且在 A、B、C、D、E 之间可能互相还存在着不同程度的强弱联系和作用力。因此，无法简单判断究竟何为因何为果，或者说何为先何为后。这也是当前处理和应对网络舆情事件时面临的最大的难点之一。

就功能共振方法来看，其与网络舆情遵循相同的归因逻辑。即无法简单地按照时间发展的先后顺序来判定不同要素之间的因果关系，同样也不应将某一事件或结果的发生简单地归为某一要素的作用。依旧以飞机失事案例为例，倘若我们将完成飞机系统检查与维修、飞机起飞操作、操作—起飞、飞机失事作为整个事件的过程，那么我们并不能由时间先后顺序就此得出飞机失事与操纵有关的结论，而是要在复杂的系统中寻找失事的真正缘由，以此来解决真问题。

正是由于非线性思维在解决复杂问题中的不适用性，用以解决复杂问题的功能共振理论与复杂问题本身——也即网络舆情事件及其治理——天然地存在"问题—方法"的契合性,这也为功能共振在网络舆情治理问题中的运用提供了可能。

第三节 演化动力契合:以多因素动态耦合为助力的发展机制

耦合,物理学上指两个或两个以上的体系或运动形式之间通过各种相互作用而彼此影响以至联合起来的现象。① 在复杂系统中,耦合通过对要件相互关系以及结构功能的影响在很大程度上起着推动系统向前运转的作用。功能共振方法以耦合作为其得以存在的重要要素,而网络舆情亦包含了鲜明的耦合机制,这就促成了二者在演化动力层面的契合。

一 结构层面:以耦合为核心要件的基本构成机制

耦合是复杂系统中一个重要的构成机制。在现实世界中,没有哪一个网络是能够孤立存在的,任何一个网络或系统都是与其他网络和系统相互作用和相互影响的。尽管当前的复杂网络和复杂系统大多局限于对单个网络和系统的研究,但实际上,从宏观来看,每一个网络和系统都是更大的复杂系统之中的一个子系统。复杂系统本身便是由许多具有不同结构和功能的网络耦合而成的。② 换句话说,耦合是复杂系统一个重要的构成机制,没有耦合,复杂系统便无法成为真正意义上的复杂系统。

而无论是网络舆情还是功能共振理论的运作原理,都离不开耦合这一内在机制的潜在作用。从网络舆情的形成来看,其本质是一种基于双层甚至多重耦合环节从而形成的耦合网络(coupled networks)。在这一耦合网络中,网络的每一层通过共享某些节点而耦合在一起。在每一层之间所形成的结点属性截然不同,并且不同层的结点之间亦存在耦合作用。通常而言,这种耦合关系体现在三个方面:一是相互依赖关系。以网络舆情所依赖的信息传播

---

① Pitt V. , *Penguin Dictionary of Physics*, Penguin, 1977, pp. 237 – 239.
② 唐明、崔爱香等:《关注耦合网络及其传播动力学研究》,《复杂系统与复杂性科学》2011 年第2 期。

网络为例，舆情信息的发布与传播依托于互联网这一平台，而互联网的有效运转又依托于电力网。由此，在两个不同的系统层级之间产生联结和耦合，形成一个简单的耦合网络。再比如，通过全球网络和反映全球舆论走向的元素网络，可以预测和评估全球化的网络舆情生态和状况。二是既相互依赖又相互协作的关系。在网络舆情事件中，这种依赖关系体现在，当某一个体对于某网络舆情事件不再关注和参与，将会导致其在网络中对应的信息节点的被移除，原先形成依赖关系的网络节点也将被迫重新寻找其他的节点，以再次建立关系。相互协作则体现在网络舆情的生发演化过程中，所有的信息传递都存在相互协作的关系，无论是采取线上的通信，还是线下的接触个体都可以向他人传递信息。三是相互依存、同时又相互竞争的关系。最为典型的便是在网络舆情的演化过程中，多种媒介和社会影响构成了一种多重关系的耦合机制，相互独立、相互依存以及相互竞争可能同时存在。

可以说，正是由于网络系统的开放性，任何网络舆情信息都无法被单独完全性地隔离起来。尽管有时由于部分网络舆情事件所具有的较强的地域性，会被视为一个具有地方性的局部的舆情事件和舆论系统，但实际上也会与其他网络系统发生联系，产生相互作用。由此，不难看出，网络舆情作为复杂信息系统的产物，其本身具有十分鲜明的耦合属性。

就功能共振理论而言，耦合是功能共振理论中至关重要的一个环节抑或机制。功能共振的发生在很大程度上便是由于不同要件之间发生耦合而产生的。且这种耦合一般发生在两个具有时间上先后关系的要件之间，也即上下游的耦合。而这种耦合机制的存在不仅有助于理解单个功能要件的实际变化，更有助于理解变化可能以什么方式组合在一起并导致不期望的或/和超出规定范围的结果[①]。因此，耦合是功能共振理论的重要依托，也是功能共振的重要运行机制。这是功能共振与网络舆情在演化动力层面的契合点之一。

[①] ［丹麦］郝纳课：《功能共振分析方法——复杂社会—技术系统建模》，田瑾等译，国防工业出版社2015年版，第103页。

二 动能层面：基于耦合机制的系统演化动力

耦合机制的存在是网络舆情事件发展与演化的重要动力。尽管网络舆情事件以网络为依托，表现为线上的生发、演变和爆发、消亡，但实际上，随着网络舆情事件的爆发，线上和线下两个维度的网络共同发挥传播作用，相互融合并最终通过网络平台作用于信息环境，在这一过程中两个维度相互依赖、相互作用，共同推动网络舆情事件的发展和演化。换句话说，网络舆情事件的产生和消亡的整个过程都无法逃离线上与线下两个维度的要素耦合，或者说，线上的演化与发展要想真正发挥作用必然要作用于线下的实际实践活动。因此，网络舆情事件的耦合突出地表现在系统要素与外部环境的耦合，即线上与线下的耦合。具体而言，这种耦合关系表现在如下几个方面：

一是同步共生关系。通常而言，借助网络平台，网络舆情爆发之后，很快便会在线上、线下两个空间同时得以扩散。其中，线上借助各类互联网平台实现信息的即时性更新与传播，而线下则利用面对面交流、口耳相传等方式实现信息的蔓延。在这一过程中，线上充当了网络舆情的生发地、传播所，而线下则充当了舆情的影响地和实践所，通过这两个场所的交互性传播，谣言得以扩散、情绪得以蔓延、网络舆情事件得以从星星之火发展为燎原之势。二是相互影响关系。线上会影响线下，线下也会反过来促进线上信息的传播，从而达到"实体关系的虚拟化"以及"虚拟关系的实体化"的双重效果。例如在网络舆情当中，舆情主体在线上的广泛聚集以及集中性发声促使不同主体之间形成一种基于互联网平台的线上虚拟关系，但同时，线上的持续发声不断累积，可能导致线下情绪的扩散感染以及舆情的进一步爆发，并在这一过程中影响和推动网络舆情的走向。三是反作用关系。无论要素之间的耦合如何发挥作用，最终都会由于其他要素的介入和干预逐渐降低耦合的破坏力，并最终走向线上和线下的"和解"。无论是哪一种关系，通过耦合，系统都得以从一个状态演变到另一个状态，从而在这一过程中获得不断的内生动力，推动复杂系统进行有序演变或者无序异变。

在功能共振理论中，耦合亦是一种推动系统不断演化、导致共振发生的重要机制。功能之所以发生变化，究其原因是与上游功能耦合的结果，上游功能的输出可能发生变化并影响下游的功能，从而对整个系统的功能和走向产生作用力。这种上下游耦合包括五个方面：

一是针对前提的上下游耦合。在系统中，前提指的是功能执行之前所必须存在的系统条件或状态。也就是说，前提一定是某一个或者多个其他功能所提供的，前提的状态是上游功能的输出。通常情况下，前提一定要满足条件功能才可以执行，然而，在某些情况下，前提的检查未能准确完成，或者状态不明确，则可能导致下游功能的变化。这些变化包括由于时机过早而导致的假启动、由于时机适时而产生的阻尼作用、由于时机过迟而出现的时间上的耗损，以及由于时机遗漏而产生的时间上的损失等等。这些变化将会对下游产生相应的影响。

二是针对资源或执行条件的上下游耦合。资源或执行条件指功能执行所需要、所消耗的事物。如果这一环节出现漏洞，那么功能的执行就会受阻。如果由于某些条件的缺失导致资源或执行条件缺乏，那么就需要寻找替代手段，造成时间的浪费，引起功能输出的延迟。如果替代手段无法恰好满足系统需求，那么也会妨碍功能的执行，并加剧功能输出的变化。这种变化表现在当时机过早或适时时、可能会对下游产生阻尼作用；当时间过迟时，可能对下游造成时间上的损失；而当时机遗漏时，则可能导致下游的临场应变增加。这些变化将会导致功能实现的不充分，功能降级或者阻尼作用等后果。

三是针对控制的上下游耦合。在系统中，控制表示对功能的实现如何进行监管和调控，直接影响输出的品质，如果上游功能的输出成为下游功能的控制，那么无论在时机还是精确度方面，下游都会受到影响。功能的控制必须是一个或多个其他功能的输出，如果控制不精确，甚至不正确，那么该功能就会发生变化，以非正常的方式执行。如果控制不可用，那么功能将无法实现，或者说以不精确、不正确的方式实现。具体而言，当时机过早，控制可能缺失；当时机过迟，可能会改为使用默认控制或特设控制；当时机遗漏，则可能使用替代性控制。在精确度方面，则可能导致延迟或者产生阻尼作用。

四是针对时间的上下游耦合。时间表示影响功能实现的各种时间关系，可能是启动时间、终止时间、与其他功能相关的时间安排等。时间要素是理解功能如何发生耦合的关键要素。如果时间过少，无论是功能启动过晚、终止过早还是运行过慢，都会导致功能实现打折扣。如果时间缺乏精确性，那么，无论是方式上不精确还是内容上不精确都会导致类似结果的发生。例如时机过早会跳过正确的开始时间，过迟会导致活动延迟，时间安排发生冲突，遗漏会导致不正确的功能起止等。最终将会导致下游功能的变化加剧，或者产生阻尼作用。

五是针对输入的上下游耦合。输入表示启动或开始功能的事物，也是被功能使用或转化的事物，其作为标示功能启动的信号，对于理解功能变化的产生机制至关重要。如果输入的目的是启动一个功能，则时机的变化至关重要。如果过早启动功能，则可能会导致同步性问题，导致延迟的发生。如果过迟启动功能，则可能会导致功能执行时间的压缩，从而做出牺牲或权衡。如果输入作为被功能所采纳或操作的对象，那么精确度就成为比时机更为重要的要素。如果输入不精确，则可能导致需要浪费更多的时间来处理，从而产生延迟，甚至带来错误的结果。即使输入是精确的，也有可能导致下游产生阻尼作用。

在网络舆情当中，如果将网络舆情作为一个复杂系统，那么，从舆情的生发到最终的消亡实际上便构成了一个上下游相互联系的关系链条。处于上游环节的功能一旦发生变化，无论是前提、资源或执行条件、控制、时间、输入、当中的任何一个方面，都会对下游的功能产生影响，从而导致耦合现象的发生，产生超出信息传播一般性范式和效果的巨大影响力，促成舆情的爆发。从这个意义层面而言，一方面，无论在网络舆情当中，还是功能共振当中，耦合都扮演着重要的动力机制角色，推动系统的不断改变，甚至"异变"；另一方面，也正是因此，功能共振可以在很大程度上解释网络舆情演化中的耦合机制，为探究网络舆情发展动力提供必要的支撑。这是功能共振与网络舆情在演化动力层面的契合点之二。

三 指向层面：从耦合到协同的共同整体目标

功能共振理论与网络舆情治理的逻辑契合还在于二者都以实现系统的有序、协同运转为最终目标。无论从计算机和复杂科学的角度、还是从人文社科领域的协同学角度来看，其均指向对系统稳定性与协同性的维护。从前者来看，为了在系统要素发生耦合的状况下保证系统的稳定性，常常需要提高系统的"鲁棒性"。鲁棒是 Robust 的音译，原指强壮和健壮。"鲁棒性"是系统在发生异常和危险情况下能否正常运转和生存的关键。所谓"鲁棒性",是指控制系统在一定(结构,大小)参数的摄动下,维持某些性能的特性。为了确保系统在其特性或参数发生摄动时仍可以使品质指标保持稳定,对于"鲁棒性"的研究一直以来都是系统科学研究的重点。

从协同学的角度来看,系统从无序走向有序的关键所在便是有效发挥系统内部不同要素和参量之间的相互协同作用,系统要素之间能否实现协同、在多大程度上实现协同决定了系统能否有效运转——更进一步而言,协同左右着系统相变的规律与特征。耦合实际上是系统在达到临界区域之后所产生的一种作用机制,其发生的前提条件是各个耦合模块之间存在某种关联,且这种关联对于整个系统会有强烈的影响,从而决定着系统接下来走向哪种序或者结构。耦合的存在意味着耦合各因素的属性发生变化,原有的属性被放大、既有的系统边界被打破以及重新组合的新系统的出现。从这个层面而言,耦合既是系统发展和演化的一种动力机制,同时也是一种超越协同意义的具有颠覆性和高破坏概率的系统"变异"。

这两种角度实际上为功能共振理论提供了目标指向与基础,同时也暗合了网络舆情治理的终极目标。功能共振理论得以应用的一个前提便是首先要划定清楚系统的"零"的状态。所谓"零"的状态就是一种系统的正常普遍状态,在这一状态下,系统各要素之间相互协同,共同维护系统的稳定发展。而从理论上而言,此时系统各要件之间处于一种相互协同、有效配合的和谐状态。以飞机失事案例为例,相对于正常飞行,失事是一种"标出"的非正常状态,而在大多数情况下,飞机是正常平安飞行的,这种状态便是所谓的"零"的状态。在这一状态下,飞机的各个零件有效运转,驾驶员和工作人员密切配合,整个系统有序运转,从而确保了从起飞到降落整个过程的顺利。且作为一种具有事故追查作用的理论,功能共振理论对于事故原因的分析本质上仍然是试图通过对问题的发现与解决使系统恢复到正常运转的状态,即实现各要件有效协同的状态。

而网络舆情亦有"零"的状态。在日常生活中,每天都会有各种各样的事件和主题发生并进入到网民的视野和讨论范围之内,而只有少数事件和主题会爆发演变为网络舆情事件。因此,在网络舆情中,所谓"零"的状态便是:传播的各个主体和各个环节能够有效配合,各传播主体的情绪和意见能够得到及时纾解,围绕某一话题的各类信息能够有序传播,即使有一定的冲突也能够在一定的时间内自动消解，整个网络空间秩序井然，网络舆情系统和谐运转。实际上，多数情况下，网络空间中围绕某一事件的信息传播是以"非零"状态运转的，换句话说，网络舆情事件是非常态状态，而网络舆情治理的目的便是减少非常态网络事件的发生，将网络舆情事件控制在可管理、可引导、可治理的范围之内，并在恰当的时间对其加以处理，将非常态状态转为日常可控的常态状态。

从这一意义层面而言，网络舆情的功能共振指代的就是舆情要素耦合状态，以及耦合状态导致的结果。而另一意义层面，网络舆情治理的目的便是将耦合状态转变为一种协同的状态，消除舆情主体、客体、载体以及依附于这三者之上的各类要素之间的异常关系，使网络舆情重归正常的网络信息交流中来。而功能共振尽管将要件的耦合作为研究的重点之一，但其本质也是要通过对这种耦合关系的清晰认知来消除系统要件以及要件间关系的异化，使系统走上正常运转的轨道。这也构成了功能共振与网络舆情在演化动力层面的契合点之三。

第四节　理论实践契合：以新理论开辟舆情研究新思维的路径创新

功能共振理论与网络舆情内在机理的多个维度的契合实际上指向了一个更加根本的面向，即功能共振这一方法与网络舆情治理这一问题对象之间在理论与实践层面的契合。长期以来，有关网络舆情治理的研究不胜枚举，然而，此类研究却多表现出相似的不足，即：一方面，创新性不足，除了少数具有开创性意义的治理研究之外，多数研究仍停留在既有的研究思维和学科视野当中，试图将已有的"食材"和"菜单"排列组合成新的"菜品"。大量重复研究的出现不仅阻碍了网络舆情治理研究的进程，同时也无法实现治理实践的真正落地；另一方面，当前的网络舆情治理研究停留在实践指引理论而非理论指导实践的层面。创新性的缺乏导致的一大后果便是理论在实践指引层面的弱势。现阶段，多数有关网络舆情治理的研究似乎更像是基于既有治理实践的一种理论化梳理，而非针对既有实践的不足提出高屋建瓴式引领方针。这就导致理论无法为实践提供有效支撑，实践亦无法从理论研究中汲取必要且充足的养分，以致理论与实践二者脱节。因此，探寻新的网络舆情治理研究路径，从而从理论层面为网络舆情治理实践提供有效支撑是当前网络舆情治理研究亟待解决的问题。而功能共振作为一种全新方法在网络舆情治理研究中的引进与应用无疑为网络舆情治理研究开辟了新的路径。

一　认知层面："历时+共时"新视野

传统范式下，多数研究者将网络舆情视为"网民通过网络表达和传播的各种不同情绪、态度和意见的总和"[①]。这一认知尽管在一定程度上解释了网络舆情的表征和成因，但更多地还是将网络舆情视为互联网这一媒介域时空范畴中的一种现象加以剖析。这种以传播现象为主导的认知导致了线性化、横向性的研究路径，不仅割裂了不同时期媒介形态之间的相关性，亦肢解了网络舆情及其治理机制的历史性脉络，从而将对网络舆情治理问题的研究局限于片段式的应对之中，不利于加深对网络舆情的认知与实践。而实际上，网络舆情是一个动态发展、不断更新的非线性过程，它不仅是一种社会现象，更是随历史进程不断演化过程中反映出的社会观念变迁，这种反映由技术史观与社会史观交融而成，又以时代为映射而出现。[②] 在网络舆情的研究中，研究者不仅要关注到网络舆情事件本身、关注这一事件不同于其他事件的独特之处、对舆情事件加以全方位剖析，同时还要关注到这一网络舆情事件与既往网络舆情事件之间的关系，从而从以往的网络舆情事件认知与治理经验中探寻符合当下经验的对策方法。

功能共振分析方法对于网络舆情事件的分析便包含着"历时+共时"的新思维。一方面，尽管功能共振理论分析的是具体的事故或事件对象，但这一分析是以时间线为基础，建立在对事故或事件的历史性耦合关系的剖析之上，同时，功能共振分析还观照了广泛而又深刻的社会环境和既往经验。例如对飞机失事事件的分析，是依托于在一个历时性的时间段内，飞机飞行系统各个要素的耦合关系，以及这种耦合所产生的影响与结果来进行的，而

[①] 虞崇胜、舒刚：《社会转型期网络舆情治理创新——基于政治安全的视角》，《行政论坛》2012年第5期。

[②] 陈华明、刘效禹：《从"凝固"到"流动"：媒介学视阈下的网络舆情再认知》，《湖南师范大学社会科学学报》2020年第3期。

对于耦合的发生机制不仅源于对机械、技术等一系列专业知识背景的了解和掌握，更需要长期以来经验的积累。因此，功能共振分析方法背后是以一种纵横交错的网格状思维模式作为支撑；另一方面，采用功能共振的方法对网络舆情加以分析会从客观上实现为每一则具体的网络舆情"建立档案"的特殊效果。展开来讲，利用这一方法，针对具体的网络舆情事件都会形成一个以事件发生发展的时间为轴线的脉络过程，网络舆情的潜伏期、演化期、爆发期、消退期，每一个不同的阶段，其成因及表现都将被纳入到这一分析体系中，从而形成一个系统、科学、全面的样本。通过样本的不断累积，便可成为为后续网络舆情事件研判提供支撑和参考的历史文档。例如，在网络舆情研究中，研究者常常借助对某一类网络舆情事件发生发展一般性规律的探寻来解释和指导新发生的网络舆情事件，而倘若针对每一则或者每一类网络舆情事件均有采取功能共振分析方法收集的系统性资料，那么对新发网络舆情事件的治理无疑会简化许多。从这一意义层面而言，功能共振分析方法在网络舆情研究中的应用就是一种具有高度历时性客观效果的路径与手段。

可以说，尽管网络舆情治理研究一直呼唤"历时+共时"的网格化思维，但功能共振的引入却在很大程度上契合了这一思维的客观诉求，促进了这一思维在网络舆情治理实践中的落地生根。

二 演化层面："随机性+规律性"新思维

网络舆情治理与功能共振在理论与实践层面的逻辑契合还表现在二者的结合为网络舆情治理提供了"随机性+规律性"的新思维。所谓随机性，指的便是承认网络舆情的发生、发展、演变和消亡具有复杂系统影响下的偶然性和一定程度的不可预测性。而所谓规律性指的是，在这一偶然性与不可预测性中所存在的可供探究、可供追寻的一般性运行规律和脉络。如果说对于网络舆情复杂性与规律性的探索一直行走在路上，那么，功能共振方法的引入无疑实现了在充分尊重复杂性思维与复杂性逻辑的前提下，在看似具有随机性的表象中提炼并具体化其规律的目的。

长期以来，网络舆情的研究陷于两大困境之中：一是如何有效认识和剖析网络舆情所处的复杂环境，也即网络舆情的复杂性、复杂度与复杂生态问题。二是如何探究网络舆情的运行问题，也即运行规律、运行逻辑与运行机制问题。前者解决的是网络舆情在何种环境中发生、发展与演化，包括这一环境对网络舆情从萌芽到消亡的整个过程的影响如何，以及在每一个环节中，网络舆情具有何种表现、呈现出何种特征、表现出怎样的发展态势等问题，是对网络舆情基础性问题的探究。然而，对此类问题的研究尽管持续已久、内容颇丰，却也面临研究重复性、同质性较高、对网络舆情认知不足、采取过于孤立的眼光看待网络舆情、对网络舆情与整个社会生态的关联性观照不足等一系列问题，严重阻碍了对网络舆情本质的探究以及网络舆情治理的客观实践。究其原因，这一系列问题的产生在于对网络舆情的系统生态存在认识偏差。正如前文所言，将复杂性与复杂系统科学引入人文社科研究领域是近年来才发生的研究转向，而在此之前，对于包括网络舆情在内的人文社科领域问题的研究通常采取的是因果逻辑思维，这就导致在网络舆情的研究中，研究者始终无法摆脱传统"由果探因"的推理脉络，也即通过网络舆情表现出的一系列特征和演化结果来推断其产生的原因，或者将网络舆情作为一个一般性的问题事件加以剖析，割裂了网络舆情事件的整体性，导致在治理过程中采取"头痛医头，脚痛医脚"的局限化手段，将网络舆情研究陷入定式思维当中，无法挣脱。当前，尽管复杂性思维已经被运用于人文社科领域的问题研究之中，然而，如何用、用到何种程度、聚焦什么问题等一系列问题尚未解决，对网络舆情一般性研究的困境依然存在。与此同时，网络舆情研究面临的另一大困境便是对其规律研究的难度较大，未形成统一的划分标准，亦未探究出一个具有普遍适用性的规律。对规律的探寻是指引网络舆情治理实践的前提要件，唯有掌握网络舆情的发生演变规律才能对不同阶段与情境下的网络舆情进行有针对性的引导与纾解，也才能形成一整套系统化、具有可参考性与普遍适用性的治理对策。而在当前的网络舆情研究中，对于规律的研究仍然是粗线条的、宏观范畴的，并未真正涉及机制问题的研究，对于哪些要素导致了网络舆情的产生、发展与演化、这些要素之间具有何种关系、是如何相互作用的等问题没有深入研究，也未达成共识；这就导致在实践中，治理策略也只能停留在粗线条的理念层面，无法更进一步、更具针对性地发挥其指导作用。

功能共振方法在网络舆情研究中的引入恰恰在很大程度上解决了以上两个困境，并将二者有机地结合了起来。一方面，作为复杂系统理论的一种，功能共振理论本身具有深刻的复杂性思维视角，采用功能共振方法去研究网络舆情事件必然要将网络舆情事件置于复杂系统的思维框架中加以剖析：不仅关注事件本身，也关注与事件相关的客观舆情环境；不仅着眼于当下，亦放眼于过去和未来；不仅关注某一事件，也关注与此相关的某一类事件。这就在客观上打破了长期以来针对某一网络舆情事件"由因导果"或"由果推因"的思维限制，承认了网络舆情的复杂系统特征与复杂特性，开辟了网络舆情研究的新视角。另一方面，功能共振方法对事故成因的系统化分析手段，对于探究事件成因、规律具有极强的方法论指引，采用功能共振方法研究网络舆情事件，尤其是通过对诸多不同类型的网络舆情事件的系统性研究，可以抽象和提炼出网络舆情的一般性规律，且这一规律是更为微观的，聚焦于要件分布、要件关联、要件异化与舆情演化关系等问题的，因此，其对于治理实践的指引是更为具体、更具针对性的。无疑，对这两方面问题的回应与解决恰恰在承认网络舆情随机性的同时兼顾了其规律性，从而为当前的网络舆情研究与网络舆情治理实践提供了从特殊到一般的路径指引。

三　治理层面："现代化治理+治理现代化"新路径

党的十八届三中全会通过了《中共中央关于全面深化改革若干重大问题的决定》，明确提出"推进国家治理体系和治理能力现代化"。第一次将国家的治理体系和治理能力同现代化进程联系起来。换句话说，国家治理离不开现代化，现代化构成了国家治理的题中之义。"现代化治理"和"治理现代化"构成了国家治理体系和治理能力的两个重要维度，网络舆情治理作为国家治理的重要内容，自然同样受到这两个维度的影响。而将功能共振理论运用到网络舆情治理中，用新的理论体系解决传统的重大问题，探寻新时代网络舆情治理的新方法无疑是推动"现代化治理"和"治理现代化"道路的新手段。

从"现代化治理"来看，其更多强调的是站在现代化的历史语境中，以现代化的思维方式来进行国家和社会治理。当前的网络舆情治理无疑已经进入到现代化治理的新阶段，尤其是进入互联网时代之后，网络的发展和普及在不断推进现代化进程的同时也在很大程度上改变了网络舆情的生成动因、表现形式以及客观影响，为网络舆情治理提出了新的挑战。现代化的治理需要立足现代化的客观背景，而功能共振理论则是在现代化背景下提出的一种复杂系统致因理论。作为一种分析方法，功能共振理论形成于人类社会和各项技术飞速发展的 21 世纪初期，从哲学的高度对社会和技术发展带来的事故本质的变化进行了阐释，并就这一社会背景下的变化了的事故对象着手，提出了详细具体的分析步骤和分析方法，具有针对技术与社会变革背景下的事故与风险对象的内在解释力。网络舆情作为一种"舆情事故"或者说潜在的舆情风险，属于功能共振分析方法的对象范畴。从这一意义层面而言，用功能共振方法分析和研究网络舆情，正是契合了网络舆情治理的现代化维度。

从"治理现代化"来看，其强调的则是治理能力和治理手段的不断现代化，以适应当下的社情国情。正如前文所言，长期以来，对有关舆情治理的研究从未停止过探究的步伐，尤其是伴随着网络舆情的突起，对网络舆情治理路径的研究更加迫在眉睫，迫切需要探索新的、具有现代化特征的治理路径，而功能共振分析法无疑是一种现代化的治理路径研究方法。正如前文多次指出的，功能共振理论基于随机共振理论发展而来，不拘泥于传统的系统结构分解、致因因素分析或事故发生过程中的事件及场景识别方式，而是强调从整个系统的功能特征角度分析事故以及辨识动态系统中的风险因素，经过十几年的发展，已经形成了相对完整的理论方法体系。将功能共振分析方法运用于网络舆情研究当中，不仅可以从复杂系统的整体视角对网络舆情加以重新认知，同时还可以从预警、研判、实践三个层面为网络舆情治理提供立体化的治理体系，从风险评估的角度将网络舆情的负面影响降到最低。这对于当前的网络舆情治理而言，提供了一种极具价值的治理现代化路径。

总之，无论是从"现代化治理"还是"治理现代化"的维度来看，功能共振与网络舆情治理的契合都将为国家治理注入强劲的动力。在社会发展状态方面，网络舆情的有效治理对于治理社会问题，增强不同阶层的交流互信，促进社会团结，从而进一步弘扬中国精神、凝聚中国力量，促进国家社会顺利实现历时性跨越，迈向更真正意义上的现代化具有重要意义。从民族复兴方面来讲，网络舆情的治理有助于营造良好的社会舆论环境、推动国内经济社会发展、激发社会发展与民族复兴的内生动力，将自身的优秀文化传统、价值观同世界共享，用不断增强的软实力去促进世界人民的共同发展。

从制度建设方面来看，网络舆情的治理有助于增强国家治理能力，建设更加有利于国家社会有序运转的，有组织、有体系、有特色的良好话语机制，不断促进完善和发展中国特色社会主义各项制度，为党和国家的稳定和谐发展，为国家的长治久安贡献话语体系和话语机制的力量。

小　　结

前提要件、运转模式与演化要件三个层面在网络舆情系统以及功能共振当中同等重要。正是这三个层面的相互作用和有机结合，才推动了网络舆情系统的正常运转；而当要素之间发生不期望的耦合，亦会产生系统共振的效果，最终促成舆情事件爆发，这正是网络舆情功能共振的现象。网络舆情系统与功能共振理论在这几个层面的契合，也最终确立了功能共振理论对网络舆情的解释力，以及在治理实践中的适用性。可以说，功能共振作为一种方法为研究网络舆情提供了有益的进路。

中 篇
模型构建与案例分析

引言：功能共振突破了传统的、简单的线性思维方式，强调从系统中的功能特征来分析事故。在上篇中，本书阐释了功能共振的具体概念、网络舆情与功能共振之间的逻辑契合，提出了网络舆情的功能共振，就是当要素之间发生不期望的耦合，亦会产生系统共振的效果，最终促成舆情事件爆发这一过程以及结果。然而，面对网络舆情系统外部环境的复杂性、系统内部的多变性，若要探析网络舆情是如何从交流到群情激愤，就要把握在整个系统运行过程中的功能及其特征，更重要的是，通过描述这些功能来描绘网络舆情演化的过程，来帮助我们探究网络舆情演化过程，认识到系统结构的复杂性。"复杂性思维要求我们看到这些环节的关联与嵌套，并采取与之相称的对策措施。"本篇将以功能共振理论为基础，通过识别网络舆情典型案例中舆情演化的功能及要素及其特征，分析现实中网络舆情各舆情要素的耦合过程，以及耦合造成的舆情发展过程。并结合网络舆情演化与治理的仿真实验，通过大数据抓取与机器学习，描绘网络舆情演化的功能图谱，并利用实验数据诠释网络舆情爆发机理和治理新路径，为舆情治理与引导提出新思路。

第 四 章
基于FRAM分析框架的网络舆情
功能共振模型建构

随着技术的发展与普及,社会的各系统不再是简单线性地发展,而是涉及多个串联或者并联的子系统,包含人、技术和组织因素等相互作用。网络舆情系统作为社会系统的组成部分,同样受到人、技术、组织等因素的交互影响。在系统运行过程中,若构成该系统的各个主体和因素良性互动,则网络舆情系统将会平稳运行,推动社会问题的解决;若系统内部机制失效,则会阻碍整个舆情系统的正常运行,使系统从有序走向无序,爆发负面舆情与危机事件,例如次生舆情、网络谣言、网络暴力、线下群体性事件等,最终危害社会公共安全。因此,探析网络舆情演化中的功能要素,构建网络舆情演化理论模型,是分析网络舆情演化过程、提出网络舆情治理策略的首要任务。

第一节 网络舆情的功能共振模型建构

在构建网络舆情功能共振模型之前,要对模型中的各个功能进行界定,而在对各功能进行界定之前,必须要梳理出网络舆情的构成要素及其在网络舆情的普遍性规律上的不同表现和作用。

一 网络舆情构成要素

在对网络舆情演化规律进行分析前,除了界定清网络舆情的定义外,还需要对网络舆情构成要素进行探究。网络舆情中的要素既是构成网络舆情的必要成分，影响网络舆情的生发，又能够相互作用，共同影响舆情的演化发展。厘清网络舆情构成要素不仅可以分析网络舆情各个关键节点的存在，更重要的是可将复杂网络舆情分解为各个关键部分，为功能共振的模型应用与网络舆情的结合提供功能界定的依据。

当前学界对于网络舆情的构成要素的划分并没有形成统一的标准，大致可分为三要素、四要素、五要素和六要素四个类型。[①] 例如学者张春华将网络舆情划分成网络舆情主体、网络舆情客体、网络舆情本体三个要素。[②] 唐涛将网络舆情划分为网络舆情场、网络舆情主体、网络舆情客体、网络舆情信息四个要素。[③] 黄微在前两者的基础上，将网络舆情媒体纳入构成要素，将网络舆情分为网络舆情主体、网络舆情客体、网络舆情本体、网络舆情媒体和网络舆情空间五类。[④] 学者刘毅的划分最为复杂，他认为网民，公共事务，网络舆情的时空因素，情绪、态度意愿和意见，网络舆情的强度，网络舆情的质和量这六个要素共同构成网络舆情[⑤]。大多数学者对于网络舆情构成要素的划分都涉及了主体、客体、本体这三个要素，不同的社交平台的技术特性对网络舆情传播形式和速度的影响存在显著差异，因此本书将网络舆情传播所依托的社交平台也纳入构成因素之一，并将其概括为网络舆情载体。最终本书提出构成网络舆情的四要素：网络舆情主体、网络舆情客体、网络舆情本体、网络舆情载体。

1. 网络舆情主体

主体即认识者，是在社会实践中认识和改造世界的人。因此，网络舆情主体指的是在新媒体技术环境下通过互联网媒体来表达自己的情绪、态度、意见等言论的行为主体。在网络舆情演化的过程中，舆情主体通常站在利己的态度和立场上对事件进行报道、评论、转发以形成多股力量推动网络舆情

---

① 左蒙、李昌祖：《舆情研究综述：从理论研究到实践应用》，《情报杂志》2017年第10期。
② 张春华：《网络舆情社会学的阐释》，社会科学文献出版社2012年版，第110—113页。
③ 唐涛：《网络舆情治理研究》，上海社会科学院出版社2014年版，第12—30页。
④ 黄微、李瑞、孟佳林：《大数据环境下多媒体网络舆情传播要素及运行机理研究》，《图书情报工作》2015年第21期。
⑤ 刘毅：《网络舆情研究概论》，天津人民出版社2004年版，第61—73页。

演化发展。按照在网络舆情演化中所起作用的不同将主体细分为以下四类：

(1) 自由主体：网民

当舆情事件爆发后，大量的网民开始关注舆情事件的报道。随着媒体的报道与政府、相关部门的回应与处理，网民的态度与情绪呈现出不同态势的转变。网民在网络舆情事件中群体数量大且意见汇聚快，作为舆情的主要生产者、制造者，是网络舆情演化中的重要因素之一。

(2) 调控主体：政府与相关单位

在网络舆情演化的过程中，政府与相关单位作为调控主体，当舆情事件发生时，不仅要第一时间公布舆情事件的处理方式和处理进展，更要出面解决危机事件、减小舆情事件所造成的负面影响。若应对不及时或是处理不当，会导致舆情的扩大，产生更大的负面效果。

(3) 利益主体

由舆情事件的当事人、受害人、利益相关者组成，对舆论演化有着关键性作用，该主体往往具有极强的对抗性。

(4) 领袖主体：意见领袖

意见领袖分为两类，一是指一种比较特殊的网民，其掌握的信息量及对问题的理解程度明显优于普通网民，使其传播影响力远远大于后者。因此在舆情事件发生时，此类意见领袖的介入发声成为信息扩散的重要一环，是舆情爆发的重要因素。而依据动机的不同，这类意见领袖又可明显分为两类，一类表达的是对舆情事件表达较纯粹的个人观点，而另一类则表达的是利益方的观点，这里的利益方主要指政府、相关单位，相关单位竞争者等，它们与意见领袖合作为其发声，扩大表达诉求，最终达成利益诉求。总的来说这类意见领袖在大众群体中更具影响力和号召力。二是指专业媒体，这里的媒体主要是指转型后在社交媒体上活跃且有影响力的专业媒体组织、专职媒体人，如记者、评论人、专栏作家也在这类意见领袖的范畴。有别于第一类意见领袖，这类意见领袖代表媒介机构的观点。尽管自媒体时代，信息发布门槛不断降低，使得专业媒体在事件曝光初期的信息发布的时效性竞争中不及网民，但是因其强大的信息挖掘、收集、整合、发布能力往往在舆情演化的中后期逐渐占据上风，媒体过往传播行为积累而来的公信力和庞大的受众群、信息优势、专业的信息整合发布能力，使其发布内容更具影响力和传播力，这是普通网民甚至是第一类意见领袖难以媲美的。

应该注意到，在舆情演化过程中，媒体内部之间同样存在对舆论引导主导者身份的竞争。信息优势者设置弱者的议题，而弱者不得不重复信息优势者的内容。在这过程中最重要的竞争行为主要有两类，一是对发布错误信息媒体的纠错，媒体发布不实信息是对其成为最终的领袖主体的一大障碍，当然纠错同样有网民、个人意见领袖、利益相关者、甚至政府主体的参与；二是有关利益与真相的争斗，遵循客观报道的媒体同基于特定诉求、维护某方利益的受雇媒体之间竞争的胜利与否是决定舆情平息或愈演愈烈的关键因素。

同样应该看到，除了以上的问题需要解决外，网络水军同样是一大威胁。网络水军通过短时间内大量重复的发帖回帖内表达同一观点，给普通网民造成声势宏大的错觉，极大分散了网民的注意力。

2. 网络舆情客体：热点事件、突发事件、社会公共事件、自然灾害事件

舆情客体主要是网络舆情引发的导火线，能够瞬间吸引大批量网民的关注，迅速刺激网络舆情的形成与传播扩散。[①] 简单来说，舆情客体就是引发舆情的某一事件，根据事件特征可将其简单划分成热点事件和突发事件两种，其中突发事件又可细分为社会公共事件和自然灾害事件。可以说网络舆情的强弱很大程度上由引发它的这一事件的性质所决定，事件与公众利益越相关，越能戳中公众的"敏感点"，便越能刺激公众情绪，网络舆情便越强。

3. 网络舆情本体

网络舆情本体实质上就是网络舆情信息，是网络舆情主体在网络空间对网络舆情客体的意见、态度、情绪之总和。互联网时代的舆情信息呈现形式多样，由视频、音频、表情包、文字、图片等共同组成。要注意的是，因为信息偏差，或者利益驱动，网络舆情信息通常伴随着大量的谣言，可以说网络舆情的强度越大伴随的谣言也就越多。而随着短视频的火热，中短视频的

[①] 黄微、许烨婧、刘熠：《大数据环境下多媒体网络舆情并发获取的数据驱动机理研究》，《情报理论与实践》2019 年第 6 期。

兴起，在"眼见为实"的思维定式下大量出现的图像谣言①对网络舆情的影响较之图文类型的谣言变得更加巨大。

4. 网络舆情载体

网络舆情载体实质上就是指网络舆情本体的载体，即信息的载体。当前网络舆情主体通常在各大社交平台针对网络舆情客体表达意见、态度、情绪，各大社交平台例如微博，微信、知乎、贴吧等，就是本书所界定的网络舆情载体。网络舆情载体的特性差异对网络舆情的生发起到重大影响，例如网络舆情载体的不同会造成网络舆情主体的差异，而主体差异所导致的兴趣点、关注点的不同，又会影响其对于网络舆情客体的看法差异，最终影响网络舆情的生发。但是需要注意的是，由于当前舆情主体并不是固定在某个载体内，各大载体之间也没有什么难以打破的壁垒，网络舆情主体是在各大载体间流动，因此实际上，网络舆情的生发是在多个社交平台上交互产生，只是受载体的特性影响，有所侧重。

二 功能的识别与描述

在网络舆情演化中，功能即不同的主体针对舆情事件所进行的传播活动，例如：当事人发帖、媒体关注、网民讨论等等。每一个功能都有六大功能特征，前提 P 即传播前提或其他信息的传播效果、输入 I 即传播动机或传播条件、输出 O 即传播内容、资源 R 即传播渠道与所消耗的事物、控制 C 即控制传播力量、时间 T 即舆情事件发生—关注—解决。

基于对近几年的网络舆情事件的梳理与总结，根据功能共振分析方法，本书归纳出 5 个功能主体：当事人和利益相关者、意见领袖、网民、官方媒体、政府。在此基础上，结合网络舆情演化各阶段不同功能主体对网络舆情所产生的效能与作用，对整个网络舆情从生发到熄灭的系统过程进行功能的描述，并概括出 6 个核心功能分别为 F1 当事人和利益相关者发帖、F2 意见领袖二次传播、F3 官方媒体报道调查、F4 网民聚焦与讨论、F5 政府介入事件进展、F6 网民消散与转移。在识别出网络舆情演化的 6 个功能后，利用六角模型对其进一步描述，分析每一个功能的具体内容，如表 4-1 所示。

---

① 图像谣言：是指文本含有图片或视频的谣言。

表 4-1　　　　　　　　　　网络舆情演化功能表

功能	功能的六特征					
	前提 P	输入 I	输出 O	控制 C	资源 R	时间 T
F1 当事人和利益相关者发帖	事件尚未解决	事件出现	寻求事件解决	删帖封帖	社交媒体	事件发生
F2 意见领袖二次传播	权威身份	事件情况	倾向性观点	删帖封帖	社交媒体	事件发生
F3 官方媒体报道调查	事件相关信息与各方意见态度	对事件的查证、采访、调查	新闻与评论	内：媒介组织内部规制；外：外部压力	互联网	事件关注
F4 网民聚焦与讨论	事件相关信息与评论	情绪与诉求	民意与情绪	删帖封帖	社交媒体	事件关注
F5 政府介入事件进展	事件相关信息与各方意见态度	政府的公信力、执行力、协调力	信息公开与监督问责	内：组织内部规章制度；外：上级部门管制	工作人员与媒体	事件关注
F6 网民消散与转移	事件与利益诉求的解决	态度与情绪	观点与意见	删帖封帖	社交媒体	事件解决

通过对表 4-1 的纵向观察，可以看到整个网络舆情演化过程中不同功能主体所进行的信息传播活动就是网络舆情功能共振模型中的功能；再对模型中功能的每一项特征进行横向观察，可以发现在功能与功能之间，上游功能的输出，会成为下游功能的前提，建立链接。例如 F1 当事人和利益相关者发帖，当事件发生（时间 T）后，事件尚未解决，这构成了传播行为的动机（输入 I）；而事件缺乏真相、冲击价值观、涉及群众利益与情绪形成了相关信息的传播前提（前提 P）；通过对社交媒体（资源 R）的运用，开始寻求事件解决（输出 O），对事件寻求解决的输出将会成为 F2、F3、F4 的输入或前提，也就是说，在当事人和利益相关者在网络上针对舆情事件发帖

时，事件有关信息将引起网民、意见领袖、官方媒体的关注，事件性质本身形成其传播动机。整个舆情系统开始传播事件的突发情况、事件的发生过程及对事件的利益诉求，但将有可能受到删帖封帖的技术控制（控制C）。其他的功能及其之间的联系也可以如此类推。

从表4-1可知，功能的六角模型涵盖了舆情传播活动背后所涉及的各种特征，通过对特征的分析可以更加明确网络舆情演化发展的各要素。在整个演化过程中，各功能出于不同的前提、动机、条件对网络舆情施加了影响，并通过信息的输出来推动网络舆情的演化发展。

三 网络舆情演化的功能共振模型构建

网络舆情是一场代表各自利益立场的主体介入事件发展的信息传播活动，各方的功能运行的结果（输出）都会影响网络舆情演化的趋势，对其他功能的前提、输入、输出造成影响。通过对网络舆情演化的分析，可以看到在网络舆情演化生发、扩散、熄灭的三阶段中，集中建立功能之间前提、输入、输出三个特征之间的链接，可以使网络舆情发挥正面效应，社情民意通畅交流，相关问题得到解决。因此，为确保网络舆情系统的正常运行，就要分析网络舆情演化的三个阶段，把握其中不同的功能单位之间的正常链接，认识网络舆情演化的功能网络。

1. 舆情生发

互联网的普及与发展不仅让信息传播前所未有的高效与便捷，也使得信息传受地位被彻底颠覆。一旦舆情事件发生，在"人人都是传播者"的背景下，当事人和利益相关者将选择在社交媒体发帖，发布该舆情事件的相关信息以寻求事件解决。由于舆情事件的性质与特点，这类事件或触及人们的利益与情绪，或涉及社会生活的公共安全，舆情事件的相关信息发布后，将会促成意见领袖和开始关注事件的少量网民的传播动机。意见领袖作为活跃在人际网络中的能够对他人的意见、观点产生影响的人，利用权威身份对舆情事件进行分析、评论，通过发表文章、转发评论、发起线上动员活动等表达倾向性观点来引导舆论。"意见领袖的言论会起到促进多元认识、强化公众情绪、引导舆论的作用"①，这无疑推动了更多网民开始关注舆情事件。在对舆情事件有基本的掌握与了解，并吸收意见领袖的观点引导后，部分网民开始关注和参与舆情事件，发表观点与情绪。随着越来越多的网民开始关注舆情事件，各方信息力量的汇聚将会主动设置媒体议程，使官方媒体关注到该舆情事件，舆情进入扩散阶段。

2. 舆情扩散

在网络舆情的扩散阶段，系统内部的演变较为复杂，推动网络舆情扩散的各个功能主体均会介入。"受众打破了传统议程设置理论中的被动角色，通过对事件的主动挖掘引发社会热议，从而引起传统媒体的跟进调查与传播。"② 接收公众议程设置的官方媒体开始着手对舆情事件的查证，入驻事发现场，采访事件的有关人员，寻求事件第一手资料，并通过撰写相关的新闻与评论来引导舆论，官方媒体的真实性、权威性和影响力不容小觑，助推了舆情事件的扩散；通过多方力量的转发、评论，大量网民在网络空间聚焦与讨论，技术赋权使他们拥有更多的传播能力参与舆情事件以表达观点、维护自身权益，当舆情到达顶峰并就事件形成相对一致的意见，强大的舆论力量指向政府与相关单位以督促事件解决，舆情进入熄灭阶段。

3. 舆情熄灭

为平息事件所带来的影响，政府开始介入事件，对事件着手调查，公开信息并回应网民关切，满足了公众的知情权、监督权；同时，对一些涉及非政府部门的相关单位监督问责，监督相关单位相关人员对当事人负责。"积极、有效的政府干预，能够在一定程度上推进舆情事件消退的过程，加速相关问题的解决。"③ 在政府干预的基础之上，相关单位出面解决，公开对事件调查的过程与结果，对当事人和利益相关者负责，回应网民的心声。在事件解决后，当事人和利益相关者的发声也同样重要，当事人作为舆情事件的直接参与者，其掌握的信息通常可靠、权威，当事人的诉求是否得到解决往往也是网民的关注所在。舆情事件一旦得到解决，官方媒体将会对事件的解

---

① 曹洵、张志安：《社交媒体意见群体的特征、变化和影响力研究》，《新闻界》2017 年第 7 期。
② 彭步云：《社交媒体受众对传统媒体的反向议程设置》，《当代传播》2019 年第 5 期。
③ 王平、谢耘耕：《突发公共事件网络舆情的形成及演变机制研究》，《现代传播（中国传媒大学学报）》2013 年第 3 期。

决进行跟踪报道并回顾事件，事件处理的过程与结果、当事人和利益相关者对事件解决的评价与回应，都将成为官方媒体后续报道的新闻内容。除此之外，为复盘事件过程，总结经验教训，官方媒体会发表引导性评论进一步稳定舆情。至此，随着舆情事件的解决与官方媒体的跟踪报道，舆情不再被聚焦，新一轮舆情事件出现分散网民注意力，舆情事件解决且舆情回落。

如果网络舆情系统中各项功能正常运行，没有出现功能变化或功能故障的情况，从舆情生发到舆情熄灭的过程将不会发生网络舆情危机事件。例如近期的"上财某教授事件"，2019年12月6日上海一自媒体发布举报信称某教授将学生锁在车内疑似对其进行性骚扰，此消息即刻在网上引起轩然大波，上海财经大学瞬时被舆情推至风口浪尖。事发后仅隔两天，12月9日上财就公布了对该教授的处置结果：给予开除处分并撤销教师资格，对有损师风师德的行为坚决表态。上财在面对此次舆情事件时速度快、态度坚决，在公布处置结果后网民纷纷表示"这才是一所大学应有的态度"，对事件及时、有效的处置扭转了负面舆情并使其逐步平息。

然而，当舆情事件发生后，舆情系统中各功能运行并不是一成不变的，功能将根据实际情况发生变化并引发功能与功能之间的失效链接、不期望链接，使功能共振产生，爆发网络舆情危机事件。因此，在认识网络舆情系统正常运行模式后，识别出关键功能变化及其对网络舆情系统运行过程带来的影响才是分析功能共振的关键。

四 确定功能共振及功能共振的影响因素及失效模块

在网络舆情系统中，各个功能都可能产生功能变化，这种变化将会产生不期望的链接与失效链接，影响到系统内其他功能的执行。各种功能变化叠加最终导致了功能共振的产生，引发负面舆情与危机事件。由此可见，在复杂的网络舆情系统中，确定功能共振的影响因素及失效模块出现至关重要。因此，笔者根据前文网络舆情演化的功能分析，结合已有网络舆情的相关研究成果，提出在系统内容易产生变化的三个功能，并分别对三个功能进行描述和分析，梳理在功能变化后功能之间的耦合，得出网络舆情演化的功能共振演化规律。

1. 生发：功能变化与功能共振引爆舆情

相关单位出面解决包括对舆情事件回应的时间与处理的措施，对网络舆情演化的趋势与走向有着决定性作用。喻国明认为，"舆情热点的主动干涉行为无论是何种方式，取得的效果本身都是积极的。"① 因此，舆情事件的相关单位，需要在舆情事件出现时及时出面回应并采取措施，解决舆情事件所涉及的问题。然而，在面对舆情事件时，相关单位往往由于各种原因或回避处理，或回应态度强硬等，未妥善处理事件造成功能变化，从而引发难以预估的舆情危机事件。相关单位不当的价值取向、过度的利益追求使自身没有权衡好社会效益和经济效益之间的关系，导致当舆情事件发生时，大部分相关单位为维护经济效益，对事件持"大事化小、小事化了"的态度，忽视了当事人与网民的利益表达和权利诉求，试图通过回避问题来解决问题，无法对舆情事件做到及时、妥善的回应与处理，忽略了社会效益的重要性。

当相关单位出面解决发生功能变化后，网络舆情无法被正常熄灭。相关单位出面解决的输出直接影响了 F1 当事人和利益相关者的功能运行，使本来寻求事件解决的当事人随之发生变化，从单纯的寻求事件解决到制造事件相关谣言，整个系统又随着 F1 当事人和利益相关者发帖产生的功能变化而变化，引发功能共振，造成网络谣言疯狂传播。

2. 演化：关键功能变化与功能共振加剧舆情

以关键功能主体，政府为例，政府介入事件进展意味着当舆情事件发生且网络舆情出现后，政府要做网络舆情的监测者、引导者、治理者，要及时介入舆情事件，控制网络舆情风险事故的发生，减少舆情事件的爆发给社会带来的负面影响。"政府应对的态度和效果直接决定舆论是否消停，热点和突发事件发生后，政府应该及时发布权威信息，提供实时真相，回应各种质疑，这样往往会使舆论得到迅速的平息。"② 政府通过对现有资源的调动，各部门之间协调工作并与官方媒体保持联动，对舆情事件进行调查、问责，及时、透明地公开事件的最新进展，以真相平民意，以态度息民怨。分析近

---

① 喻国明：《2009 年上半年中国舆情报告（下）——基于第三代网络搜索技术的舆情研究》，《山西大学学报》（哲学社会科学版）2010 年第 2 期。

② 谢耘耕、荣婷：《微博舆论生成演变机制和舆论引导策略》，《现代传播（中国传媒大学学报）》2011 年第 5 期。

年来发生的网络舆情风险事故，政府在面对舆情事件时表现通常不尽如人意。在应对机制上，政府应急处理机制还不够完善，机构设置、权责脱节，没能直面网络舆情背后的现实根源问题与公众的核心利益诉求，无法及时对相关单位的监督与问责或公开事件调查进度或真相，致使整个功能发生变化。

政府部门的信息公开和事件处理作为网民消散与转移的前提，一旦发生输出故障，网络舆情将无法熄灭，反而走势迅猛，并间接影响了当事人和利益相关者的态度与情绪，加剧了当事人与政府之间的矛盾，导致整个系统功能共振。

3. 高潮：网民功能变化与功能共振异化舆情

网民的聚焦与讨论是推动舆情事件解决的重要功能之一。其对舆情事件的转发、评论、点赞都会使舆情在短时间内产生巨大的影响力，无形中对舆情事件相关的责任方形成舆论监督，督促责任方回应事件、解决事件，从而满足网民的监督权、参与权、表达权。在面对舆情事件时，并不是所有的网民都会就事论事、理性思考，反而可能出现造谣、传谣、非理性言论等现象，搅乱事件解决。根据第43次《中国互联网络发展状况统计报告》显示，我国网民受教育水平以中等教育水平为主，占比最高的分别为初中（38.7%）和高中/中专/技校（24.5%）。[①] 在舆情事件发生且真相还未查清时，某些网民或缺乏理性认识，或怀有极端情绪，造谣传谣，导致网民聚焦与讨论输出变化，让网络舆情演化走向更为复杂的局面。不仅如此，社会转型期出现的、与网民生存息息相关的各种问题形成了一种压力，这种长期的社会结构性压力促进了网民的情绪、意见和态度的共鸣，事件一旦爆发将会形成一种强烈的共振，使本来应该对舆情事件进行舆论监督的网民转而助长情绪化言论、谣言的传播，功能发生变化。

事实上，情绪化的表达与谣言虽能在短时间内扩散，增强舆情事件的影响力，但更重要的是，这些看似为"民意"的组成部分，却为相关单位后面的辟谣工作、政府网络舆情引导工作造成了极大的困难。

---

① 第43次《中国互联网络发展统计报告》，http://www.cac.gov.cn/2019 - 02/28/c_1124175677.htm。

第二节　基于 FRAM 模型的案例分析

为了更好地说明功能共振理论用来分析网络舆情事件时的作用，本节根据研究目的建立案例库，选取多个典型性案例来研究网络舆情中的关键功能要素及其生发演化规律。

案例库的建立主要依据人民网舆情数据中心（原人民网舆情监测室）提供的中国互联网舆情报告。该机构是国内最早一批专业从事网络舆情研究与监测的专业机构，于 2010 年研发并完善了具备个性化、垂直性监测功能的互联网舆情监测系统，其研究成果和发布数据具有权威性。自 2007 年末起，该机构每年在社会科学文献出版的"社会蓝皮书"里刊登中国互联网舆论年度分析报告，在业界被视为中国舆情的风向标。报告根据一定的热度指标和舆情压力指标模型，选取一年中每月热度排名前 50 件，全年共 600 件热点舆情事件进行统计分析[①]。本文以 2016—2019 年的分析报告为例，并结合 2020 年舆情热点事件，选择并收集其中若干个具有代表性的热点事件作为案例进行功能共振理论分析。案例选择的依据是：（1）这些案例是近些年发生的，影响范围广、受众关注度高；（2）这些案例的公共性和连锁反应性显著，具有很强的代表性；（3）这些案例的资料较为丰富，演进过程容易追踪，易于保障关键细节信息的完备性；（4）这些案例正负面舆情交错，情况复杂，有助于提升研究的普适性。

在网络舆情的研究中，常见的分类方式是将网络舆情事件按照突发事件的分类标准进行分类，《中华人民共和国突发事件应对法》将突发事件定义为四类：自然灾害事件、事故灾难事件、公共卫生事件和社会安全事件。常见的自然灾害事件包括由水旱、气象、地震、地质、海洋、生物、森林草原火灾等自然要素引发的灾难事件；事故灾害事件包括安全事故、交通运输事故、公共设施和设备事故、环境污染和生态破坏事件等；公共卫生事件是指

---

① 报告使用的舆情热度指标包含报刊、网络新闻、论坛、博客、微博、微信、新闻客户端（App）七类媒介形态。权重分别为，报刊：0.2311；网络新闻：0.2348；论坛：0.0442；博客：0.0455；微博：0.1369；微信：0.1716；App：0.1360。热度测量的媒介范围符合本书关注的研究范围。

传染病疫情、动物疫情，群体性不明原因疾病，食品安全和职业危害以及其他严重影响公众健康和生命安全的事件；社会安全事件有恐袭、经济安全事件和涉外突发事件等。

纵观互联网社会生态，网络舆情事件并非仅限于这几类，其范围更广，已经远远超过了突发事件所覆盖的范畴。人民网网络舆情监测中心通过对热点事件的统计，将网络舆情事件主要分为八类：社会矛盾、公共安全、企业舆情、公共管理、体育、娱乐及公众人物、涉外涉军、吏治反腐和其他。通过对近三年热点事件的观察，公共管理类热点事件的数量在逐年递减；社会矛盾类事件的数量增加显著，网民批判的矛头有从"公共政策"向"公序良俗"转移的倾向，如性骚扰、高铁霸座、教师霸权、乘客干扰公交车司机等话题极易形成连锁反应而被不断曝光；公共安全类事件也较为突出，尤其是涉及未成年人的安全事件；此外，自然灾害类事件虽然数量不多，但成为舆情事件的概率较高，具备突发性并通常交织着网民悲伤、焦虑、鼓励等复杂情绪，作为一种特殊类型值得关注。

基于此规律，本文选取自然灾害类、社会矛盾类、公共安全类、社会卫生类的典型事件作为案例分析对象。自然灾害类事件为 2018 年 8 月山东某市洪灾事件；社会矛盾类事件为 2017 年 4 月四川某县中学学生死亡事件；公共安全类事件为 2020 年 3 月福建某酒店坍塌事件；社会卫生类事件为 2019 年 3 月成都某中学食物中毒事件。

一　自然灾害类事件：山东某市水灾事件

2018 年 8 月 19 日，受台风"温比亚"影响，山东某市很多区域出现强降雨，降雨量之大，历年罕见。当日，该市人民政府防汛办、广播电视台发布了关于加大弥河流域上游水库泄洪流量的预备通知，但未引起大范围的关注。在 20 日泄洪流量增加后，该市部分地区被洪水淹没，当地某派出所两名辅警为救援被洪水围困的群众被冲入河后失踪，该地水灾逐渐引起舆论关注，舆情热度开始上升。23—24 日，该市人民政府先后召开了两次抗灾减灾新闻发布会，就相关情况做出回应。由于其回应内容受到质疑，大量网民就某市被淹原因及官方回应发表言论，#某市#话题登上微博热搜榜首位，舆情量在 24 日达到顶峰。25 日，"该市北边发生瘟疫"的谣言开始在微信群内传播；26日，某市公安局官方微博在凌晨发布消息称已抓获两名散布瘟疫谣言的违法嫌疑人。随着抗灾救援工作的稳步开展，舆情热度有所下降，但由于救灾行动在持续进行，该市水灾的舆情仍然保持一定热度。

（一）功能识别与功能变化

通过对功能主体及其特征的划分，结合具体事件中的实际环节，可以得出山东某市水灾网络舆情事件的功能共振模型。在这一分析过程中，水灾造成的破坏性后果，导致网民对某市政府的回应内容存在众多质疑与批评的负面情绪，谣言也随之出现。所以，政府等官方组织机构的回应、网民散布谣言、网民聚焦与讨论等三个关键的功能变化，导致了功能耦合、不期望链接与失效链接出现，最终形成网络舆情系统功能共振的破坏性结果，如图4-1所示。

（二）功能耦合与功能共振

1. 舆情触发：政府新闻发布会内容引质疑

丁柏铨在对重大公共危机事件的舆论触发因素研究中，指出相关机构部门对特定事件信息的不当处置会激惹舆论主体。[①] 虽然在水灾事件发生前，某市人民政府防汛办、某市广播电视台分别通过官网和微博账号发布了加大向该市方向泄洪的预警，但由于其媒体平台的关注度十分有限，并未引起群众和网民的重视。当隔日泄洪量加大、水灾出现，并引发辅警失踪、田地被淹等灾害性后果时，该地水库和该市人民政府针对加大泄洪量等工作处置进行回应，网民才就回应内容提出大量质疑与批评，掀起舆情热度。

在网络舆情系统正常的发展态势中，政府等官方组织机构的回应应有利于信息公开透明、增强工作权威性，从而与公众理性沟通、达成共识。但在该舆情事件中，某市政府召开新闻发布会反而使舆情热度达到顶峰。有舆情分析软件发现，大部分网民聚焦于某市受灾情况与官方泄洪决策，对政府的泄洪处置、是否公开水灾实情、水灾引起菜价上涨等话题持批评、质疑的态度。[②] 即便是在政府通过正式的新闻发布会或者官方账号通告这样的方式，

---

① 丁柏铨：《新媒体语境中重大公共危机事件舆论触发研究》，《新闻大学》2012年第4期。
② 蚁坊软件：《山东某市水灾事件》，https://www.eefung.com/hot-report/20180912101242，2018年9月12日。

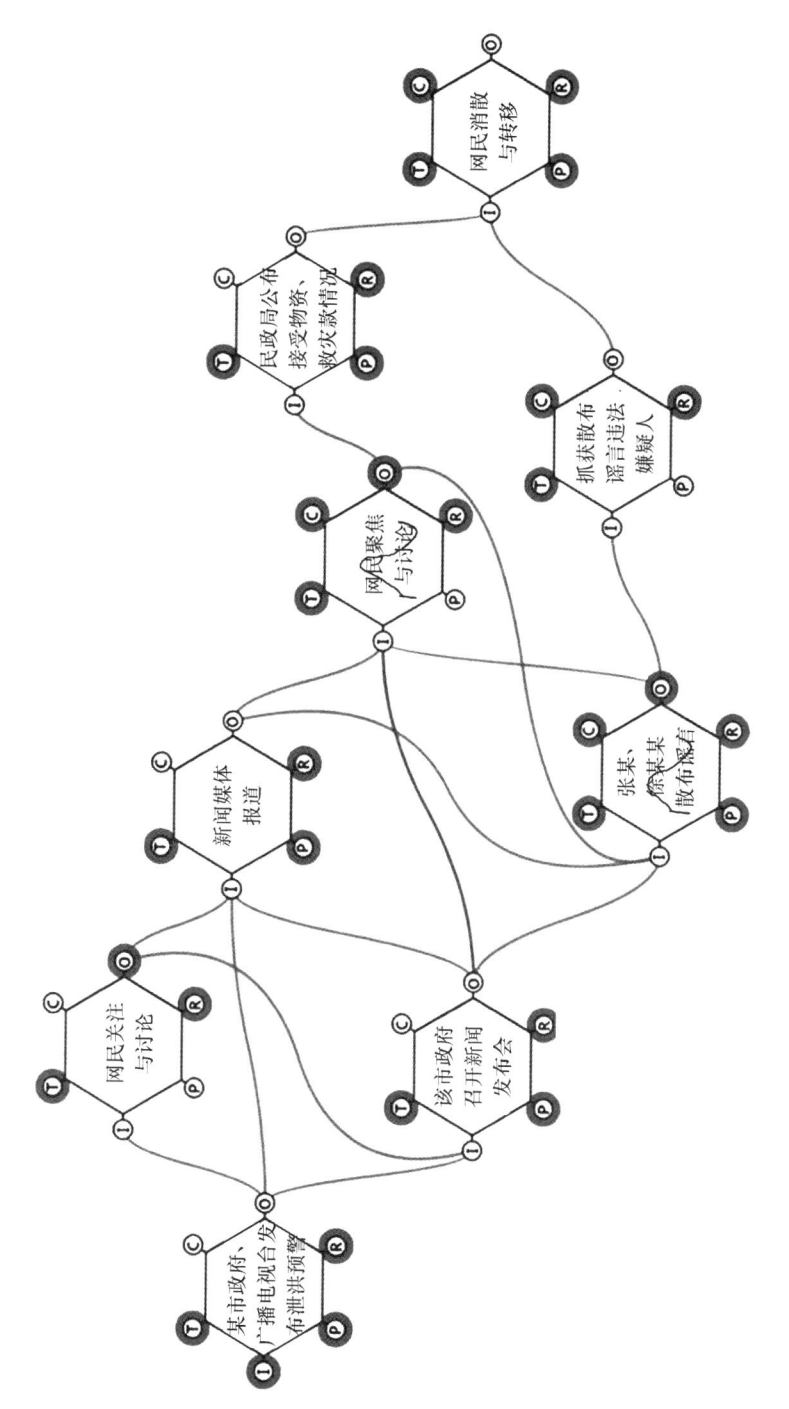

第四章 基于 FRAM 分析框架的网络舆情功能共振模型建构

图 4-1 山东某市水灾网络舆情事件的功能共振模型

都难以令公众信服。而不能说服公众的原因,一方面,可能是公众在灾害的破坏性结果面前极易丧失理智、造成情绪化表达;另一方面,政府的回应并未关切到受灾群众的切身利益,缺少人文关怀的说明与解释在公众眼中更像是"避重就轻"与"摆脱责任"。

表 4-2　　　　　　　网民质疑与政府回应的关键内容

民间质疑	官方回应
为什么不提前泄洪?上游水库蓄水多是为了卖水挣钱	未提前泄洪的原因是保障居民和工业用水
当地政府防台抗台工作准备不足,三个水库的错峰泄洪作用未发挥出来	实际降水量超过了天气预报的降水量,导致泄洪的水量超出的预估
泄洪通知时间晚,村民来不及撤离财产	村干部于 18 日将泄洪的消息传达到村民,19 日组织村民撤离
由于政府刻意隐瞒灾情,灾区百姓只能靠自救	21 日下午和 22 日晚间,山东省提供的第一批和第二批救灾物资分别发往某市
"倒塌房屋 9999 间",这个数字太过于戏剧化,地方政府是为了逃避追责和避免启动国家级应急响应	倒塌房屋数字是经各县上报汇总后得出的数字,政府不会增减
某市的水灾导致菜价上涨,山东香菜卖到 50 元等话题引发热议	水灾导致减产的蔬菜量仅占全国产量的 0.04%,全国蔬菜供应几乎不受影响

政府回应的失效导致该关键功能并未能与网民正常耦合,即"政府介入事件进展"的功能发生变化,其输出影响"网民聚焦与讨论"的输入,造成网民态度的偏激与负面情绪的爆发。这一结果进而引爆舆情,"某市""某市泄洪""某市式自救"等话题频频登上微博热搜榜,截至 24 日 14 时,"某市洪灾"微博话题阅读量已达 2 亿,讨论量达 25 万。[①]

2. 舆情引爆:网民负面情绪高涨造成非理性表达

"网络环境中,利益关联是基于现实的利益关联,并常常随着情感连接的影响使风险主体泛化。"[②] 其实不难看出,在网络社会这一新公共领域中,

---

① 蚁坊软件:《山东某市水灾事件》,https://www.eefung.com/hot-report/20180912101242,2018 年 9 月 12 日。

② 陈华明:《网络社会风险论:媒介、技术与治理》,中国社会科学出版社 2019 年版,第 6 页。

网民的聚集与讨论常常得益于情绪与情感的共鸣与驱动。当与事件无直接利益相关时，网民对事件产生关注的直接动力便是与当事人具备共同的情感基础，出于情感的关切而参与讨论。另外的情况是，事件当事人出于推动事件解决的目的而被迫采取利用舆论的手段，利用情绪化的叙事策略博得公众的同情或是激起对另一相关方的仇恨，从而对网民进行动员、煽动舆论、倒逼真相。不管处在哪一方立场，情绪都成为推动舆情发展演化的关键特征，以某一客观事实为触发前提，在关键节点处引爆舆情。

在某市水灾事件中，含有以下情绪化表达的微博受到众多转评："从未听说中国哪里受到灾害却被强压三天四夜的！……如今某市大难当前，大棚倒塌，菜价上涨，菜农寻死，究竟对各路媒体，各路官员，各路键盘侠有何益处！竟令尔等虚报灾情，力掩真相，强撤热搜！让我们某市儿女何等心寒！！我们怎么不义愤填膺！！"[1] 除了文本的非理性表达外，骇人听闻的照片、展示直观的表情包等都是承载情绪的载体。情绪与情感的传播使得功能变化，生成非理性行为产生的不期望链接，例如下文将要分析的谣言传播。

3. 舆情误导：个别网民散布谣言

在山东某市水灾事件的热度足以引发全网舆情关注时，8月25日，网民张某在一微信群内散布"某市北边发生瘟疫"的谣言。不久后，徐某某将该谣言信息扩散至另一微信群。虽然某市公安局及时对这两名散布谣言的违法嫌疑人进行了处置并在微博上发布通告，但该谣言还是在舆情热度已达到顶峰的复杂局势上火上浇油。例如微博网友"脑子里不记得在本子里找到也行"说："别管天灾人祸了，国家赶紧行动给补救吧，起码把人先好好的安置，夏天炎热还没散，动物尸体暴发瘟疫怎么办，某市老百姓更遭殃了，大家给提一提热度吧，人命关天的事，还比不过明星的鸡毛蒜皮吗？"

"在当前背景下，网络谣言是我国转型期社会矛盾突出、社会心态浮躁的现实反映，特别是某些具有较强社会动因的网络谣言能够引发情感共鸣，迅速集结民意，转化为强大的网络舆情攻势，因此，在一定程度上，网络谣言

---

[1] 谭老师地理工作室：《一文读懂某市水灾舆情》，http://dy.163.com/v2/article/detail/DQ451QGI0516DHVE.html，2018年8月26日。

所反映的社会问题也就成为网络舆情重要的传播内容。"① 一方面，网络谣言是对官方回应的挑战，有可能消解政府的权威性与公信力；另一方面，夹杂着民意的谣言同时反作用于网民情绪，促使事件真相在真假难辨的传播过程中失去理性思考与讨论的余地，从而对网络舆情系统造成极大破坏。在某市水灾事件中，谣言的出现使得政府回应对网民讨论的链接失效，并取而代之，与网民聚焦与讨论的功能形成耦合，结果是负面舆情进一步发展，网络舆情系统共振且愈加难以控制。谣言出现必将对网络社会造成多种负面影响，在网络舆情的治理中需要作为关键要素被特别重视。

二 社会矛盾类事件：四川某县某中学学生死亡事件

2017年4月1日，四川某县某中学初二学生赵某在男生宿舍楼外意外身亡，警方第一时间赶到现场，对事件进行调查，认为赵某的情况符合高空坠亡的特征，排除他杀可能，但这一结果没能得到死者家属和网民及群众的认可。在短短几天内，网上流传了大量谣言，认为赵某生前遭受了校园暴力等，是他杀致死，并且关于赵某死亡原因的各种谣言愈演愈烈。相关单位及政府部门此时才重视起来，发布情况通报和公告等，但谣言并未就此熄灭。4月7日，某市委市政府在媒体见面会上介绍了公安机关的调查情况，随后四川省公安微博发布通报，利用图片、数据、法医检验结果、人员证词等证据回应公众质疑。随着详细情况通报的发布，此次舆情事件才得以逐渐平息。

（一）功能识别与功能变化

在此次事件中，由于政府没有及时公布信息，导致谣言四起。在微博搜索中输入"某县发布""某县宣传""某县新闻办"等关键字均未找到相关政务发布账号，只有当地公安局微博账号在苦苦对冲谣言信息，影响面及处置能力都极为有限，难以形成对不良信息的有效对冲。另外，对于4月1日就已出现的谣言，该县公安局在4月3日11时17分才开始微博辟谣，时间上已明显滞后，且发布的两篇公告对案情的陈述过于简单，没有详细回应公众关心的问题，如"学生是否是自杀""学生是否被卷入校园暴力"等。当有关校园暴力的谣言开始出现并传播，政府没有在第一时间进行辟谣，反而

---

① 冯杰：《网络谣言对网络舆情的影响分析》，《科技传播》2019年第13期。

直接对信息发布者进行惩罚,造成社会上质疑声更大。4月3日时,案件影响尚未扩散至全国范围,但当地政府对正在进行调查的新华社记者采取了封锁消息、干扰采访等手段,阻碍其正常报道,这一行为彻底把整个案件推上了舆论的风口浪尖。所以在整个事件过程中,政府部门、网民和官方媒体关键功能的变化,使得谣言不断爆发、事件影响不断扩大。

(二) 功能耦合与功能共振

1. 政府部门功能变化与系统共振引爆舆情

网络舆情爆发时,公众迫切希望得到事件相关信息。此时政府部门如果能及时公布事件真相,将事件结果公开化、透明化,就能控制事件发展态势,阻止事件的进一步扩散和恶化。但是在这次事件中,该县公安局作为案件的主要负责单位,并没有采取及时有效的应对措施。事件发生后,在其发布的几篇通告中仅对案情做了极为简单的陈述,如"赵某损伤符合高坠伤特征,现有证据排除他杀""无证据证明死者系他杀"等简单说明,致使网民质疑政府在刻意隐瞒"真相"。这和迫切寻求真相的网民产生了失效链接,引起整体舆情事件出现系统共振,使得网民的质疑与不满情绪更加激烈,并涌现了大批的网络谣言。

2. 网民功能变化与系统共振加剧舆情

在这起舆情事件当中,由于政府部门功能变化,直接影响了下游功能。政府没有满足网民对真相的诉求,网民便会按照自己的理解对事件进行解释和传播。尤其是当网上大量现场图片和视频不断散播后,随之出现了"学生在校期间被索要保护费不成被5名学生打死从楼上扔下""五个领导的儿子胁迫死者""镇长、校长儿子在学校收保护费""特警镇压封锁该镇""村民签字领50元封口费"等大量谣言。谣言的不断恶化和传播,使得该事件逐渐与校园暴力、教育现状、政府履职等话题产生了联系,致使网络舆情的走向完全偏离了事件本身。

在此次舆情事件中,由于上游政府功能的变化,政府对于舆情的处理与引导不当,导致谣言大量爆发,事态也在不断恶化。网民的转发、评论等行为是相对于政府上游功能的下游功能,并且直接受到上游功能的影响。也可以说,网民的热议引起政府从"监督者"向"被监督者"急剧转变,从而一起形成共振效应。

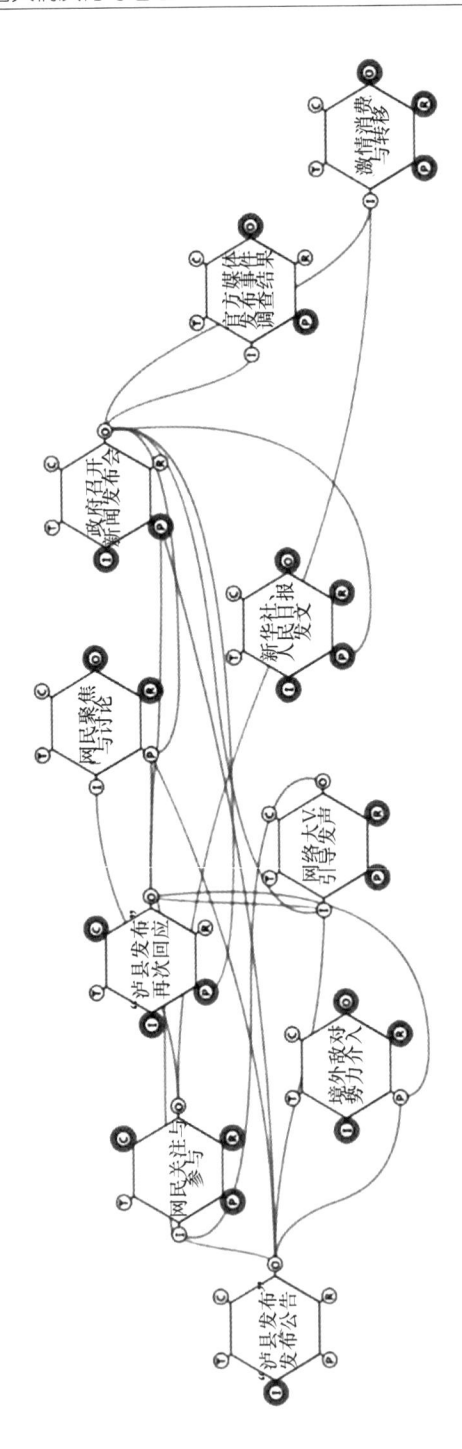

图4-2 四川某县某中学学生死亡网络舆情事件的功能共振模型

3. 媒体报道调查与系统共振扩散舆情

此事件引起了官方媒体的关注。新华社记者率先发文,《人民日报》《环球时报》《中国青年报》等媒体相继在各自平台转载该文,质疑当地政府的调查情况和回应能力。可以说,官方媒体的新闻调查和新闻评论以专题形式进行滚动适时报道,直接扩散了事件的影响范围和程度,成为造成舆情再次扩散直至舆情波峰的重要一环。

三 公共安全类事件:福建某酒店坍塌事件

2020年3月7日晚,福建省某市某酒店突然坍塌,导致29人死亡、42人受伤,造成直接经济损失5794万元。事发时,该酒店为当地新冠疫情防控外来人员集中隔离健康观察点。事故发生于新冠疫情复工复产的关键阶段,且该坍塌酒店系新冠疫情防控外来人员集中隔离健康观察点。在特殊的时期出现如此重大公共安全事故,极大地挑动了公众的敏感神经,使得该事故自发生后就引发了巨量的关注,以微博话题"某州坍塌酒店为密切接触者隔离酒店"为例,截至3月10日晚,该话题就引发了3.9亿人次阅读,6.3万人次讨论。

(一)功能识别与功能变化

在此事件中,政府部门、媒体、网民三个关键功能在舆情演化过程中扮演了重要的作用。事故发生第一时间,官方媒体闽南网微信公众号于20:29分发布"今天晚上7点多,位于泉州南环路的某酒店不知为何发生坍塌,有人员被困"的新闻,随后各大官方媒体及时跟进报道,该新闻立刻出现在全网。此次舆情正值特殊时期,大多数人都自我隔离在家,外部信息的获取主要依靠官方媒体。居家的网民依据媒体动态报道以及全网其他信息来参与事件讨论、补充事件信息、对事件原因进行猜测。该事件经过一夜的热度积累,于次日达到舆情波峰。其后因社交媒体热搜榜的更新及大众注意力的转移,热度逐渐降低,舆情下降。但随着救援报道的推进,舆情声量回复,出现了几次高峰,可以说舆情的变化紧随着救援的结果与进展而变化。

在公共安全事件中,政府部门扮演非常重要的角色,对舆情生发演化起重要作用。事发当晚,地方政府方面,省、市、区三级调动消防、武警、医疗、应急管理、公安、住建等救援力量一千多人,展开全方位搜救。国家政府方面，中央、国务院高度重视，国家领导人第一时间做出重要指示，全力抢救失联者，积极救治伤员，尽快查明事故原因并依法问责。国家部委单位有关部门派出工作组连夜赶赴现场，指导抢险救援、事故调查和善后处置等工作。国家卫生健康委调派医疗卫生应急专家组，支援开展伤员救治等工作。

（二）功能耦合与功能共振

1. 官方媒体报道与系统共振引爆舆情

事故发生在新冠疫情时期，多数人正配合防疫工作隔离在家。此次事故的报道不同于以往网民爆料、官方媒体跟进报道的进程，官方媒体闽南网掌握此次事故的第一手信息，仅有少数与事故责任方有相关接触的网民提供些许补充信息。

舆情的发展与官方媒体对事故的报道及救援的跟进相关联。在此过程中，官方媒体及时报道，一方面及时更新最新救援情况，如发布救援现场情况、受困、脱困、死亡人数等，满足大众对了解事件进展的需求；另一方面挖掘事故责任方的相关背景，满足大众的好奇心。由于技术限制，坍塌原因不能第一时间查明，早期的报道多是对坍塌原因的猜测而不能给出确切的答案。除此之外，媒体在对救援情况和责任方背景挖掘的报道中不自觉地输出了大量的情绪性内容，例如对救援结果的悲情报道，"酒店坍塌姐弟俩遇难，被发现时2岁弟弟仍抱着4岁姐姐的腰"；以及对官商勾结的质疑，"开业不久却两次被行政处罚的某酒店何以能成为疫情防控的集中隔离点？该酒店自2017年就在大楼内多次进行改装，相关手续是否齐全？"官方媒体作为上游功能，其输出端影响下游功能（网民聚焦与讨论）的输入端，两者的耦合导致系统发生波动，系统运行由正常变为紊乱致使事故发生。详细来说，上游功能对坍塌原因的模糊性猜测以及相关情绪性报道作为正常输出的变异部分传递到下游功能并对其产生影响，如坍塌原因不明直接引发谣言传播，情绪性报道激发网民负面情绪的爆发，输出更加偏激的观点、言论。

2. 网民功能变化与系统共振扩散舆情

安全事故历来是大众的敏感点，每次发生都能引发大量舆论。事故单位某酒店历经数次非法建设、违规改建，却总能顺利过关；劣迹斑斑（多次遭到行政处罚）却又能成为新冠疫情隔离点，这背后是否存在官商勾结令人质

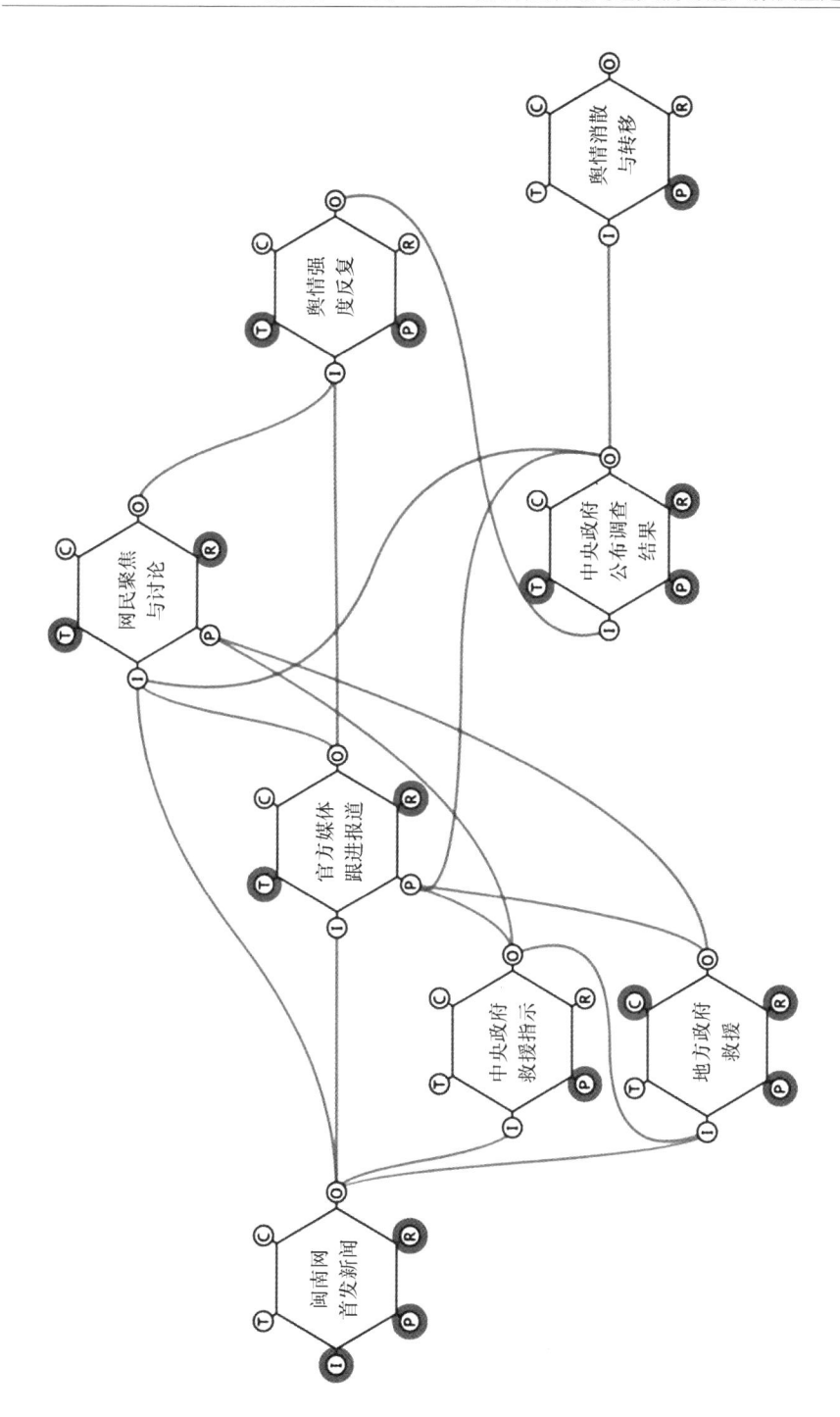

第四章　基于 FRAM 分析框架的网络舆情功能共振模型建构　129

图 4-3　福建某酒店坍塌网络舆情事件的功能共振模型

疑，加之重大伤亡、悲情报道更是使得群情激愤，"背后有黑幕""政府要给民众一个交代""豆腐渣工程比病毒还可怕""遇难姐弟令人心痛""酒店唯利是图"等类似言论弥散在全网中。网民期待媒体及时给出更多的详细信息，并要求政府做出回应，此时网民成为媒体跟进报道及政府部门介入之间的耦合因素。

媒体及时跟进救援进展，并披露相关信息等基本满足了网民对媒介的期待，随着事件信息披露的越来越多，网民开始更加关注政府的调查结果。网民聚焦讨论与媒体跟进报道两功能处于正常耦合的状态，但与政府调查结果的功能处于异常耦合的状态。

3. 政府部门功能变化与系统共振平息与复苏舆情

该酒店坍塌事件正好发生于中国疫情渐息、国外疫情高涨的特殊阶段，相较于其他国家收效甚微的防疫政策，中国政府高效、坚决的防疫举措极大地增强了民众对政府的信心。相较于以往的舆情事件，网民发表言论更显理智。但实际上网民对不同政府部门的信任度是不同的，相较于地方政府，网民更加信任中央政府。因此，在此事件中，根据两者在事件中的分工，政府部门介入功能应具体划分为地方政府救援、中央政府调查两种。网民对"官商勾结""背后有黑幕"的质疑全部指向地方政府，而"政府要给民众一个交代"虽是对中央政府的要求，却是要求对地方政府进行相应"惩处"。在部分网民眼中，中央政府和地方政府在某种意义上是"被区别对待的"。比如地方政府救援并不能平息舆情，反而随着救援报道舆情愈演愈烈，甚至伴随着谣言。像"吴好运入住该酒店，没躲过追杀""酒店坍塌事故中警犬小虎牺牲"这两条关注度较高的谣言，悲情是主基调，持续刺激网民的感性输出。再加上中央政府对此事的详细调查结果存在时滞，网民对政府这一主体有着一种难以言说的复杂感情。随着 13 日事故调查结果初步公布，14 日事故调查报告正式公布，坍塌事故案相关责任人员被依法批捕之后，舆情再次出现一波扩张并最终熄灭。

四 社会卫生类事件：四川成都某中学食物中毒事件

2019 年 3 月，四川成都某实验学校食品安全事件爆发，迅速引起网民的关注。这起舆情事件影响因素复杂，具有典型代表性，本节将运用功能共振分析方法剖析整个事件的演化过程及引发的风险事故。

（一）功能识别与功能变化

2019年3月12日，多位家长反映子女就读的小学学校食堂有过期、发霉变质的食品，长期吃食堂的孩子们经常出现便秘、口腔溃疡、胃疼等症状，食堂面对这些反映仅承诺更换部分有问题食材。3月12日晚10时许，多名家长进入食堂仓库，撕开食品包装并拍照上传网络，一时引起全网关注。3月13日凌晨3时许，该区人民政府新闻办公室官方微博对此事件第一次做出回应。[①] 3月15日，成都市市场监管局对该实验学校食材展开溯源调查，并发布了第一批食材检测结果的通报。3月17日，成都市就该事件举行新闻发布会，对公众关注的问题进行说明。[②]

由于相关单位、政府部分、网民三个关键功能变化，出现了不期望链接与失效链接，爆发网络谣言、线下群体性事件、群体极化等不利于网络舆情引导与治理的负面现象。

（二）功能耦合与功能共振

1. 相关单位功能变化与系统共振引爆舆情

作为相关单位的四川某后勤有限公司及该中学校方功能产生变化，本应对家长所反映的情况进行回应、调查、处理，及时发布事件调查的过程与结果，却在处理过程中产生不精确的输出，对家长所关注的食品安全与孩子的身体健康等问题处理不当，仅承诺更换部分食材与添加剂，对事件的核心问题是否有食材变质、是否有学生因吃食堂出现身体不适等情况回应含糊、处理不及时，最终产生了功能变化。而这种变化与家长之间出现了不期望的链接，事件本应该在相关单位回应后得到家长的认可，成为当事人回应事件解决的"输入"，然而出现的不期望的链接与失效链接却使整个系统功能共振。家长本来只是单纯要求事件解决，如今由于相关单位未能妥善处理与解

---

① 金温江：《情况通报》，https：//m.weibo.cn/status/4349219697540957？display=0&retcode=6102，2019年3月13日。

② 封面新闻：《时间线｜关注成都某实验学校食品事件》，http：//www.thecover.cn/news/1786294，2019年3月17日。

决,只有将事件"闹大","让大家众志成城反对学校食品不安全"①。整个网络舆情系统功能共振并涌现网络谣言,引爆舆情。

事实上,作为关键功能的相关单位出面解决事件发生变化,现实的社会问题、社会矛盾没有解决,当事人与网民的心声与诉求没有得到回应,将会使网络舆情的走向难以预测。"舆情的发生其实是由现实的社会问题、社会矛盾所决定,如果仅把它看作是话题引导的问题,则是治标不治本的思维作祟。"② 因此,相关单位出面解决现实问题与矛盾对于是否引发功能共振至关重要,只要相关单位能及时、妥善地处理问题,网络舆情就会走向熄灭,并降低爆发网络舆情风险事故的概率。

2. 政府部门功能变化与系统共振加剧舆情

当网络舆情爆发后,政府部门介入事件作为解决社会危机、平息网络谣言的关键功能,当地如何发挥政府的公信力、执行力、协调力将影响到整个网络舆情的发展态势,一旦出现功能故障或失效,将会使网络舆情更加难以控制,激发并深化政府与公众之间的矛盾,甚至爆发群体性事件。温江区市场监管局作为该事件的主要负责的行政单位,在事件发生时却未及时介入;随后事件发酵虽通过当地政府相关部门进行情况通报,但通报的内容仅是简单的文字描述,缺乏有关事件调查的图片、视频佐证。因此,区市场监管局已发生功能变化,并与家长出现不期望的链接与失效链接,整个系统产生共振,加剧了当事人对区市场监管局追问责任时的激烈态度,并于3月13日爆发了线下群体性事件,群体性事件的爆发加剧舆情,将整个事件推向高潮。

"政府的危机管理行为也影响着舆情的波动,若政府不作为或处置不当,批评、声讨和不满的声音就会不断增长,若政府应急处置符合公众利益,则会得到公众的支持,反对性舆情就会逐渐淡化。"③ 政府部门介入事件进展不仅决定了舆情事件本身的处理情况与进度,更决定了网络舆情的走向与发展。这意味着当事人与网民的利益诉求开始得到关注与重视,政府介入事件

---

① 红星新闻:《红星调查:成都某实验学校食品事件爆发的头4天》,https://sichuan.scol.com.cn/cddt/201903/56835808.html,2019年3月17日。
② 喻国明:《网络舆情治理的基本逻辑与规制构建》,《探索与争鸣》2016年第10期。
③ 史波:《公共危机事件网络舆情内在演变机理研究》,《情报杂志》2010年第4期。

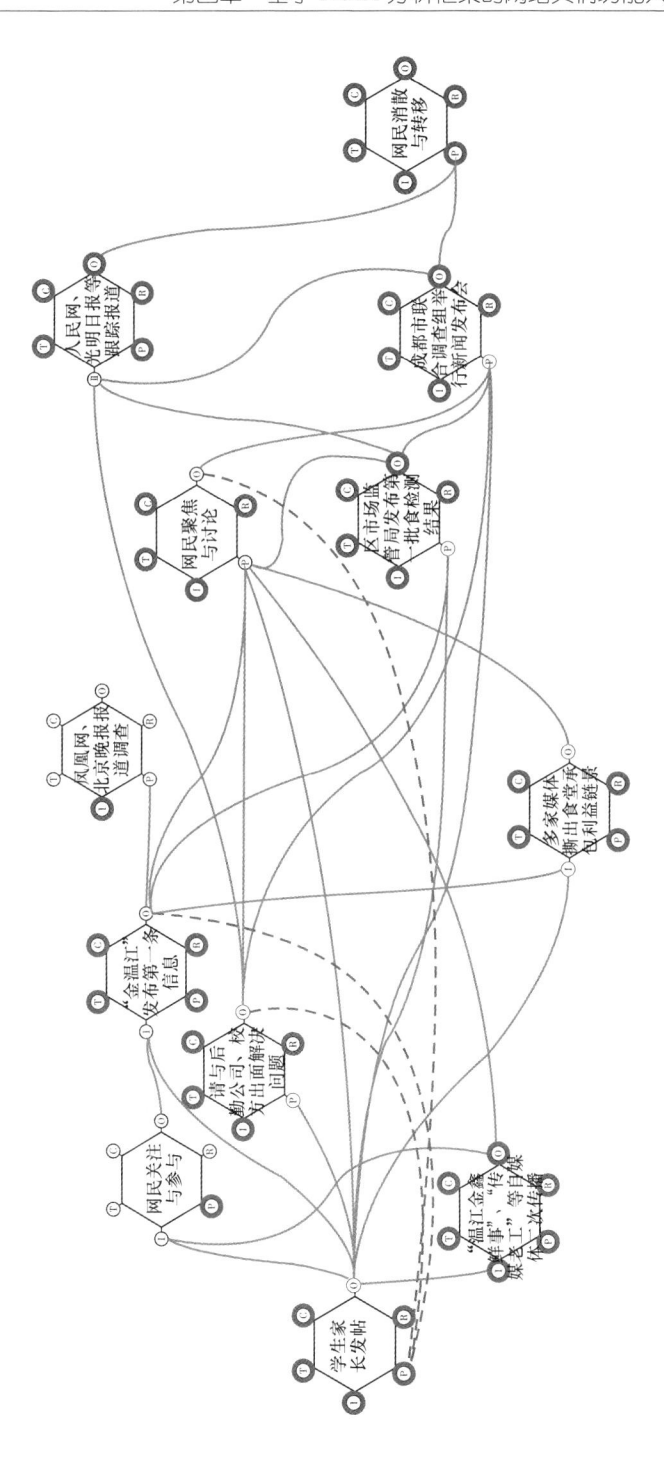

第四章 基于 FRAM 分析框架的网络舆情功能共振模型建构 133

图 4-4 四川成都某中学食物中毒网络舆情事件的功能共振模型

满足了人民群众的表达权与知情权。这就要求该功能及时、准确运行，积极主动回应当事人与网民的关切，减少功能变化，使网络舆情在政府介入事件进展后逐渐消散，整个舆情系统走向平稳。

3. 网民功能变化与系统共振误导舆情

根据前文中所描述相关单位、政府部门产生的功能变化、失效的链接影响了下游功能。也就是说，由于该后勤集团、校方、区市场监管局等相关单位与政府部门的功能产生变化，其中出现的失效链接早已影响了网民对事件核心问题的理性讨论。当网民聚焦与讨论输出变化后，网民的关注点不再是事件本身涉及的食品安全、身体健康等问题，而是这件事背后的利益输送、钱权交易问题。通过传播谣言与非理性化言论扩大了事件影响力。3 月 13 日一则最早出现在微信群中的谣言散播开来，"一个孩子长期拉肚子，家长带到北京检查，说是长期吃霉变食物造成的，于是家长到学校打工卧底一个月"的谣言将舆情事件再次推向高潮。① 在网民整个功能发生变化后，出现不期望的链接与官方媒体产生功能共振。3 月 14 日，《中国经营报》的一篇《成都某实验学校食堂承包商背后利益链调查》，更是将相关单位四川某后勤公司与校方推至风口浪尖，整个网络环境充斥着对官方消息的质疑，各种猜疑、愤怒、不满的负面情绪涌现。将对食品安全的关注转移到对整个事件背后的"钱权交易"的猜测，推动了谣言背后所蕴含的刻板印象与负面情绪，使得仇官、仇富等对立情绪大肆渲染，网络舆情的走向被误导，整个舆情系统出现故障。

网民聚焦与讨论作为相关单位出面解决、政府部门介入事件进展的下游功能，其自身的执行将受到上游功能的影响，"国家管理者是中介性社会事项的控制者和协调者。国家管理者在一定时期内对待舆情做出的决策选择具有决定性。"② 一旦上游功能产生变化，自身运行也会受到影响。不期望的链接与失效链接产生的功能共振，给相关单位后面的辟谣工作、政府网络舆情引导工作造成极大的困难。

---

① 成都商报：《成都警方通报：散布网络不实信息其中一人被刑拘》，http：//sc.sina.com.cn/news/b/2019-03-17/detail-ihrfqzkc4550535.shtml，2019 年 3 月 17 日。

② 王来华：《"舆情"问题研究论略》，《天津社会科学》2004 年第 4 期。

第三节 基于功能共振理论的仿真模型构建

基于前文对网络舆情功能单位及演变历程的分析,本书在此处引入物理共振的研究方法,对网络舆情的演化及治理机制进行数学建模。通过网络数据抓取对相关舆情事件的生发、演化和熄灭进行数据化处理,力求以量化的方式呈现出网络舆情事件的共振规律,并以此来验证本研究所提出的功能共振模型是否能够快速、科学、有效地应对网络舆情事件。

一 基于FRAM框架的模型构建

（一）模型要素分析

在物理、机械和电气领域,共振通常被用于表示由系统中某一功能单位在其他功能单位正常波动时,基于某种无意识的相互作用产生超出控制范围的突变现象。[1] 当系统运行环境的变化反映出各子系统性能聚合或无规律的变化时,可将此理解为由某一功能单位的突变所引起的随机共振[2]。这种随机的共振可能与某子系统性能的正常变化耦合,从而引发功能共振,使该子系统的性能超出正常变化范围,导致安全事故的发生,其原理如图4-5所示。

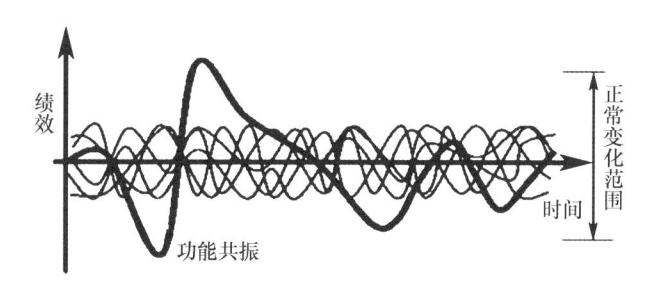

图4-5 功能共振原理

---

[1] Hendrick K, Benner L, eds., *Investigating Accidents with STEP*, New York: Marcel Dekker Incorporated, 1987.

[2] 甘旭升、端木京顺、丛伟等：《机械原因飞行事故诱因的分析与预测研究》,《中国安全科学学报》2011年第5期。

在工程安全领域，运用功能共振模型的失效图就可以倒推出导致事故发生的功能共振单位和功能共振影响因素，是一个从事件结果倒推事故原因的过程。然而从现实角度出发，由于社会舆情网络的复杂性和多变性，引发网络舆情的原因有很多种，在舆情治理的过程中失效的功能单位和功能因素也难以预测。因此，在构建模型之前，应先厘清引发网络舆情共振的因素。本书根据以往学界对网络舆情影响因素的分析，将影响网络舆情的要素分为：客体因素和主体因素两大类。其中，客体因素是指舆情事件本身之外的社会经济因素，即不会因为网络舆情事件的走向而改变的客观因素；主体因素是指舆情事件的参与主体，即会因为主体的表现不同而影响到舆情走势的主观因素。

1. 客体因素

议题：在网络环境中，不同的议题受到网民关注的程度具有明显差异。根据对以往舆情事件的分析不难发现，其常涉及官员腐败、社会公平、贫富差距、环境污染、宗教事务等话题，敏感程度较高，极易成为热点事件，再经过主体因素的影响便会发生网络舆情。因此，议题种类将会是本课题仿真模型中重点考量的课题因素。

地域：我国地域广博，且地区人口分布和经济发展不平衡。在经济发达且人口稠密的东部地区，互联网技术普及的广度与深度远超人口稀少且经济相对落后的西部地区。尽管互联网技术的连通性、及时性和广布性使得在任何地域发生的事件都有成为网络舆情事件的可能，但由于地理距离、心理距离和数字鸿沟的影响，在经济发达、网络接触频繁的地区，民众参与网络事件讨论的概率高于经济相对落后的地区，且事件发生地点民众参与事件讨论的热情往往高于其他地域的民众。因此，地域不仅是网络舆情事件生发的客观因素，而且还是影响网络舆情事件走向的关键要素。

原生事件影响力：引发舆情的原生事件的影响力直接反映为出现舆情事件的可能性，若原生事件的影响力较小，则引发舆情事件的概率较小，一段时间后并不能引发舆情共振。若原生事件引发大量的网民关注、媒体报道，且未得到政府的及时回应则有可能发生为大规模的舆情事件。

2. 主体因素

政府/涉事单位：当网络舆情爆发，特别是重大社会事件舆情爆发时，政府或相关的涉事单位的及时回应，对事件做出合理处理，能够最大限度地纾解网民的不良情绪，降低舆情的热度。因此，政府/涉事单位在舆情发生后的回应是影响舆情形势的关键要素。

网络媒体：在网络传播时代，网络媒体（主流媒体和自媒体）已经成为网民了解社会事件的重要渠道。网络媒体的报道，可以引发网民对社会事件的关注，推动舆情事件的发展，也可以消解网民的负面情绪，正确引导舆论走向。可以说，网络媒体在舆情事件中充当着催化剂的作用。若报道信息清晰明了、引导情绪积极正面便可以在最大限度上避免舆情所带来的负面情绪，反之亦然。

网民：网民作为网络舆情事件的参与者，其情绪、规模、素养等都会直接影响舆情事件的走向。考虑到网民的年龄、受教育程度、网络素养等因素，当舆情事件爆发时，若大部分网民能够理性看待，理性发声，那么舆情事件就会迅速消散。因此，网民作为推动舆情事件发展的重要因素，能够对舆情的扩散和消解起到决定性作用。

意见领袖：意见领袖是指在网络传播场域中具有权威性的网民。其发布一条与舆情相关的消息，将会改变大部分网民的意见态度，引导舆情的走向。若意见领袖发布不实信息或带有负面情绪的信息，其观点和态度将会影响舆情的走向，引发大规模的舆情事件。可以说，具有较强网络舆论引导能力的意见领袖，也是判断舆情走向的关键要素。

（二）变量取值依据

在进行模型构建之前，还需要对模型中的各个因素进行变量操作化。由于模型会为各个变量智能化分配系数的正负，因此以下变量的取值不管是促进舆情发展还是抑制舆情发展，我们都设定为正值，只有数值的大小会在一定程度上决定模型对该变量的敏感程度。

1. 客体因素的变量操作化

（1）议题类型（Issue）

取值：自然灾害 =1，公共卫生 =2，事故灾难 =3，社会事件 =4

说明：模型会对数值大的输入更加敏感且更加关注。对于议题类型，我们不能完全确定哪种议题更能引起舆论关注，因此设定变量时要缩小取值的差距，设为1、2、3、4这样的变量值可以减少变量取值大小的差异，仅体现该变量的类型即可。

(2) 原生事件影响力 (Heat)

取值: 个人型事件 = 0, 区域型事件 = 5, 社会型事件 = 10

说明: 由于个人型事件往往涉及的人员少, 产生的影响有限, 能造成舆情影响的事件数量很少且本身具有偶然性和随机性。从网络上抓取的数据来看, 绝大部分个人型事件也未造成很大的舆情影响。因此我们将个人事件定为 0, 即代表在模型当中不考虑个人事件本身对舆情的作用, 那么此时对舆情的作用就是由其他因素来决定的了。而区域型事件和社会型事件由于涉及的区域和行业人员范围较广, 本身就具有发生舆情影响的条件。根据影响范围的大小, 我们依次将区域型事件设定为 5, 社会型事件设定为 10。

(3) 地域 (Region)

取值: 事件发生在经济发达地区 = 1, 非经济发达地区 = 0

说明: 考虑到经济发达地区的人群密度, 若事件发生在经济发达地区, 则易产生较高的曝光度和关注度。但是, 因人群密集地区的事件发生的概率更大, 大量发生的事件也只有一小部分才能成为舆情, 所以并不能说经济发达地区的事件一定会引起舆情, 因此不宜将所有经济发达地区的事件赋予很高的变量值 (因为模型会对数值大的输入更加敏感)。我们仅将是否发生在经济发达地区作为一种判断和已知条件, 设发达地区为 1, 不在发达地区为 0。衡量经济发达与否有大量测量指标, 空气质量数据可以间接反映地区的经济发展情况。因此对于是否为发达地区的判断, 本书利用《2019 中国生态环境状况公报》中的被监测城市级别来作为测量标准。将公报中挑选的空气质量重点监测的 168 个城市作为经济发达地区 (包括京津冀及周边地区、长三角地区、汾渭平原、成渝地区、长江中游、珠三角地区等重点区域以及省会城市和计划单列市), 其他地区作为非经济发达地区。

2. 主体因素的变量操作化

(1) 网民 (Netizen)

取值: 根据网民的理性程度, 设为 0 或 1—5 之间的离散整数值。

说明: 因为网民数量庞大和留言评论平台数量众多, 完全把握所有平台的舆论情况是不现实的, 而且网民的理性程度也是通过统计人员在多平台抽样和人为评估后决定的, 具有一定的主观性, 因此不宜设定太大的数值, 设为 1—5 的离散整数即可。由于非理性言论往往会推动舆情发酵，因此越不理性，数值越大，越理性，数值越小。此外，如果对一些事件的言论很难判断是否理性，则设置为 0。

（2）意见领袖（Perspective）

取值：影响力 × 引导方式。影响力：1—3 离散整数值；引导方式：客观描述 =1，积极引导 =1.5，负面引导 =2。

说明：根据意见领袖本身的粉丝数量和粉丝互动频率进行影响力 1—3 的离散整数取值，影响力越大，取值越大。同时，根据意见领袖的引导方式将影响力取值乘以不同的引导方式的权值，客观描述权值设为 1，积极引导权值 1.5，负面引导权值为 2，其中可以看出有情绪的引导的权值大于无情绪引导的权值，负面情绪的权值大于正面情绪的。这是因为舆论本身会被情绪影响，而且对负面消息的获取和传播意愿要比正面的稍强烈一些，俗语也有"好事不出门，坏事传千里"一说。不过，相较于媒体和政府等，意见领袖的舆论导向性不是很大，所以影响力和引导方式的值都设定较小。

（3）媒体报道（Media）

取值：客观描述 =3，积极引导 =6，负面引导 =9，若未报道 =0

说明：和意见领袖 E 的设定原则类似，含有情绪的引导的取值大于无情绪引导的取值，负面情绪的取值大于正面情绪。三种引导方式的取值都分别大于意见领袖中三种引导方式的取值。因为媒体的舆论导向是面向全体社会成员，所以该因素和意见领袖相比应当占据更高的权重。

（4）政府回应频率（Government）

取值：消极回应 =5，积极回应 =10，频繁回应 =20，不回应 =0

因为政府的回应一般具有官方性和权威性，往往是基于客观公正和理性的角度表达对事件的态度，而且由于政府的职能，发表的言论也基本都是基于正确引导舆论的考虑。因此，不同于意见领袖 E 和媒体报道内容 F，政府回应不考虑引导情绪。政府对事件舆论的走向一般具有正确疏导，降低舆情的作用，那么政府的回复频率可以在不同程度上控制舆情。因为政府作为执政方，其引导性和影响力是最大的，所以相比意见领袖和媒体，应当设定更高的数值。

因为舆情的发展是随时间变化的，所以我们对每一个样本事件进行跟踪，等时间间隔进行变量量化取值，每个事件取 10 次时间间隔，若我们用 $X = \{A, B, C, \ldots, G\}$ 来表示量化后的变量，那么 X_{t1} 代表在第一次时间间隔 t1 量化的变量值，X_{t2} 代表在第二次时间间隔 t2 量化的变量值，以此类推，对于一个样本事件，输入模型的数据为 $\{X_{t1}, X_{t2}, X_{t3}, \ldots, X_{t10}\}$。我们的数据是时间序列数据，政府的回应时间和媒体的报导时间将不会进行量化。它们在时间序列中出现和结束的位置就体现了回应时间和报道时间。

（三）仿真模型构建

从已有的研究来看，学界对网络舆情及网络舆情治理的研究还停留在定性研究层面，且对网络舆情中各要素之间的共振与联系关注甚少。本书细分了舆情生发客体因素和主体因素，借鉴了机械共振相关的理论知识，同时结合网络舆情复杂性和涌现性特点，提出网络舆情功能共振模型。

1. 模型选择及依据

在物理学界，共振现象用于描述某一系统受到外力刺激而引发系统被迫振动的情况。当外界刺激的频率与系统本身固有的频率相似时，系统的被迫振动将会达到最大值。将此规律放置于网络舆情场域。舆情的共振可以描述为：当网民对某一事件存在相同的情感态度，整个舆论场便会产生类似于机械共振的现象。

从网络舆情的现实情况出发，结合物理学界机械共振的特征、要素，可以看出二者存在以下相似之处：

（1）共振的条件相似

共振发生的条件是自身频率与刺激频率相似，放置于网络舆情场域则可以理解为网民对于网络舆情事件的态度和情绪相似。在某一舆情事件中，网民对于事件产生相似的看法或在互相影响的过程中产生相近的情绪就会引发事件内部的同频共振，从而引发网络舆情的产生。

（2）共振的传递性

在物理学界共振的发生具有传递性，相对应的在网络舆情场域共振的发生也在具体的对象之间传递。在舆情事件发生后，不仅网民的关注量、转发量、评论量会大幅度上升，媒体、政府和涉事单位对舆情的关注以及对舆情治理所采取的措施也会对舆情的后续发展产生影响。通过功能单位之间的信息传递，事件的传播范围更广，影响面也更大。

（3）共振的结果

机械共振的结果是产生比单个振动更大，更具破坏性和持续性的振幅。网络舆情与之相似，重大的负面舆情爆发，一般源于网民集体情绪达到一定峰值后的释放。而各功能单位之间有效的链接或失效的耦合，会导致舆情事件的消散或舆情事件的继续发酵。

在比较了物理共振与网络共振诸多相似之处的基础上，本书将物理共振中的自适应共振、随机共振、功能共振引入研究。结合网络舆情各功能单位自身的特点与链接模式，最终选择用功能共振模型探究网络舆情演化及其治理效果。

2. 模型构建

本书采用双稳随机共振进行舆情的研究，参考了学界关于网络舆情随机共振模型来完成数据的抓取与分析。

$$\frac{dx}{dt} = ix - rx^3 + H\cos(pt) + S \qquad （公式一）$$

其中，i（issue）表示议题类型，取值来自该地区某一类事件发生的频率，因此取值范围是［0 1］，r（region）表示事件发生地，表示同一话题在不同地区的发生频率，取值范围也是［0 1］。i 和 r 表示势陷的形状参数，对模型的影响较大，将会根据大量案例机器学习确定其具体取值。H（heat）表示振幅，也是原生事件的影响力，它受到政府部门、网民、媒体、意见领袖等多种因素的影响。S 表示原始事件的舆情指数，受到事件发生地域、事件议题类型和事件相关人群等方面的影响。p 表示意见领袖、政府、媒体、网民对事件态度的总体取值。p 的值可以由如下公式取得，其中 p1、p2、p3、p4 分别表示意见领袖、政府、媒体和网民对舆情事件的态度，g、h、k、p 表示意见领袖、政府、媒体和网民对舆情事件的影响程度，且四项系数为常数且大于 0，且四项系数之和为 1，但每个系数的具体取值是由大量舆情案例的机器学习所得。

$$p = g \cdot p1 + h \cdot p2 + k \cdot p3 + z \cdot p4 \qquad （公式二）$$

将公式二与公式一合并可得到基于网络舆情随机共振模型之下的功能共振模型：

$$\dot{x} = ix - rx^3 + H\cos[(g \cdot p1 + h \cdot p2 + k \cdot p3 + z \cdot p4) \cdot t] + S$$

（公式三）

其中，g、h、k、z 为常数且大于 0，$g+h+k+z=1$。

以往的研究大部分是根据某几个案例或某几类案例的数据抓取而得到的关于舆情影响力的系数，从而对舆情共振进行仿真模拟。但舆情的涌现性、复杂性和变化性决定了其无法根据几个案例的仿真推演掌握其规律。基于此，本书采取长时间大规模的机器学习路径，并不预先对舆情各关键要素的影响力系数做预判，而是经由大数据学习最后得出舆情演化的基本规律，并根据此规律，进行功能共振模型的治理效果仿真，预演各种情况的发生。

二 基于大数据模拟的仿真结果分析

（一）大数据抓取及参数计算

本书的数据采集从三个方面进行。第一步为了得到地域因素与一体因素对共振模型的影响，从新闻平台整理近十年的热点事件；第二步为了得到意见领袖、网民、媒体、政府部门对事件的态度，通过机器学习的方式从微博平台抓取与各大舆情事件匹配的文本数据，并进行分类；第三步为了得到舆情事件原生的热度，通过微博数据或百度词条进行热度的计算。

本书采用 Python3.7 软件进行数据抓取，并在上述模型规则演化的基础上模拟舆情事件的共振过程与治理效果。机器学习算法是一类从数据中自动分析获取规律并利用规律对未知数据进行预测的算法。在本书中，研究者将信息的传播与扩散看作一个神经网络系统，运用循环神经网络，进行深度监督下的机器学习。

构建的仿真模型如下图所示，我们选用循环神经网络（RNN）去挖掘和模拟多时间节点输入 $\{X_{t_1}, X_{t_2}, \ldots, X_{t_{10}}\}$ 和多时间节点输出 $\{Y_{t_1}, Y_{t_2}, \ldots, Y_{t_{10}}\}$ 的关系。公式如下：

$$Y_{t_n} = f(X_{t_n}, Y_{t_{(n-1)}})$$

其中 $f(\cdot)$ 代表的是深度学习模型的处理过程。每个时刻模型的输入是由此时的变量 X_{t_n} 和上一时刻模型的输出 Y_{t_n} 组成。

由上述模型构建方案中的描述可知，具体的舆情计算是由深度学习模型承担，本文采用全连接神经网络作为舆情计算模型。模型结构如下图所示：

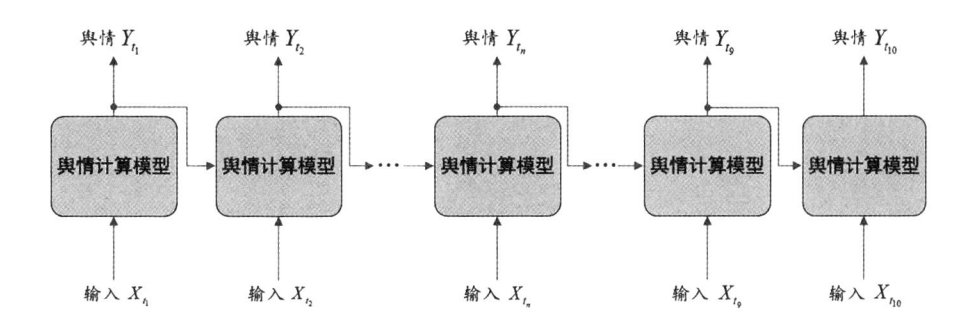

图 4-6　仿真实验数据抓取

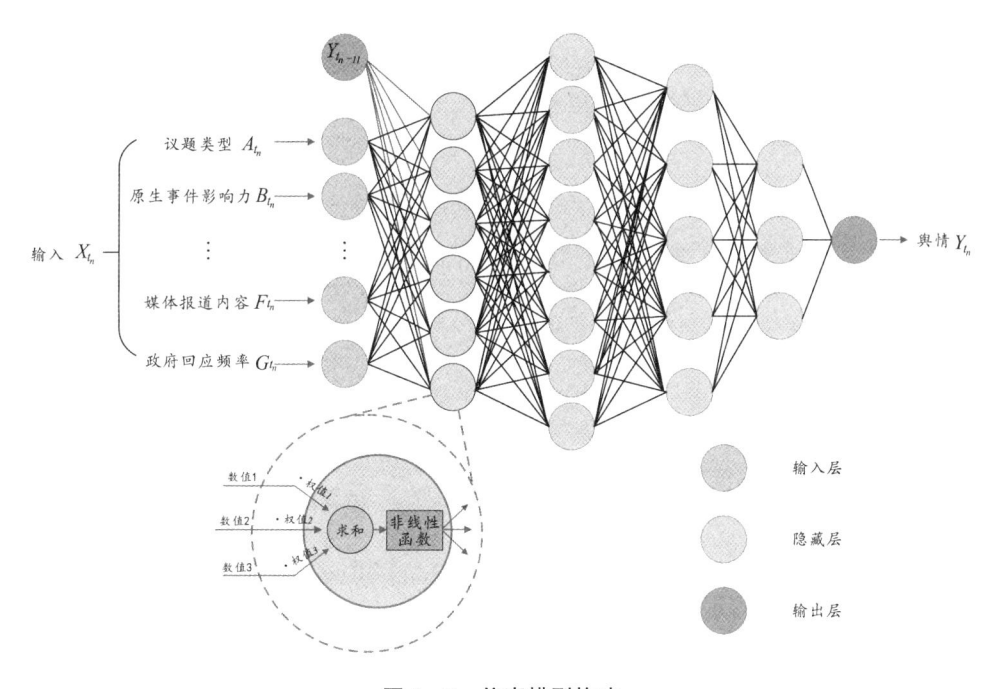

图 4-7　仿真模型构建

全连接神经网络是由输入层（$X_{t_n} = \{A_{t_n}, B_{t_n}, \ldots, G_{t_n}\}$）输出层（$Y_{t_n}$）及很多个中间层组成。输入层同时引入了上一时刻的输出层（$Y_{t_{(n-1)}}$）作为输入。每个神经元（隐藏层）都是连接前面所有神经元的输出，然后乘以单独的权值，求和后经过非线性函数处理输出到后面的神经元中。

从图 4-7 可知，我们所使用全连接神经网络结构复杂且参数繁多，很难用公式进行完整的表达。因此，我们引入一个最基础的模型示例，以便用来阐述模型的工作过程。基础模型如下图所示：

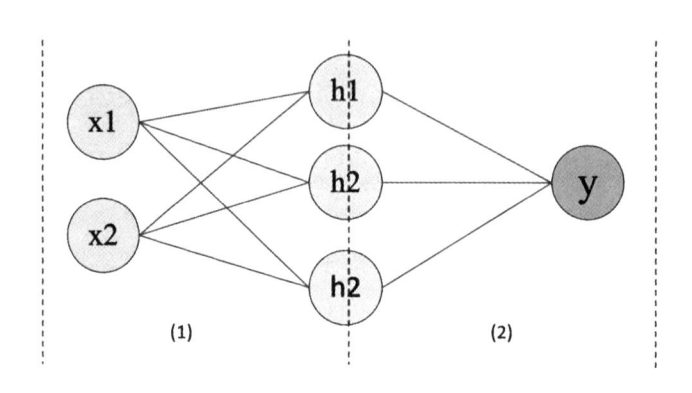

图4-8　仿真实验基础模型图

这是一个最基础的"输入—隐藏—输出"模型，由（1）和（2）两部分组成，第一步是由"输入到隐藏"。公式如下：

$$h1 = \sigma(x1 \times w^{(1)}_{11} + x2 \times w^{(1)}_{12} + b1)$$
$$h2 = \sigma(x1 \times w^{(1)}_{21} + x2 \times w^{(1)}_{22} + b2) \quad (1)$$
$$h3 = \sigma(x1 \times w^{(1)}_{31} + x2 \times w^{(1)}_{32} + b3)$$

其中 $w^{(1)}_{11}, w^{(1)}_{12}$ 等值是网络模型的"权重"（weights），b_1, b_2 是网络在每次加权求和后再增加的偏置，这是为了避免数据集中在零点附近，放置模型梯度消失，$\sigma(x) = \dfrac{1}{1+e^{-x}}$ 是非线性函数，目的是让模型感知任意分布。结合本文中的输入变量，依次将 $A_{t_n}, B_{t_n}, \ldots, G_{t_n}, Y_{t_{(n-1)}}$ 替代公式（1）中的 $x1$，$x2, \ldots$

第二步是由"隐藏到输出"，操作和第一步类似，公式如下：

$$y = \sigma(w^{(2)}_{11} \times h1 + w^{(2)}_{12} \times h2 + w^{(2)}_{13} \times h3 + b4) \quad (2)$$

研究者在每一步都会向隐藏层提供输入。在每一个时间步骤中取出 RNN 的隐藏单元进行复制。时间中的每一次复制就像前馈网络中的一层，在时间 t+1 步中每个时间步 t 层与所有可能层进行连接。最后，我们对权重进行随机初始化，展开网络，然后在隐藏层中通过反向传播优化权重。通过向最底层传递参数完成初始化。这些参数作为反向传播的一部分也得到了优化。在得到各项系数之后，模拟网络舆情的演化路径与治理效果。

（二）仿真结果分析

基于大规模的数据抓取与机器学习，本书综合运算出各因素的取值范围，通过模型进行网络舆情演化与治理的仿真实验，对舆情演化与治理的各种类型进行推演分析。

首先，研究者在仿真模型中建立与现实相近的网络舆论场域，将网民按地区经济发展状况与个人互联网接触机会分布在地图中。其次，东部沿海经济发达地区，网民分布数量较多，舆情信息有着较快的传播速度和较为广泛的影响力，则在初始场域设置不同的数值，颜色深则表示人口密度大。

最后，以此为舆情初始状况，根据循环卷积神经网络时刻输入得到舆情自然生发、高潮和消退的时刻变化图。由数据推演，计算出各时段舆情的扩散情况，并将输出结果按时间顺序排列。颜色越深表示舆情越严重。不难看出，经过大数据仿真的舆情规律与现实中舆情生发的规律相同，都经过了生发、高潮和消退三个阶段。但此时，由于各功能单位还未进行密切的联动配合，舆情周期还很长，舆情未能在短时间内消退。在此情况下，重新进行第二次的舆情仿真。此时，在仿真结果输出第四结果图（舆情高潮期）时，由机器输入不同参数改变政府、媒体、网民、意见领袖等关键节点的数据，使各功能单位开始联动协作，舆情迅速由高潮期走向衰退。为了验证功能共振模型是否具有提前预测、事先预防和早期治理的效果，本研究第三次的仿真实验在舆情生发的早期投入功能共振模型，预演当舆情在生发早期，政府、媒体、网民各功能单位就开启协作联动机制的效果。输出结果显示，网络舆情在此情况下并未出现高潮阶段，且迅速从生发走向衰退，并未引发大规模的舆情事件。

小　结

以往学界对网络舆情的研究大多集中于单一事件或某一类事件发展规律的总结，或根据几个事件、几类事件对网络舆情的特征、成因、演化规律和治理机制进行规律性探析。这些研究大多是以质性研究为主，而实证研究很少。基于此，我们从宏观角度上出发，基于大数据抓取与深度机器学习，以长时间多案例的数据分析建立了一套关于舆情关键功能要素的仿真模型，并在此基础上，进行舆情演化与治理效果的仿真。模型仿真结果显示，不同地区、不同议题的舆情原生事件都会遵循生发、高潮到消亡的自然过程。该过程中舆情各要素都处于耦合状态，但凡某一或某些要素出现变化，就能系统地引起整个网络舆情出现新的因果性或相互性的关联，造成网络舆情的彻底爆发。如果在舆情事件高潮期参照功能共振模型来进行机制舆情治理，就能对舆情起到快速抑制并迅速消散的作用；如果在舆情事件初期，各功能单位便产生功能共振模型下的联动协作，那么网络舆情将不会从生发走向高潮，且在发生的初期迅速消散。而各单位具体应该如何在网络舆情场域进行联动协作，本书将在接下来的第三部分进行详细阐述。

第 五 章
网络舆情的主动功能及治理转变

在功能共振理论的视域下,通过前文对网络舆情功能要素及演化过程的分析与实证,我们对网络舆情的演化有了三点全新的认识。

第一,网络舆情演化是一个复杂难解型系统,我们应突破结构的视角,转而以功能的视角去定义这一系统。由于网络舆情系统的复杂性、动态性、多变性,人们对这一系统的理解在事实上时刻都处于"相对无知"的状态,即无法对整个舆情系统行为进行完全的理解、总有理解缺失的方面或细节,这也是"不断变动的社会—技术系统中的一个不争的事实"[①],所以网络舆情系统是一个复杂难解型系统。就复杂难解型系统而言,其易懂性较差,人们无法对其所有细节都有所了解,因而无法对其进行详细、明确的定义,所以为了对这个系统进行了解而对其进行分解其实是毫无意义的。也就是说,以结构的视角去看待、分析网络舆情系统是无解的。在这一语境下,我们认识网络舆情系统,必须重新对此系统进行定义。通过功能共振理论,我们更关注网络舆情是如何运行的,而非关注这一系统包含什么组件或是这些组件以何种方式组合在一起,也就是关注网络舆情演化过程中的各个相关的功能,关注网络舆情生发过程中的各个环节都做了什么。对于网络舆情的界定和理解,不再建立在这一系统结构或组件之间的关系的基础上,而是以这些组件的功能作为依据。于是,在功能视角下的网络舆情系统与其所处环境间的区别和系统边界都变得更为模糊,系统所处环境成为理解系统的必备要素。在此基础上,网络舆情的功能共振代指的就是网络舆情各要素的耦合状

---

① [丹麦]郝纳课:《功能共振分析方法——复杂社会—技术系统建模》,田瑾等译,国防工业出版社2015年版,第7页。

态，以及这种状态所导致的结果。而利用功能共振理论模型治理网络舆情就是要将这种功能耦合状态转变为功能协同状态，从而实现网络舆情的良性运作。

第二，网络舆情的演化过程不是线性的因果关系，而是非线性的"涌现"关系，其结果也不是"因果继发"的产物，而是"涌现"的产物。其涌现性体现在，当诱发网络舆情的关键要素发生突变，将影响多个要素，致其出现异常，从而引起其他相关要素发生变化，造成负面舆情的扩散时，人们惯常的思维模式比较倾向于线性思维，会自然而然地认为事件的发展过程是循序渐进的，即先有一个动作或事件才有下一个动作或事件。同时，事件之间存在着因果关系，所以，当一个结果出现时，人们会遵循时间顺序去往回寻找原因。但是，这种思维方式已被证明是不足以用来描述和理解这错综复杂、难于理解的网络舆情世界的，比如2008年的金融危机切实证明了失控在现实生活中的存在。[①] 所以，"线性—因果"的思维方式也并不适用于错综复杂的网络舆情，我们对于可见的网络舆情变化过程和结果的寻因通过"线性—因果"的方式并不能取得理想的效果。对于时空不确定性极强、要素涉猎众多、功能易于变动的网络舆情来说，动态的、非线性的思维方式更加适用。就网络舆情的复杂性、涌现性而言，其不确定的诱因和难以预测的发展趋势本身就是对现实中复杂社会的一种映射。在非线性的思维方式下，我们可以发现，网络舆情的演化过程和演化结果或许是有迹可循的，但是导致舆情演化的原因却是各种各样、不断变动、捉摸不定的。网络舆情的演化过程和结果在溯源时，应该归结于特定时间和空间的若干瞬态现象或条件的短暂结合，而这种临时性的条件结合被称为"涌现"。所以，网络舆情的演化过程和结果是"涌现"的产物，也就是说，网络舆情的演化过程和结果，不是某个或某些结构性环节有规律的发挥功能所导致的，而是一些功能的因素在某个特定时间点和空间点上的瞬态现象临时结合而导致的。在此基础上，我们可以认为对网络舆情的演化和结果的溯源活动不能以常规的方式去进行，而是应该尽可能去控制导致原因出现的条件，使网络舆情的各个功能

---

① ［丹麦］郝纳课：《功能共振分析方法——复杂社会—技术系统建模》，田瑾等译，国防工业出版社2015年版，第27页。

处于正常的运行状态中，避免受到这些条件影响而发生不期望的涌现。并且这种涌现性无时无刻不在变化当中，若处理不当将会造成次生舆情、舆情反转等新情况的出现，让治理更为复杂棘手。

第三，网络舆情中的个体行为或群体行为，都在行动的过程中不断地调整以适应其所处的条件。当网络舆情中的关键要素发生变化引发整个网络舆情走向发生偏移时，处在舆情中的政府、媒体、网民等功能主体也需要及时调整自身的行为，避免负面舆情的产生，或已发生的负面舆情恶化。网络舆情系统作为人类社会系统的一种，其演化过程中各个功能的发挥受到个体行为的影响，而人的行为又受到许多内部或者外部因素或条件的影响，比如人的生理或心理特征、高级心理活动、组织因素、社会因素、环境因素等。在内外因素变动不居的影响下，人的行为也处于不断的变化中。网络舆情的正常运行依靠其中每个功能的正常运行，当影响功能的因素或条件发生变动时，功能也需要进行相应的调整来适应所处的条件，这也就意味着其中作为个人或群体要不断地调整行为来适应其所处的条件。但是，由于网络舆情的生发运行过程中，各类条件或因素是复杂的、不明确的、多变的，所以，即便这种行为调整是必要的，也只能是近似调整，而非精确调整。这种近似调整，是网络舆情在复杂的社会条件下得以正常运行的原因，也是网络舆情演化出现问题的原因。功能共振的"等价原理"告诉我们，"失败与成功同源，从这个角度上讲，它们是等价的。换言之，事物的运行无论正确还是错误，都是出于相同的原因引起的"。[①] 网络舆情的生发演化、波动起伏在根本上是受到某种涌现原因的影响。从具体表现来看，在网络舆情的复杂系统内，个人或群体面对各类内外条件变动时不断在心理或行为上做出近似调整。

综上所述，在功能共振理论的视域下，网络舆情是一个复杂难解、涌现型的系统，系统中个体和群体的行为构成了其中的各个功能。个体和群体所涉及的内外因素影响着功能的发挥，在多种复杂因素变动的影响下，网络舆情系统才能涌现出被看到的运行过程和结果。这种过程和结果，是网络舆情

[①] ［丹麦］郝纳课：《功能共振分析方法——复杂社会—技术系统建模》，田瑾等译，国防工业出版社2015年版，第34页。

系统中的个人和群体在面对内外条件的变动时做出近似调整而导致的。这种近似调整，在大部分时候，是能够保证系统的正常运行的。由此可见，结合网络舆情的演化社会条件，我们得到功能共振理论下网络舆情演化研究启示——网络舆情的主动功能。

第一节 网络舆情的主动功能

一 功能共振视域下网络舆情主动功能的提出

网络舆情作为动态演化的社会现象，是互联网时代不可避免且必须面对的。以往学界对网络舆情的认识与研究还停留在"稳定形态"，即基于事件或舆情本身来分析其固有的规律性。这种认识还是把网络舆情看做是一种"对象"，始终认为网络舆情是一种被思考、被观照、被治理的对象。其实，正是在网络社会的互构中对网络舆情的机制和规律的认识和运用，帮助我们建构了网络舆情的主体、客体和本体的认识，也影响着我们逐渐形成趋于整体性的网络舆情治理思路和指向。然而，不能否认的是，网络舆情在我们的建构中有了"特征""性格"，舆情本身的变化和发展影响着舆情主体、客体、本体的演化。与其说是我们在形成对网络舆情的认识，还不如说是网络舆情的客观事实建构着我们对其的想象。这里基于功能共振理论，提出网络舆情实践特征，对网络舆情进行功能模块的划分，并阐述这种功能是如何形成并呈现的。

（一）网络舆情治理的客体转变：从事故导向型到安全正向型

当我们把网络舆情当作客体来认识、分析时，逻辑起点往往是网络舆情治理的取向，即我们以什么样的思路来治理网络舆情。因为，从社会管理的角度上来说，之所以要认识、分析、研究网络舆情，就是为治理服务的，就是为了保证网络舆情的正常运行，避免出现因失控而导致的网络舆情事故。

然而，安全管理的视角下的网络舆情系统仅仅是客观存在的一个社会功能系统，这个系统的运行可能正常、顺畅，也可能不正常、不顺畅，出现"事故"。安全管理的主要目的就是"事故预防"。我们认识、分析、治理网络舆情的目的是预防网络舆情事故的发生。

有效的事故预防对策应当建立在事故致因要素分析的基础上。因此传统思维认为，有效的舆情治理也应建立在对舆情诱因分析的基础上。对于网络舆情的治理往往在思路上采用事故导向型取向。事故导向型取向就是以因果关联的思想为基础，对已经发生的事故进行原因分析和归纳，试图挖掘其发生的潜在机理和根本原因，得到预防同类事故再次发生的对策，是一种被动的事故预防取向。在这一取向影响下，经过多年探索，国内外学者通过总结事故经验提出了一系列事故致因理论和模型，比如危险源理论、2-4模型[1]、事故因果连锁理论等，不过这些理论都被证明对于逻辑关系清晰的简单系统较为有效，但对于复杂系统并不适用。[2] 也就是说，治理的事故导向型取向并不适用于复杂系统。这是因为：第一，复杂系统的事故发生原因具有隐蔽性、多样性、不确定性、非直接关联性的特点，往往存在"多因多果"的交叉网络关系，事故导向型治理取向无法全面厘清其中的关系；第二，复杂系统中的事故发生具有一定的随机性和偶然性，并不是所有的功能异常都会导致事故，事故导向型治理取向在很大程度上会忽视关键的系统功能异常；第三，复杂系统中，事故发生的模式是多样的，极少出现两次完全相同或相似的事故，而事故导向型治理取向仅仅适合相同或相似事故的预防。所以，对于属于复杂社会系统的网络舆情而言，在对其治理中所采取的传统的事故导向型取向并不能起到很好的事故预防效果。而这，也被目前的网络舆情治理的无绪现状所证实。

网络舆情的治理应采取什么样的思路取向？麻省理工学院Leveson教授提出，安全问题实际上是一个控制问题，失效的发生是由系统控制功能失效而造成的。[3] 也就是说，要保证系统正常的运行，就需要保证系统每个控制功能的有效运行。这是一种与事后寻因式事故导向型治理取向完全不同的治理思路，它不是在某一事故发生后去寻找原因，而是在其他相似系统中避免该原因。系统在运行中应该控制好所有系统功能，在事件（系统）一开始就保障系统各项功能的正常运行。这种正向地、更加主动地、系统地、全面

---

[1] 傅贵、殷文韬、董继业等：《行为安全"2-4"模型及其在煤矿安全管理中的应用》，《煤炭学报》2013年第7期。
[2] 李威军：《一种主动功能能约束视阈下的复杂系统事故预防模型》，《安全》2019年第9期。
[3] Leveson N, "A New Accident Model For Engineering Safer System", Safety Science, Vol. 42, No. 4, 2004, pp. 237-270.

地降低复杂系统事故风险的治理思路，被称为"安全正向型取向"。

运用功能共振理论研究网络舆情正是一种"安全正向型取向"思想的体现。这种思想正在潜移默化地影响着网络舆情的认识，最终出现了被动的事故导向型取向向安全正向型取向的转变。在这种转变中，网络舆情系统的主动功能导向得以提出，即网络舆情系统本身能够在演化中形成主动规避舆情出现的功能导向。

(二) 网络舆情演化的本体转变：从被动推进到主动演进

传统层面，网络舆情指的是互联网关于社会的政治态度总的集合。也就是说，这些通过互联网各类媒体平台反映出来的人们关于社会的政治态度就是舆情本体。具体体现为人们在互联网上各种形式的"发声"。这些"发声"就是网络舆情的本体。

当网络舆情被作为本体来认识时，我们对舆情的关注逻辑起点是网络舆情本身。网络舆情的演化过程分为生成、发展、高潮、熄灭四个阶段，每一个阶段向下一个阶段的推进也不是完全平稳的，而是随机波动的。网络舆情在其生命周期内会经历不断的变化、演进。这种变化、演进，既是数量上的，也是方向上的。既然舆情演化是一个动态过程，那必然有动力源所在。推动网络舆情发展的力量主要来自三方面：第一是网络舆情的主体——网民；第二是网络舆情的参与者——媒体；第三是网络舆情的干预者——政府。在传统网络舆情本体理念下，网络舆情的动力系统处于网络舆情系统之外，网络舆情演化的推进属于外力推进，也就是说，网民、媒体、政府对网络舆情演化的推动力被看作外力，网络舆情在其推动下被动演化。

在功能共振视域下，网络舆情被看作是一个复杂社会系统，凡是与网络舆情演化相关的功能都被纳入这个系统，称为网络舆情系统的功能单位。在这样的理念下，网络舆情的本体不再仅仅是互联网上的社会政治态度，而是网络舆情系统，包括了互联网上的社会政治态度和引起态度形成、推动态度演化、引发态度变化、影响态度熄灭的各个动力单位。也就是说，功能共振视域下的网络舆情系统本体包含了网络舆情演化过程中的各个环节、各项因素。这些环节和因素是网络舆情演化的动力来源，那么，网络舆情的生发、演进、结束这一动态过程的动力来源就是网络舆情系统内部。网络舆情演化的动力来源并不是来自其外部的推动力，而是来源于其内部的具有强烈主动性的运行需求。

综上所述，功能共振理论的网络舆情演化表明，网络舆情本体的内涵是一个涵盖了所有影响、参与网络舆情的功能单位的系统，它的运行不是靠外力被动推进的，而是在内部各功能的运行需求中不断主动演进的。

(三) 网络舆情分析的路径转变：从分散功能到复杂系统

当网络舆情被当作认识对象进行分析、认识时，传统的分析、认识路径倾向于将网络舆情中的各个功能分散看待，认为它们各司其职。当网络舆情正常演化时，就认为网络舆情系统中的每个功能都在正常运行，这种正常运行是独立的，相互之间并无太多关联，每个功能的正常运行确保了网络舆情的正常演化。当网络舆情变成网络舆情事件时，就认为是网络舆情系统中的某一个功能或者某些功能出现了异常运行。因此，传统认识里的网络舆情的异常演化是由于网络舆情功能的异常运行导致的，并且这些功能的异常运行是相互独立的，要让网络舆情恢复正常演化，只需要将出现异常的功能都分别恢复到正常运行状态即可。

因此，当我们用传统思维分析网络舆情时，我们是沿着分散功能的路径展开分析的。舆情系统中的当事人、网民、网络意见领袖、媒体和政府等网络舆情的功能单位都被看作相互分散、相互独立的主体，他们之间的联系仅仅在于其各自处于舆情生发、演化过程中的上下游位置。在如此割裂的分析路径的指引下，我们面对网络舆情问题寻找解决方案的方向也是多向且各自独立的。比如某舆情的运行出现异常，形成舆情事故，分析者在分散功能的分析路径指引下，便会将网络意见领袖、网络新闻媒体、网络自媒体、政府单位、网民等分别分析，寻找他们各自的问题，并提出解决方案。但是，实践证明，这种分散看待各舆情功能的分析路径的有效性非常差，往往是刚解决了A功能问题，B功能又出现异常，B功能问题得到了解决，C功能又出现异常，又或者所有功能的问题都得到了解决，但网络舆情依然无法恢复正常演化甚至又爆发出次生网络舆情。这种分散的、针对各功能的网络舆情分析路径看似清晰，实则混乱，极易在无数的分析线索中找不到头绪、抓不住重点，问题也无法顺利得到解决。

但当我们用功能共振的视角来看待网络舆情的生发、演化时，是用复杂系统分析路径去分析网络舆情。按照复杂系统的观点，任何一个复杂系统都可以看成是由大量互相联系的内部系统功能单位相互作用而组成的一个整体，系统与外部环境之间也存在信息和能量的交流。复杂系统一般拥有超越其不同功能单元自身功能简单叠加所不能解释的特有功能，这种功能称为"涌现"。复杂系统具有自组织性、异质型、非线性、聚集性、动态演化的典型特点。功能共振理论本来就是一个复杂系统理论，从功能共振的视角来考察网络舆情，无疑也是用复杂系统的分析路径来考察网络舆情系统，而网络舆情的诸多特征也符合复杂系统的特征，所以，网络舆情系统就是一个复杂系统。

用复杂系统的路径去分析网络舆情，就会将网络舆情系统中各功能单位联系在一起分析、协同考虑；就会考虑网络舆情系统中各功能单位的结构情况；会分析网络舆情系统中各功能单位的相互关系、相互勾连、相互影响的关系网络；就会从网络舆情演化的整体入手考虑其与外部环境的交流互动；就会分析网络舆情生发、演化中的"涌现"情况；就会考虑网络舆情各功能单位的主动学习和主动调适的情况。如此一来，网络舆情的"主动功能"便得以彰显。

二 网络舆情的主动功能及其特性

从主客体视角和思维方式的角度考察网络舆情后发现，在功能共振的理论视域下，不管是以复杂系统的思维、安全正向型治理思路，还是用网络舆情的主动演进思想来认识网络舆情的演化过程，都让网络舆情的演化呈现出新的面貌和特点，我们将该面貌和特点提炼、概括为"网络舆情的主动功能"，这也是本章的核心所在。

(一) 网络舆情的主动功能

什么是网络舆情的主动功能？在功能共振的视域下，我们认为，网络舆情的生成、发展、高潮、熄灭的演化过程是一个功能共振的进程，其结果也是网络舆情系统功能共振的结果。网络舆情演化的过程和结果，是一种客观的存在，该客观存在是由网络舆情系统中的各个功能运行造就的。也就是说，网络舆情功能共振的过程和结果既是网络舆情本体的现实表现，又是网络舆情系统推进的动力。网络舆情系统依靠自身各功能的运行而推进，各功能在遭遇内外因素变动时，能够主动进行"近似调整"以保证系统的正常运行，并在一次次调整中主动进行"深度学习"，不断调整自身"近似调整"的阈值，从而在不断变动的环境中保持正常运转。由此，可以看出，网络舆情的演化是由系统内部各功能驱动和更新的一种"主动演化"，即网络舆情系统各功能在网络舆情的演化中具有主动性。

网络舆情系统的这种主动根据环境因素变化而进行"近似调整"，并不断"深度学习"，根据情况灵活调整"近似调整"阈值以维持网络舆情系统正常运行的性质，我们将之称为"网络舆情的主动功能"。

(二) 网络舆情主动功能的特性

在功能共振理论的视域中，我们认为网络舆情具有主动功能，网络舆情的主动功能在网络舆情的演化过程中，具体表现为网络舆情演化中的五个特性——主动性、可控性、提升性、适应性和灵活性。这五个特性是网络舆情主动功能的特性，也是网络舆情演化过程中主动功能的体现。

网络舆情主动功能的主动性，是从网络舆情演化的动力角度而言的，表现为网络舆情的主动演进。网络舆情在演化过程中的动力来自网络舆情系统内部的各功能单位在系统结构中的运行。这种运行的动力源不是来自外部的推动或牵引，而是来自系统结构规制、外界环境影响和各功能单位的运行需要。网络舆情在演化过程中各功能单位主动运行、主动"近似调整"、主动为网络舆情的演化输送内在动力。

网络舆情主动功能的可控性，是从网络舆情演化的宏观过程角度而言的，表现为网络舆情演化进程和状态的可控制、可调整。在功能共振理论视野下，从整体上看，在网络舆情的演化过程中，舆情系统中的各个功能单位会根据内部因素和外部环境因素的变化而调整自身各个方面运行参数。也就是说，网络舆情演化中各功能及参数是可调整的。这种调整，是各功能单位根据内外部因素的变化而主动做出的，能够被功能单位自身所控制，因而具有可控性。

网络舆情主动功能的适应性，也是从网络舆情演化的中观过程角度而言的，表现为网络舆情演化过程中各个功能单位调整自我来适应舆情的正常演化需求。在功能共振理论视域下，网络舆情演化中的各个功能单位的运行不是恒定不变的，而是会为网络舆情的正常演化而调整自身运行的方式和参数来适应网络舆情正常演化的需要。这种适应性表现在两个方面：第一是适应自身内外部因素的变化，第二是适应网络舆情系统中其他功能单位的变化。通过以上两方面的适应，最终满足网络舆情正常运行的需求。

网络舆情主动功能的灵活性，是从网络舆情演化的微观过程角度而言的，表现为网络舆情演化过程中各功能单位的"自我调节"不是固定的、死板的，而是根据内外因变化和网络舆情系统变化的实际情况而灵活确定的。其运行方式、方向、程度都是根据具体实际情况而定，过往的网络舆情功能单位调节经验无法完全复制应用于新的网络舆情的演化，未来的网络舆情的功能单位运行方式和参数也很难被准确预见。网络舆情的各个功能单位在网络舆情演化过程中的"近似调整"虽然在一定范围内，但具体幅度和方式是根据实际情况灵活而定的。

网络舆情主动功能的提升性，是从网络舆情演化的效果角度而言的，表现为网络舆情演化中各功能运行的安全性和准确性能够得到进一步提升。在功能共振理论视域下，网络舆情演化中各个功能的运行是可控的、可调整的，而且调整的目标是保障网络舆情系统的正常运行。网络舆情系统能够进行"深度学习"，各功能单位可以从一次次的网络舆情演化中不断"学习升级"，以提升自身功能发挥的安全性和准确性，以进一步保障网络舆情的正常演化，减小网络舆情事故的概率。

三　网络舆情主动功能的发挥——调节共振

通过前文分析，我们可以看出，网络舆情主动功能主要来自网络舆情系统各个功能单位的运行，也表现在网络舆情各个功能单位的运行中。但值得注意的是，网络舆情主动功能非常强调系统中的各个功能单位相互连接、相互影响、相互作用的过程，这也是在功能共振的理论视域中网络舆情系统最大的特点——各个功能单位的耦合。

网络舆情系统中的各个功能单位不是分散、孤立存在的，而是在结构中相互耦合的，上游功能的输出可能是下游功能的输入或时间或前提，一个功能的运行可能受到多个功能的运行输出的影响，网络舆情系统的运行，是系统中各个功能耦合共振所产生的结果。功能间的耦合共振不同，网络舆情系统的运行面貌和结果就会不同。所以，为了保障网络舆情的正常运行，就要调节网络舆情系统中各个功能间的耦合共振，使其维持在让网络舆情正常运行的水平上，保证网络舆情的正常运行。

因此，网络舆情主动功能也表现在网络舆情系统中各个功能的耦合共振中，并通过调节各个功能的耦合共振来发挥作用。从约束、过程、耦合视角来看，网络舆情主动功能调节网络舆情功能共振的方式分别是：识别功能耦合、增/减系统耦合强度、规训舆情耦合状态。

（一）从网络舆情主动功能的约束视角调节共振：识别功能耦合

网络舆情主动功能通过调节功能共振发挥作用的第一步，是识别功能耦合。这是网络舆情主动功能发挥的基础方式，也是从网络舆情主动功能对网络舆情的约束出发来谈的。只有识别了网络舆情系统中的各功能间的耦合，才谈得上调节功能共振。

网络舆情系统中，各个功能单位不是分散割裂的，但也不是全部都有交互连接的。有些功能间有耦合，有些没有；有些功能间耦合度强，有些功能间耦合度弱；有些功能是单线耦合，有些功能面临多线耦合。所以，只有分析、识别清楚网络舆情系统中的功能耦合情况，才能有针对性地根据网络舆情系统运行具体情况的变化来调节需要调节的功能耦合。

网络舆情系统功能耦合的识别需要充分分析确定网络舆情各个功能单位的六要素，以及他们相互之间的联系。在前面的研究中（第四章），我们已经识别网络舆情系统的功能单位，及其各单位的六要素，并建立起了网络舆情系统的功能共振模型，明确了功能间的耦合关系。这里不再赘述。

（二）从网络舆情主动功能的过程视角调节共振：增/减系统耦合强度

从网络舆情主动功能在网络舆情演化过程中发挥作用的视角来看，能够得到网络舆情主动功能通过调节功能共振发挥作用的主要方式之一——增/减系统耦合强度。网络舆情演化发生异常，也就意味着网络舆情系统中各功能单位的共振发生了变化，这种现象又被称为"涌现"。当网络舆情系统出现"涌现"时，意味着系统功能共振可能发生了两方面变化：第一，系统功能共振强度出现了改变，不再是正常水平；第二，系统功能共振状态发生了改变，本该耦合的功能单位间耦合消失，或者本不该耦合的功能单位间建立了耦合。

当网络舆情在演化过程中，各功能单位之间的共振发生强度变化使得网络舆情演化有异常趋势时，网络舆情的主动功能便能够实现通过主动调节其中一些或全部耦合的共振强度，使网络舆情系统的功能共振强度恢复到正常强度，保持网络舆情系统的正常运行。

比如在某一事件的网络舆情中，整个网络舆情系统的正常运行强度被赋予数值后，表达为数值 10，其中 F1 与 F2 的功能共振强度增加了 3，那么网络舆情的主动功能便会识别出这一变化的位置和强度，并通过选择降低其他功能间的共振强度，来维持网络舆情的正常演化。与此同时，网络舆情的主动功能也会逐步调整网络舆情系统中所有改变了强度的功能共振，使所有功能共振都恢复到正常强度，让网络舆情恢复到正常演化状态。

（三）从网络舆情主动功能的耦合视角调节共振：规训舆情耦合状态

站在功能耦合的视角来看网络舆情主动功能发挥的作用，我们能够得到网络舆情主动功能通过调节功能共振发挥作用的主要方式之二，即规训舆情系统内部各功能间的耦合状态。调节网络舆情的运行，除了调节通过功能间共振的强度来实现，还可以通过规训舆情系统内部各功能间的耦合状态来实现。功能间的耦合状态就是指功能间的互斥或协同的状态，规训舆情耦合状态就是指将舆情系统中各功能的耦合状态调节成舆情功能正常运行时所需要的协同状态。

当网络舆情运行出现异常时，有可能是系统功能共振状态发生了改变，本该耦合的功能单位间耦合消失，或者本不该耦合的功能单位间建立了耦合。这时候网络舆情的主动功能发挥作用，进行耦合调整，打破功能间不该建立的耦合，或者重新建立起功能间新的耦合，来维持网络舆情的正常运行。

比如以下几组耦合：耦合 1——F1 的输出 O 是 F2 的输入 I；耦合 2——F2 的输出 O 是 F3 的前提，耦合 3——F1 的输出 O 与 F3 的前提 P。情况一，当 F2 的内外部条件发生变化导致 F2 运行失效时，耦合 1 和耦合 2 也处于失效状态，这时，网络舆情的主动功能将加强 F3 的运行强度和效能，建立起 F1 的输出 O 与 F3 的输入 I 之间的耦合。如此情况下，F2 的运行失效对整个网络舆情演化的影响降至最低，舆情的演化从整体上恢复正常的状态。情况二，当 F1 的资源 R 特别强大时，比如发帖者就拥有主流媒体报道资源，就会新增一对耦合——F1 的输出 O 与 F3 的输入 I，这时，网络舆情的主动功能将在 F3 的运行中规范官方媒体调查报道的制度与流程，使媒体不被发帖者利用，削弱甚至打破 F1 的输出 O 与 F3 的输入这一对耦合，从而保持网络舆情系统的正常运行。

第二节 网络舆情的主动功能约束演化

从前文对网络舆情的定义、特点和功能发挥方式的阐述可以看出，网络舆情演化是可控的，且受到网络舆情主动功能的影响。这种影响或者说控制的方向是从外往内拉的，也就是将不可控的情况调整到正常或者可控的状态，这种从外往内拉的调节方式，称为"约束"。网络舆情的主动功能约束着网络舆情的演化。这种约束其实就是网络舆情主动功能所能达到的"近似调整"，即网络舆情各功能的运行围绕着网络舆情正常演化的目标而做出的调整。这种约束的来源有三：一是网络舆情主动功能涉及每个功能单位；二是网络舆情主动功能调节功能间耦合关系；三是网络舆情主动功能外延感知系统环境。同时，这种约束也通过提高功能本体的自约束性和加强功能间的正向约束发挥作用。

一 网络舆情演化受主动功能约束的原理

（一）网络舆情主动功能涉及每个功能

网络舆情主动功能是功能共振理论视域下网络舆情系统的新特性。这一特性融入了网络舆情系统中的每一个结构，是每一个功能都具备的特性。

网络舆情主动功能涉及每个功能，主要是指网络舆情主动功能能够调节网络舆情系统中的每个功能，从 F1—F7（它们所指代的功能见第四章）都受到网络舆情主动功能的调节。这种调节不是割裂地针对某个或者某些功能，而是整体性地根据维持舆情正常演化的需要而灵活调整的，有可能是调节一个功能，也可能是几个功能同时调节，其调节的程度和方式都服务于整体舆情正常运行的需要。

因此，网络舆情主动功能可以根据网络舆情系统运行中的各种实际情况而灵活调整网络舆情的各个功能的发挥，实现对网络舆情在时间和空间维度上的全面约束。时间维度上，网络舆情主动功能通过调节各功能有效程度，将网络舆情从生发到消散的时长约束在正常的阈值内。空间维度上，网络舆情主动功能通过调节各个功能的作用发挥程度,将网络舆情演化中的影响范围和影响强度维持在正常的范围内。

(二) 网络舆情主动功能调节功能间耦合关系

网络舆情主动功能不仅能够调节网络舆情系统各功能的运行,还能够主动调节网络舆情各功能间的耦合关系,通过将各功能间的耦合调整至满足网络舆情正常运行的状态,实现对网络舆情演化的约束。网络舆情主动功能调节功能间耦合关系也就是指功能间耦合关系的"近似调整"。网络舆情主动功能调节功能间耦合关系可通过两方面来实现:第一,耦合强度的近似调整;第二,耦合状态的近似调整。

耦合强度的近似调整,重点在于调节上游功能的输出强度。当输出强度因为内外因素的变化而改变时,主要通过调节各功能的六要素状态来将输出强度调整为正常水平。这种调整也有两方面,一方面,如要素未与上游功能的输出耦合,便可调整要素本身;另一方面,如要素与其上游功能的输出耦合,便要通过调整这一耦合强度以实现功能要素的调整,从而实现功能输出强度近似调整。

耦合状态的近似调整,重点在于调整功能间是否耦合的状态与耦合的紧密程度。当功能间因为系统内外部条件的变化而发生了本不应发生的耦合时,主动功能便会调整相关功能的发挥,以打破耦合为目标进行近似调整;当功能间的耦合因功能失效而未连接成功时,主动功能便会通过引入新的功能建立起期待失效耦合的新耦合的方式,或者建立起失效功能的上下游功能之间的耦合的方式来调节功能间的耦合状态,使耦合状态维持在保证网络舆情正常运行的水平上。

当然,这两种调整方式并不是割裂的,而是根据网络舆情系统运行中遇到的具体内外部条件的变化而灵活开展的,耦合强度的近似调整和耦合状态的近似调整在需要时会进行灵活调整,达到"1加1大于2"的整体约束效果。

(三) 网络舆情主动功能外延感知系统环境

网络舆情演化过程出现异常,不仅是由于系统内各功能单位的内外部环境因素发生了变化引起涌现而致,网络舆情系统的整体外部环境的变化也会引起网络舆情演化的异常。当我们把网络舆情系统看作一个整体结构,其外部环境由其他自然、社会、技术结构所共同构造而成,这些自然、社会、技术等结构的变化和它们与网络舆情系统相互作用的变化,会引起网络舆情演化的异常。

但是,这些系统外部环境因素的变化虽然就网络舆情系统而言是不可控的,但并非不可知、不可感的。网络舆情主动功能能够向外感知到系统外各类环境因素的变化,从而向内宏观调控网络舆情系统内部各功能的发挥和功能之间的耦合共振。网络舆情系统感知系统外部环境的途径来自网络舆情系统各功能单位。网络舆情系统各功能单位除了是网络舆情系统的构成单位以外,同时也是其他社会系统的构成单位,其运行受到其他社会系统的影响,因而能够敏锐感知到其他社会系统的变化。

也就是说,网络舆情主动功能之所以能够约束网络舆情系统演化,有向内和向外两个方向的原理。向内的原理就是前文所阐述的两个方面——网络舆情主动功能调节系统中的每个单位、网络舆情主动功能和调节功能间的耦合关系。向外的原理为网络舆情系统能够向外延展到系统环境中,全面、深入地感知到系统环境的变化,从而灵敏反馈至系统内向调节中,根据环境的具体变化而对网络舆情演化进行约束。

二 主动功能约束网络舆情的策略

在功能共振的视域下,网络舆情系统具有主动功能,即网络舆情能够依靠自身各功能的运行而推进,并且,各功能在遭遇内外因素变动时,能够主动进行"近似调整"以保证系统的正常运行,并在一次次调整中主动进行"深度学习",不断调整自身"近似调整"的阈值,从而在不断变动的环境中保持正常运转。主动功能对于网络舆情的演化具有约束性,通过调节网络舆情各功能的发挥和网络舆情系统对外部环境的反应,将具有异常趋势的网络舆情约束到正常波动范围内,以保障网络舆情系统的正常演化。在这一过程中,"提高功能单位的自约束性"和"加强功能单位间的正向约束"是主动功能加强对网络舆情演化约束力的两个策略。

(一)提高功能单位的自约束性

从前文的论述中可以看出,网络舆情的正常演化,依赖于网络舆情系统各个功能的正常运行。网络舆情系统各个功能相互独立又相互影响,因为各个功能有上下游之分，上游功能的输出影响着下游功能的运行。以此类推，网络舆情系统各个功能运行最后的输出就是网络舆情系统运行的结果。因此，网络舆情系统的安全性取决于网络舆情系统中每个功能的输出。如果能够调整、优化网络舆情系统中每个功能的输出，那么网络舆情系统整体的运行和演化也就能够得到优化，从而保障其正常运行。

如何做到调整、优化网络舆情系统中每个功能的输出？这就需要通过网络舆情主动功能来实现，实现的策略就是提高网络舆情功能单位的自约束。

网络舆情主动功能涉及网络舆情的每个功能单位，即每个功能单位均能够根据内外部环境的变化来调节自身的运行，也就是调节自身的输出。由功能共振分析模型的定义可知，各个功能的输出与该功能的输入、时间、控制、前提、资源这5个参数紧密相关，因此，可以通过调整、优化输入、时间、控制、前提、资源这5个要素以及它们之间的关系，来约束该功能的输出，从而实现对该功能的自约束。

(二) 加强功能间的正向约束

网络舆情的正常演化，除了受网络舆情系统中各个功能的运行影响外，还受到各个功能间的耦合关系影响。也就是说，网络舆情系统可以分解为多个功能，功能之间是存在着约束关联的。功能输出的变化通过功能之间的关联进行传导，舆情系统外部环境的变化也影响着功能之间的耦合。

这些功能之间的耦合和关联，在主动功能的视角下，都是可以由网络舆情主动功能进行识别、调整、优化的。网络舆情的主动功能通过分析微小变化对其他功能的影响，辨识引起异常功能共振的条件，便可以进一步通过增加或者加强能够减少涌现的功能，如控制功能、感测功能等，[1] 从而减少不期望发生的事情，保障网络舆情的正常运行。

这种通过调节、控制、优化功能间的耦合关系、耦合强度的方式，就是网络舆情主动功能对功能间正向约束的加强。比如，当功能 F1 与 F2 之间的耦合因为系统环境原因将发生变化，网络舆情主动功能便可以设置一个感知功能，该功能可命名为 Fn，该功能能够感知到环境的变化，并以自身输出来调节 F1 与 F2 的耦合状态，减少共振异常，维持该耦合正常的共振状态和

---

[1] 李威君：《一种主动功能约束视域下的复杂系统事故预防模型》，《安全》2019年第9期。

强度，保障网络舆情的正常演化。

第三节 主动功能约束下的网络舆情治理转向

在功能共振理论的指引下，我们得到了网络舆情演化中主动功能这一新思想。在这一新思想之下，重思网络舆情治理，我们可以得出主动功能约束下网络舆情治理的三大转向：现代化治理改变转向、多主题协同应变转向和多因素耦合异变转向。

一 主动功能约束下的现代化治理改变转向

（一）基于责任结构契合，与功能目标一致的现代化治理主动性转向

网络舆情是网络空间中作为舆情主体的网民，围绕中介性社会事项的发生、发展和变化，对国家管理者产生和持有的社会政治态度。网络舆情随着互联网的产生、发展、普及而逐渐成为舆情的"主阵地"。由于网络的普及性、开放性、匿名性、交互性、多元性，网络舆论场总是异常活跃，网络舆情场较传统线下舆情场而言，更加开放、更具活力、更具力量、更难控制、更具影响力。人们在网络的舆论场中狂欢，舆情更加频发、多元、复杂。在如今的网络社会，网络对社会生活巨大的影响力使得网络舆情不仅是社会舆情的聚集地、放大镜，也直接影响着人们的态度、认知，甚至于行为。网络舆情已成为社会系统运行中一个非常重要的结构。

网络舆情的主动功能认为，网络舆情结构也是一个复杂系统，当其运行出现问题时，这种异常结果不是"因果"关系所致，而是"涌现"关系所致。无法准确定位原因，预防系统运行的异常成为保障系统运行的关键。这启示我们，网络舆情的治理需要以主动预防为主，通过主动功能调节网络舆情各功能的发挥以及各功能之间的耦合关系，避免网络舆情风险的发生。这一思想与现代化治理的思想不谋而合。预防风险，是现代化治理思想的核心。

同时，网络舆情主动功能认为，涉及网络舆情的单位都是系统中的功能单位，都在系统中发挥着功能，上游功能的输出是下游功能的输入或者条件、前提等要素，功能间彼此耦合、共振，主动推动并约束着网络舆情的演

化。这也就要求，网络舆情治理的现代化治理主动性转向，应由各个功能单位共同发力完成。各功能在自身的责任范围内发挥好作用：自约束的目标一致——保障网络舆情系统的正常运行；各功能间的约束目标一致——保障网络舆情系统的正常运行。也就是说，网络舆情现代化治理主动性转向的基础是各功能单位的责任结构和功能目标。

综上所述，网络舆情的新特性为传统舆情治理带来了挑战，需要新的治理思路。在网络舆情主动功能视角下，我们认为网络舆情治理应从以媒体为主的被动治理朝基于责任结构契合与功能目标一致的现代化治理实现主动性转向。

（二）超越"舆情应对"，推动"舆情+社会治理"创新

在网络舆情治理思路进行基于责任结构契合与功能目标一致的现代化治理主动性转向时，网络舆情治理的策略在现实中就应超越"舆情应对"，推动"舆情+社会治理"的创新。

治理舆情的传统方式基本是"被动治理"。只有当舆情发生了，产生负面影响了，政府才通过舆情的监督、反应、表达单位——社会媒体开展舆情的应对、治理工作。这样被动的治理，又被称为"舆情应对"。"舆情应对"有两个特点：第一个特点是"事后"，即当舆情演化出现异常，发生舆情风险，危及到社会安定或者政府声誉时，治理举动才会发生。这样的"事后治理"其实是社会危机到达一定程度后的"不得不治理"，即使治理完成，社会危害也在一定程度上发生了，对社会的安定发展业已形成了损害。第二个特点是"被动"，政府并未把舆情治理看作是自己责任的一部分，未对舆情引起足够重视，舆情治理是治理社会风险的一个手段而已，对舆情的治理属于被动而为。

"舆情应对"在传统媒体社会中之所以有效，是因为传统社会中的舆情缺乏民众直接表达的渠道，主要通过社会媒体反映出来。但由于传统媒体在空间和时间上的局限性，舆情的社会影响力有限。所以虽然是事后治理，舆情对社会造成的负面影响也多在承受范围之内。

但网络社会的到来彻底改变了这一局面。网络舆情作为社会系统运行中一个非常重要的结构，对社会的影响力巨大，已经成为社会治理的主要方面之一。事后的被动治理属于问题发生后扭转局面的补偿式治理方式，不论该

治理方式是否发生了作用、是否成功，问题的发生都已成事实，在网络舆情环境中都可能引发风险，而这样的风险不仅仅是舆情风险，更是一种社会风险，这是维护社会稳定亟须避免的。网络舆情的治理，应该超越"舆情应对"，将舆情纳入社会治理的框架之内，推动"舆情+社会治理"创新。

超越"舆情应对"，推动"舆情+社会治理"创新，需要政府提升对于网络舆情的重视程度，充分理解网络舆情的内涵、特性、影响，转"应对思想"为"治理思想"。同时，网络舆情对社会的强大影响力，也使得网络舆情不仅成为民意的"晴雨表"，也是社会治理的"利器"。通过创新舆情治理思路、提升舆情治理手段、完善舆情治理过程，将进一步提高社会治理的水平和效率，达到完善社会治理的良好效果。

二 主动功能约束下的多主体协同应变转向

（一）基于政府主导，与社会多方力量共同参与的多主体主动性转向

舆情治理，其主体在于政府。传统舆情治理中，当舆情异常时，政府会动用舆情工具——社会媒体予以引导、平息。如此情况下，传统舆情治理有两大特点：第一，参与舆情的社会力量单一。传统媒体环境下，舆情的参与者为民众或民间力量、社会媒体、政府单位。我国的舆情治理中的参与力量主要为民众和治理方。舆情治理的治理主体是政府，治理工具是社会媒体，治理对象是民众的意见、态度和看法。第二，舆情治理的责任主体单一。在传统媒体环境下，舆情治理是政府的责任，其他参与者并不具有舆情治理的意识，只是舆情浪潮中的一环，参与舆情是从自身需要出发，而非从社会治理责任出发。

但在网络社会，网络舆情的参与力量比传统媒体社会复杂了许多。除了网民、政府和社会媒体是网络舆情的参与者，还有各种平台媒体、政务媒体、网络意见领袖、明星"大V"等社会力量的参与。参与力量的复杂性让网络舆情具备"高风险、难控制"的特性。网络中，人人都有"麦克风"。舆论场中的意见领袖，除了社会媒体之外，还有网络自媒体KOL，网络中的纷繁复杂的声音让社会媒体对舆情的控制杯水车薪。同时，网络的透明性使得舆情事件在进展中的每一步都可以被曝光，从而推动舆情持续不断发展，甚至引发次生舆情；此外，网络时代的"后真相"特质、情绪化特征、信

息茧房弊端等特性，让网络舆情更具感染力和煽动力，拥有了更强大的传播力，网络中非理性的传播让社会媒体对舆情的控制力急剧减弱。网络舆情的参与者众多、各自的比重相当、彼此不受控制的特性，打破了传统舆论场中媒体为王的局面。所以，政府单凭社会媒体来治理舆情——当发生舆情时，媒体担纲责任，其他涉及单位毫不关心、被动作为的做法，对于网络舆情治理而言，毫无效果。

以网络舆情主动功能的观点来看，网络舆情中众多的参与单位都是舆情系统中的功能单位，其功能发挥都影响着舆情演化。网络舆情是在网络舆情各功能相互耦合、共振的作用下实现演化的。网络舆情的正常演化离不开每个功能的正常发挥和自约束，以及功能间正向约束。同时，网络舆情在社会结构中的重要分量，也要求网络舆情中的各个社会单位主动为网络舆情的正常演化出力，以避免社会风险的发生。网络舆情的治理主体不再是政府这一单一主体，而是由所有舆情单位共同组成的复杂主体，每个网络舆情的参与单位、每种参与网络舆情的社会力量，都是网络舆情治理的主体。由此，网络舆情的治理应实现"政府＋多种社会力量"的多主体转向。治理网络舆情、保障舆情的正常演化、维护社会的安定，是所有网络舆情参与者共同的责任。

当然，"治理"本就是从管理者角度出发的词汇，社会治理的最主要主体是政府，舆情的治理也不例外。虽然网络舆情的治理从单一政府主体，变成了"政府＋多种社会力量"主体，但政府依然是治理的基础所在，是治理导向的提出者和治理方向的引领者，是网络舆情治理的主导者。也只有政府主导网络舆情治理，网络舆情的治理才会更高效，其演化才会更健康，社会的安定也才能得到最好的实现。

所以综上，网络舆情主动功能约束启示我们，在当今网络社会，网络舆情的治理应实现政府主导，社会多方力量共同参与的多主体转向。

（二）超越"简单主体"，推动"舆情＋多元协同"创新

实现政府主导，社会多方力量共同参与的多主体转向，就要求在网络与舆情治理实践中超越"简单主体"，推动"舆情＋多元协同"创新。

在网络舆情治理实践中超越"简单主体"，有两个需要超越的主体指向。第一个需要超越的主体指向，是指网络舆情的治理主体，也就是政府。

网络舆情的治理，不能只依靠政府主体，而是要依靠网络舆情系统中的全部功能，也就是网络舆情生发、演化过程中所有参与的主体单位。治理网络舆情，不再只是政府的事情，而是政府外加所有参与舆情的主体的责任，网络舆情的治理需要实现多元治理。第二个需要超越的主体指向，是指网络舆情的被治理主体，即网络舆情本身。也就是说，治理网络舆情，不仅仅要针对网络舆情这个态度、意见的综合体进行治理，还要针对与网络舆情有关的其他社会系统进行治理。网络舆情在网络社会的重要性已经上升，成为社会结构中非常重要的一个系统。同时它也受到社会其他系统所营造的社会环境的影响，比如网络技术、网络环境、民众素养、社会经济发展水平、社会各体系的健康运转等。一个健康、有序、高质的社会环境对网络舆情的正常演化能够起到一定的保障作用。所以，在进行网络治理时，应该超越政府、超越舆情本身，做到超越简单主体，在"舆情+多元协同"创新上发力。

推动"舆情+多元协同"创新。第一，要推动网络舆情系统中各功能单位对网络舆情的认识和明确自身在网络舆情系统中所担负的责任，突破传统"舆情与自身无关"的局限看法，明确责任，主动自我约束，保障舆情正常演化；第二，要推动网络舆情系统中各功能打开视野，了解其他系统中的其他功能，从而在舆情治理中多元协同、提高效率；第三，要推动其他社会系统认识到网络舆情在社会发展中的重要性，在自身运行过程中兼顾保障网络舆情的正常运行；第四，网络舆情系统中各功能单位和网络舆情环境中各系统，都应将网络舆情的正常运行看作自身责任，主动预防网络舆情风险的发生，当网络舆情产生潜在风险时，应相互主动协作配合，推动网络舆情恢复到正常运行状态或消散；第五，建立起社会网络舆情预警及治理的创新性协同预案，推动网络舆情分类、分级，有据、有序地得到适当的治理。

三 主动功能约束下的多因素耦合异变转向

（一）基于舆情功能因素，与其他一般性因素的耦合作用的主动性转向

传统的舆情系统，几乎是一个封闭的系统。舆情在民众中生发、演化、消散，参与的功能主体主要是民众、社会媒体和政府。社会环境对舆情有影响，但影响有限，并未直接参与舆情的演化。整个舆情演化呈现民众—媒体—政府—媒体—民众的流线型发展过程。

网络舆情的主动约束理论认为，网络舆情系统是一个开放的系统，其系统功能之间的耦合是能够被约束的。约束的方式之一就是通过增加新的功能来控制耦合。在这一视野下，网络舆情系统有别于传统舆情系统，是一个开放的系统。一方面，新的因素可以加入网络舆情系统中，成为系统中的一个功能；另一方面，新的因素加入可以通过影响网络舆情中各功能的耦合而影响网络舆情的演化。

所以，虽然网络舆情演化的核心推动力是网络舆情系统中的各功能，但系统外的各种因素都有可能进入系统，参与网络舆情功能耦合，加入网络舆情的功能共振，影响网络舆情演化。因此，在网络舆情整理中，我们不能只着眼于舆情功能因素，应实现基于舆情功能因素与其他一般性因素的耦合作用的主动性转向。

（二）超越"线性流程"，推动"舆情+因素耦合"创新

实现基于舆情功能因素与其他一般性因素的耦合作用的主动性转向，就是要求在网络舆情治理中，超越"线性流程"，推动"舆情+因素耦合"创新。

传统舆情治理，首先着眼于舆情演化中的各个阶段，然后再深入到各个阶段的各个功能，是以"线性思维"将舆情看作"线性流程"的做法。所以在治理上也会循着从最后一个环节倒推前面各环节，从结果倒推原因的因果逻辑。但是，这是不符合网络舆情演化的现实的。

从主动功能的视角看，网络舆情是一个非线性的复杂系统，其结果的发生并非"线性流程"，而是众多因素耦合共振的结果。耦合的因素中，有舆情系统中的固定功能，也有因内外部环境因素变化而进入舆情系统的因素，即一般性因素。一般性因素进入舆情，其来源有二，第一是来源于网络舆情内外部环境的变化，导致一些一般性因素出现在某一网络舆情中；第二是来源于网络舆情主动功能约束需要，当网络舆情演化面临异常时，网络舆情的主动功能也会引入一些干预耦合的因素，来调节舆情功能的耦合保持正常状态。

因此，在治理网络舆情时，思维和举措要超越"线性流程"，以一个动态的复杂系统网络的思想来看待网络舆情，注重在"舆情+因素耦合"的治理方面进行创新。第一，保持开放思想，不把对网络舆情的理解固定化，

保持对网络舆情系统参与因素的想象力。第二，利用大数据积累、分析大量互联网、互联网与人类社会的关系、网络舆情相关数据，对各类网络舆情中的参与因素做到心中有数，并制定出相应的配套治理方案。第三，充分了解网络舆情固定功能间的耦合关系，建立起各功能相互之间的函数关系和影响模型，明确如何通过中介因素来对网络舆情功能间耦合进行调节，并制定相关治理预案。

小　　结

通过功能共振分析方法对网络舆情系统的分析，我们得出了11个功能与功能网络图，并识别出在网络舆情演化过程中容易产生变化的关键功能。基于功能网络图与识别出的关键功能，我们能科学系统地把握引发网络舆情风险事故的关键因素，并突破单一的因果关系观察背后的逻辑联系，有利于对网络舆情提出针对性的治理对策。必须要明确的是，当系统内各功能正常运行时，整个网络舆情演化过程将不会出现危害社会公共安全的风险事故，网络舆情将会从生发、发展到熄灭。更重要的是，功能共振指出风险事故的产生从功能变化开始，且这种变化会与系统内部各功能交互作用，最终导致风险事故的爆发。因此，在面对复杂多变的网络舆情系统时，网络舆情治理工作首先要明确各功能单位应执行的功能，政府、涉事单位、官方媒体、网民等是否准确运行功能，监测并预防功能变化的产生；其次要在功能变化时尝试切断功能之间的耦合，防止上游功能的变化对下游功能产生影响，避免功能共振的产生，这样才能确保网络舆情系统的平衡，防止网络舆情风险事故的产生。

下 篇
基于功能共振理论的网络舆情治理策略

导言：基于对功能共振理论的理解性研究以及仿真模型的实验性研究，本书发现网络舆情演化中存在多个参与主体。放置在治理角度下，政府、媒体和网民这三类主体功能表现最为突出。基于理论梳理与现实观照，本课题组成员前往全国5个地区进行实地调研，对37位政府工作人员、29位媒体从业人员进行深度访谈。共收集访谈资料117份，整理出10万字的访谈记录。基于对访谈材料的梳理总结，结合本课题的理论视角与网络舆情的现实困境，在第三部分，分别梳理了网民、媒体和政府在整个传播环境、社会结构和网络舆情生态中的地位变迁，明确其在网络舆情治理中的特殊角色和重要地位。在对功能共振理论和FMV可视化软件的创新使用的基础上，本文提出"多功能主体网络舆情治理网络模型"，提出政府、媒体和网民三者作为网络舆情治理的功能主体，应分别发挥各自优势，协同合作完成一整套完整的治理循环。具体来说，政府是治理网络中的核心主体，居于全面统筹和协调的主导地位，应强化整体设计、夯实治理基础；媒体是治理网络中的协同主体，辅助党和政府的宏观指导方针顺利传达，搭建官方与民间意见信息互通的桥梁，实现主流话语的传播，建构符合正确价值观的社会共识；网民作为网络舆情的主体，实际上是治理网络的治理对象，但同时，通过提升媒介素养、塑造理性表达的观念和行为，网民可以实现"自组织"和"自治"的终极目标，实现话语秩序的规范，构筑起清朗健康的网络空间。

第 六 章
政府主导策略:强化整体设计 夯实治理基础

政府作为网络舆情预警与风险应对的把控者,在日趋复杂的网络舆情中,面对来自"网络舆论场"中观点碰撞融合的不确定性、网民间话语互动形成的情感共振与群体极化、舆情反转与舆情暴力现象交织中越来越多的"价值审判"等困扰,可以说,传统媒介话语体系的解构正在影响着政府网络舆情引导和治理工作的变革,推动着网络舆情治理在设计理念、管理规范、治理手段层面上的新转向。本章通过在复杂科学框架中运用功能共振理论和 FRAM 模型的复合路径,来探寻政府在网络舆情引导与治理中的痛点、难点,梳理出影响正常流程的"堵点"和"失效链接",提出政府实现网络社会善治目标的相应对策。

第一节 网络舆情环境变化中的政府治理转变

面对网络舆情环境日新月异的新变化,网络公共空间呈现出纷繁复杂的新情况。政府由过去的相互隔离的管理者角色、引导者角色、参与者角色向"管理—引导—参与"复合角色转变,其相应的工作机制也发生了新变化,逐渐形成新的联动治理机制。对此问题,我们可以从政府的顶层设计理念、中观管理规范和底层治理手段三个方面进行回溯,从"历时+共时"的功能共振视角锚定政府在网络舆情治理中的角色定位和潜在转向。

一 顶层设计理念:从"运动式管理"向"整体性治理"转变

2003 年,是中国的"网络舆论元年"。从那时起网络舆论作为一种公众话语表达开始影响中国的政治话语和社会结构发展。政府作为网络舆情治理政策的制定者、舆情演化的管理者、舆论监督的对象，在网络舆情的管控和引导方面形成了自上而下的顶层设计理念。党的十八大以来，网络舆情管理也出现了从"重管控"向"管控＋引导"的新变化，从侧重于专项整治的治理模式，逐渐变成了更加强调体系联动、多元参与的善治格局。

2004年起，党中央密集出台了一系列互联网管理制度，明确了互联网监管要求。党的十六届四中全会提出："加快建立法律规范、行政监管、行业自律、技术保障相结合的互联网管理体制""建立健全党委领导、政府负责、社会协同、公众参与的社会管理体制"[①]。党的第十七届六中全会提出"要加快建立法律规范、行政监管、行业自律、技术保障、公众监督、社会教育相结合的互联网管理体制"。党的十八大以来，由"无序参与"到"规范参与"的网络文化建设成为中央和各级政府工作的重中之重，这也成为网络舆情演变的第三个时间节点。[②] 党的十九大又明确提出构建良好的社会舆论生态，是推动网络安全和信息化事业新发展的关键所在。

习近平总书记高度重视网信事业发展，在多个场合发表的讲话和网络强国的系列重要论述中都强调网络空间治理的重要性。2013年，习近平总书记在全国宣传思想工作会议上指出："互联网已经成为舆论斗争的主战场"和"在互联网这个战场上，我们能否顶得住、打得赢，直接关系我国意识形态安全和政权安全。"2014年，中央网络安全和信息化领导小组第一次会议上，习近平总书记指出："做好网上舆论工作是一项长期任务，要创新改进网上宣传，运用网络传播规律，弘扬主旋律，激发正能量，大力培育和践行社会主义核心价值观，把握好网上舆论引导的时、度、效，使网络空间清朗起来。"2016年，党的新闻舆论工作座谈会上，习近平总书记指出："随着形势发展，党的新闻舆论工作必须创新理念、内容、体裁、形式、方法、手段、业态、体制、机制，增强针对性和实效性。要适应分众化、差异化传播趋势，加快构建舆论引导新格局。"并说："过不了互联网这一关，就过不

[①] 参见《中共中央关于加强党的执政能力建设的决定》，http：// www.gov.cn/ test/2008－08/20 / content_ 1075279. htm，2008年8月20日。

[②] 孙卫华：《中共十八大以来网络舆情与治理的结构转型》，《天津师范大学学报》2017年第2期。

了长期执政这一关。"2018 年，在全国网络安全和信息化工作会议上，习近平总书记强调："要提高网络综合治理能力，形成党委领导、政府管理、企业履责、社会监督、网民自律等多主体参与，经济、法律、技术等多种手段相结合的综合治网格局。"2018 年 8 月 21 日，在全国宣传思想工作会议上，习近平总书记发表重要讲话，指出："要把握正确舆论导向，提高新闻舆论传播力、引导力、影响力、公信力，巩固壮大主流思想舆论。要加强传播手段和话语方式创新，让党的创新理论'飞入寻常百姓家'。"正如中国现代国际关系研究院信息所副所长李艳所言，"十八大以来，习近平总书记高度重视网信事业发展，进行了一系列重要的顶层设计与战略布局。"由此看来，党中央及国家领导人始终坚持以防范网络风险、维护网络安全为目标，从顶层设计和战略布局层面看待网络舆论引导和舆情治理工作，这对提高政府应对危机的处置能力和行为规范提出了总要求。

尽管如此，在很长一段时间里，中国的网络舆情治理还是以自上而下的行政管理为主，其中以主题性的"专项整治"为代表。① 网络舆情的影响备受关注，但治理资源受社会资源总量的制约，用于社会调控的治理模式离不开社会资源的总体情况。② 因此，有关网络违法内容的治理工作，首先，主要以专项整治活动形式开展，如"打击网络淫秽色情专项行动"（2007 年）、"全国整治互联网低俗专项行动"（2009）、"网络淫秽色情信息专项治理'净网'行动"（2013 年）、"净网 2016 专项行动"（2016）、"净网 2017 专项行动"（2017）等。这些专项整治活动很有针对性地对网络违法违规现象进行整治，行动迅速且效果良好，但也暴露出公权力粗暴介入的弊端，诸如每次行动都有公安部门参与，有时甚至由公安部门主导，体现出一种"压制性的秩序逻辑"③。其次，"头痛医头脚痛医脚"式的专项整治只能解决单一类型问题，惩戒性的整治方式通常不能达到预期目标；再次，专项整治行动具有临时性，未能从全局层面建立长远的常态化机制；最后，专项整治普遍存在对整治实践思考不够深入的问题，未能与时俱进，创新治理方式，难以

---

① 邹军：《中国网络舆情综合治理体系的构建与运作》，《南京师大学报》2020 年第 2 期。
② 邹军：《中国网络舆情综合治理体系的构建与运作》，《南京师大学报》2020 年第 2 期。
③ 曹龙虎：《中国网络的运动式治理》，《二十一世纪（香港）》2013 年第 6 期。

实现整治效果持久。

国家治理体系和治理能力现代化成为时代课题，更加考验党和政府在纷繁复杂网络环境中的舆情治理能力。舆情治理目标升级、舆情治理认知提升、舆情治理技术优化的工作摆在治理者面前，在如此情况的驱动下出现了逐渐放权和向社会授权、多元社会主体多元化参与、政府减少威权干涉，以制度化和体系化手段强化舆情治理工作的"一体多元"新形式，并提出了"善治"的理念。善治是政府与公民对公共生活的协同管理，是国家政治生活与公民社会协调的最佳状态，实质上是国家权利向社会回归的过程，最终实现国家与社会或者说政府与公民之间的良好合作。① 这种"善治"思想深度契合十九届四中全会提出的建设国家治理体系和治理能力现代化的时代要求。出现了由"简单管控"向"统筹协调"转变，由"政府主导"向"多元共治"转变，由"简单干涉"向"科学引导"转变的新变化，网络舆情应对走向网络舆情善治的新局面正逐渐形成。

二 中观管理规范：从"松散管控"向"集中管控"转变

"日益完善的网络基础设施，稳步提升的国民素质和价格低廉的智能终端为互联网和移动互联网的普及应用创造了积极的社会环境。"② 也会在不经意间为爆发网络和信息安全问题提供传播的温床。我国在网络监管方面也出现从"松散管控"向"集中管控"的转变，逐渐形成先进的网络监管法治理念、规范的立法程序、完善的相关配套立法。

我国自1994年进入世界互联网大家庭，对网络监管的立法工作便同步开展。但过去较长一段时间里，我国对网络管理和网络安全的立法工作都没有充分重视。③ 网络监管的立法工作一直处于滞后状态，尤其是在2016年出台《中华人民共和国网络安全法》之前，我国除少量人大立法外，有关网络管控和信息发布的依据与规定，大多数是由行政规范、部门规章、司法解

---

① 李礼：《网络舆情的生成机理与政府善治》，《首都师范大学学报》（社会科学版）2016年第3期。
② 左蒙、李昌祖：《网络舆情研究综述：从理论研究到实践应用》，《情报杂志》2017年第10期。
③ 刘洁睿：《大数据时代我国网络舆情监管法治化研究》，硕士学位论文，宁夏大学，2018年，第23页。

释、规范性文件、政策文件等组成，也有部分地方政府根据实际情况制定的关于网络信息内容管制的地方性法规，如《山西省计算机信息系统安全保护条例》《宁夏回族自治区计算机信息系统安全保护条例》《杭州市计算机信息网络安全保护管理条例》等。可以说，有关治理防范和处理网络舆情的条款被笼统地纳入在"互联网信息安全"和"信息管理"的法律范畴内。但以上提到的立法都存在两个问题：一是立法时间跨度大而分散，监管效应后置；二是立法层级较专门法层级低且缺乏针对性配套法律解释，与监管现实脱节，可操作性不强。相比一些其他国家制定的法律，我国相关法律还是存在一定空白和漏洞的[1]，如尚未出台网络舆情管控方面的专门性法律。

随着2016年11月7日我国通过《中华人民共和国网络安全法》（以下简称《网安法》），"这是我国首部网络安全和管理领域的基本法"[2]，"网络安全法的出台标志着我国网络管理立法的全面审计，也表明我国网络管理和安全立法建设才开始体系化"[3]。《网安法》的出台为网络强国战略提供法制保障，也在现实层面中拓展和强化了网络空间法律价值的新内涵，"从此我国网络安全工作有了基础性法律框架，有了网络安全的'基本法'"[4]，这部法"涵盖了网络安全各个领域的内容，规定了网络安全的主要任务和相关制度"[5]，明确提出维护网络空间主权，保障网络产品和服务的安全，明确网络运营者的基本义务、强化个人信息保护、严格防范打击网络诈骗、强化网络舆论、舆情的预警和应急措施六项基本要求。围绕这一部网络"基本法"同时形成了系列配套制度。据统计，自《网安法》出台以来，截至2020年11月，国家互联网信息办公室官方网站政策法规频道中刊发的网络与信息化监管工作的法律、行政规范、部门规章、司法解释、规范性文件、政策文件多达45部。这些政

---

[1] 张译文：《网络舆情监管存在的问题及法律应对机制研究》，硕士学位论文，吉林大学，2020年，第18页。
[2] 黄道丽、梁思雨、原浩：《〈中华人民共和国网络安全法〉视域下的网络安全人才培养》，《信息安全研究》2019年第5期。
[3] 刘洁睿：《大数据时代我国网络舆情监管法治化研究》，硕士学位论文，宁夏大学，2018年，第23页。
[4] 杨渶靓、张朝：《新形势下的医院网络安全建设探讨》，《网络安全技术与应用》2020年第4期。
[5] 孙佑海：《网络安全法：保障网络安全的根本举措——学习贯彻〈中华人民共和国网络安全法〉》，《中国信息安全》2016年第12期。

策法规围绕《网安法》，形成了网络监管和开展工作的重要依据，也为立足于现有法律构建网络立法的框架，构建形成原则性和可操作性兼备、针对性与实效性结合的网络舆情监管法律体系奠定了制度化基础。随着建立网络舆情管理专门法律的呼声越来越大，以《网安法》为基础形成针对性更强、治理边界清晰、舆情预警及时、处置方式规范的法律体系将指日可待。

三　底层治理手段：从"单一路径"向"多元方式"转变

网络舆情的引导和治理是一项复杂环境下的系统性工作。政府作为舆情治理主体在长年累月的应对和处置工作中积累了教训和经验，意识到过去网络舆情事件中的"简单意见表达"已经出现向"深度话题对话"的变化，需要形成更加多元化、协同化、融合化的治理新方式。

近年来，网络空间不时出现民意汹涌、泛滥的情况，其溢出效应对社会稳定构成了一定威胁[1]，"蝴蝶效应"下的舆情频发、二次或多次舆情爆发、线上线下影响叠加、舆论反转频现等新情况成为常态。互联网因而被视作国家治理的重镇，网络舆情更是成为国家治理的重点对象。[2] 政府在网络舆情监管中取得了一些成绩，但还存在诸多问题影响了网络安全和政府整体形象建设，如缺乏与时俱进的治理理念、舆情治理重视不足，刚性管理缺乏柔性、法律体系不健全，缺乏科学有效的网络舆情应对体系等[3]，尤其在处理手段上，多以行政性手段对网络舆情采取"删、封、堵、滞"等强硬的方式进行干预，这种方式对相关违法言论应予以管制和删除，防止蔓延扩散，造成无法控制的局面。[4] 但这些强势行为也造成对公民言论权、知情权的限制，带来行政执法的失范，可能会引起政府与社会的对立困境。

目前，政府治理出现了由单向度向多元协同治理转变的新局面。机制方面，在依法保障政府主导合法性的基础上，逐渐形成了健全网络舆情应急处置相关机制如动态监测机制、预警机制、处突机制、善后恢复机制。保障方

---

[1] 陈云松：《互联网使用是否扩大非制度化政治参与：基于CGSS2006的工具变量分析》，《社会》2013年第5期。
[2] 张权、燕继荣：《中国网络舆情治理的系统分析与善治路径》，《中国行政管理》2018年第9期。
[3] 沪盼：《"互联网+"视角下政府网络舆情治理研究》，《宿州学院学报》2016年第5期。
[4] 项颐：《公安机关网络舆情监管法律规制研究》，《内蒙古大学学报》2020年。

面，通过完善网络舆情治理的法律法规体系，促进网络舆情治理人才队伍建设，提升法理框架下治理部门的协作能力，形成网络舆情尤其是突发性网络舆情治理保障机制。在舆情治理模式方面，政府转变服务理念，强化与媒体在政务信息公开和突发事件处理情况的公开，以及将公众的意愿和诉求传递给政府的合作，强化与网民在公共事件上沟通和互动，接受群众意见和监督，通过建设公平开放的沟通平台，鼓励网民依法有序参与，营造积极健康的网络环境，最终构建政府、媒体、网民三方协同参与的舆情治理模式。

总而言之，网络舆情环境变化正在推动作为治理主体的政府，重新思考网络舆情治理和网络监管工作的新变化，形成科学预防与有效应对的法理治理、机制治理、技术治理、社会治理的新模式，协同治理的新局面正在成型。

第二节 基于功能共振机制的政府网络舆情协同治理模型

功能共振分析方法来源于随机共振理论，应用于复杂社会—技术系统，能够用于风险分析、事故分析和系统设计，为描述和分析复杂社会—技术系统提供切实可行的办法。[①] 本节将基于功能共振分析方法中常用的 FRAM 模型建构政府的网络舆情引导流程功能模型，分析造成共振效应的功能模块，最终建立基于功能共振机制的政府网络协同治理的功能网络。

本节将 FRAM 方法应用到政府网络舆情治理研究中，运用功能共振理论及模型构建政府网络舆情治理模块，识别各要素功能及作用，探寻各阶段中各要素的功能耦合关系，为预警研判、适时处置、协同治理、事后救济提供参照。使用 FRAM 方法构建政府网络舆情治理的功能模型，侧重分析网络舆情中政府相应功能作用的发挥情况以及要素间的协同关联情况，尤其是产生影响的潜在关联情况。

本节将通过以下三个步骤来构建政府网络舆情引导流程功能模型：

---

① 王仲：《功能共振分析方法在事故分析中的改进应用》，硕士学位论文，中国地质大学，2017年，第 15 页。

（1）功能识别与描述。识别并划分系统功能单位，通过六角功能单位图描述每个功能单位，并建立起功能网络；（2）识别功能模型中的耦合变化。评判潜在功能变化，确定功能性波动状态；（3）确定功能共振，研究政府网络舆情引导中的共振功能单元和造成功能失效的连接关系。

一 功能识别与描述

参照人民网舆情数据中心发布的《地方政府危机事件网络舆情引导流程图 V1.0》，如图 6-1 所示，对政府网络舆情引导流程进行简单分析。该流程图最早由人民网舆情数据中心政务编辑部舆情分析师吴汉华主创，于 2018 年 10 月 15 日发布在由中央网信办主管、中国网络空间研究院主办的全国网信工作指导性刊物《网络传播》上[①]，是目前地方政府处置网络舆情的标准流程参照之一。

结合以上舆情引导流程图，将政府正确处理网络舆情的系统命名为"正常处理系统"S1，然后识别出系统功能，并对其描述。

"正常处理系统"S1 主要存在 10 个过程：（1）网络舆情监测、（2）网络舆情预警、（3）网络舆情研判、（4）网络舆情首回应（下沉处理）、（5）网络舆情出现次生舆情、（6）网络舆情动态监测、（7）网络舆情动态回应、（8）网络舆情检查处理（内/外）、（9）网络舆情影响修复、（10）网络舆情经验总结。根据 FRAM 功能命名的特征，将这 10 个过程确定为 10 个功能，分别是：F1 监测网络舆情、F2 预警网络舆情、F3 研判网络舆情、F4 首回应网络舆情（下沉处理）、F5 出现（原网络舆情基础上）次生舆情、F6 动态监测网络舆情、F7 动态回应网络舆情、F8 检查处理网络舆情、F9 修复网络舆情影响、F10 总结处置网络舆情经验教训。因为网络舆情依赖于相应的网络基础设施、技术及人员组织，需要新增一个功能 F 技术与组织，来说明其他功能可能需要的前提条件。

在确定系统 S1 的功能之后，利用六边图形描述和解释每个功能模块，将系统各个功能单位建立连接，形成一个 FRAM 功能网络。这里结合 FMV

---

① 人民网舆情数据中心：《人民网舆情数据中心发布地方政府危机事件网络舆情引导流程图》，V2.0［EB/OL］，https：//mp.weixin.qq.com/s/tGdskluYPR4wdlZer1WyJA，2019 年 10 月。

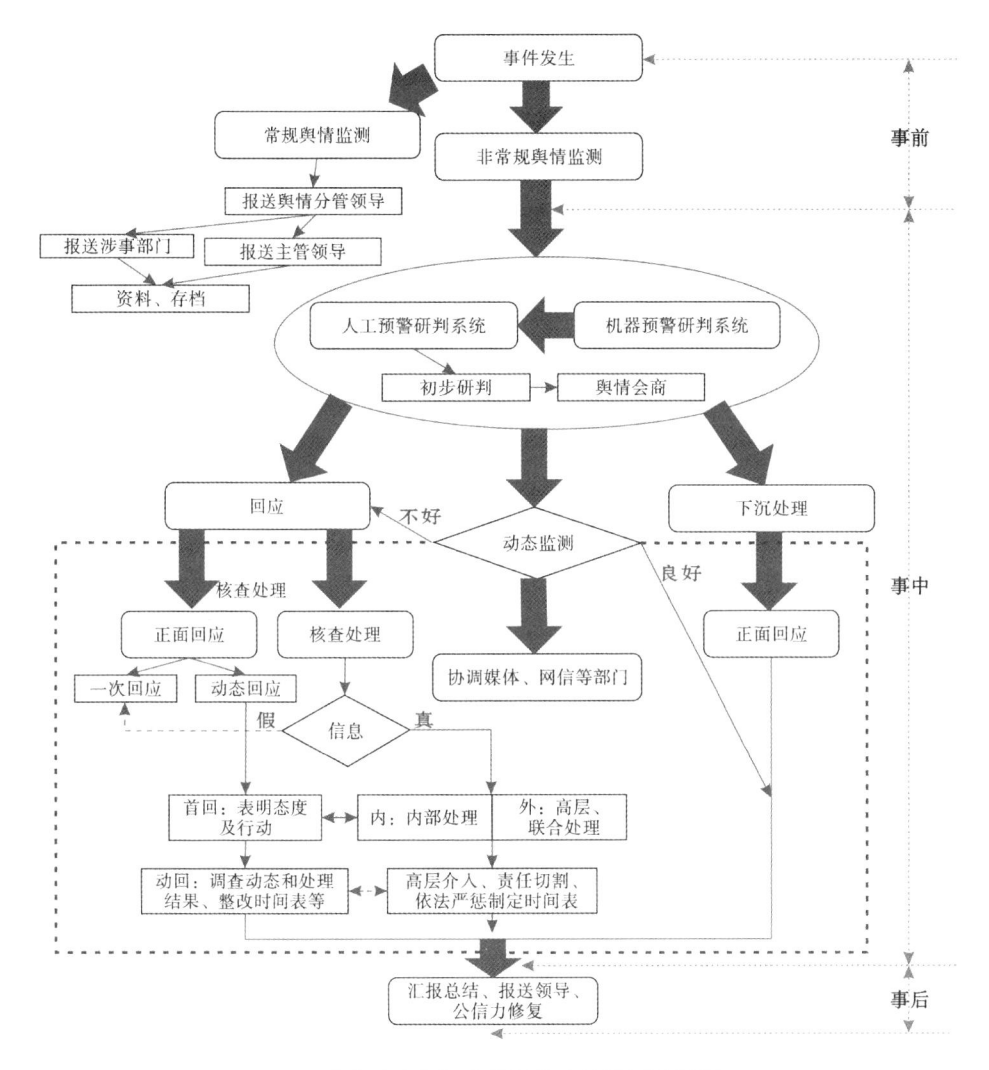

图 6-1　地方政府危机事件网络舆情引导流程图 V1.0

可视化工具分析政府正确处理网络舆情引导流程中的 10 个功能。但是，已划分形成的 10 个功能是较为笼统的表述，且无法与其他功能产生具体的联系。以功能 F4"首回应网络舆情（下沉处理）"为例，只能描述这一个步骤，并没有与其他功能产生关联。因此直接按照该划分维度来构建的功能模型会存在一致性与完整性不足的问题。为了构建良好的功能网络图，使整个网络功能图变得完整,需要对模型的构建过程进行完整性和一致性检验[①],最终识别的功能具体描述如表 6-1 所示。

表 6-1　　　　政府网络舆情引导流程功能识别描述表

功能	描述	输入 I	输出 O	前提条件 P	资源 R	控制 C	时间 T
F 技术与组织	网络舆情形成所依托的网络基础设施,以及引导和治理网络舆情所需的技术与人员组织		技术、组织				适时
F1 监测网络舆情	利用常规手段和非常规手段,对引起网络舆情的潜在性事件做好源头监督		社会热点事件及网络内生性事件转变的潜在舆情点;舆情形成		技术与组织	(原)舆情事件的经验教训;(类似舆情)首回应结果参照	适时
F2 预警网络舆情	对具备引发舆论关注的事件传播特征提前进行舆情态势扫描、预警等级判定、舆情走向研判	社会热点事件及网络内生性事件转变的潜在舆情点	预警过程研判过程	舆情形成	技术与组织		适时
F3 研判网络舆情	对网络舆情的危害性、传播趋势等进行评判	研判过程	研判结果		技术与组织		适时
F4 回应网络舆情(下沉处理)	涉事主政部门对网络舆情涉及的事件本身查证后给予的回应或处理结果	研判结果	舆情应对情况 首回应结果 修复影响		技术与组织		舆情形成后第一时间

---

① 王仲:《功能共振分析方法在事故分析中的改进应用》,硕士学位论文,中国地质大学,2017年,第54页。

续表

功能	描述	输入 I	输出 O	前提条件 P	资源 R	控制 C	时间 T
F5 出现次生舆情	网络舆情事件具备了高关注度，同时出现新导火索	舆情应对情况预警过程	次生舆情				同时或适时
F6 动态监测网络舆情	协调网信部门、媒体等部门动态监测网络舆情	次生舆情	动态监测结果		技术与组织		同时或适时
F7 动态回应网络舆情	回应监测结果或处理结果	动态监测结果	调查动态和处理结果、整改时间表等		技术与组织		同时或适时
F8 检查处理网络舆情	针对次生舆情进行调查、联合调查，并做出处理结果	调查动态和处理结果、整改时间表等	处理结果				舆情真相已查清
F9 修复网络舆情影响	修复网络舆情破坏的公信力，完成涉事惩戒等	处理结果；(F4)修复影响	恢复的结果				适时
F10 总结处置网络舆情经验教训	对网络舆情事件发生始末复盘，总结经验教训	修复的结果	汇报总结，进一步修复公信力等				适时

通过对识别功能和描述功能过程中不断做一致性和完整性检验，以上11个功能能建立满足要求的FRAM功能网络图。借助FMV可视化工具，按照六项特征（输入、输出、前提条件、资源、控制、时间）建立功能模型，如图6-2所示。

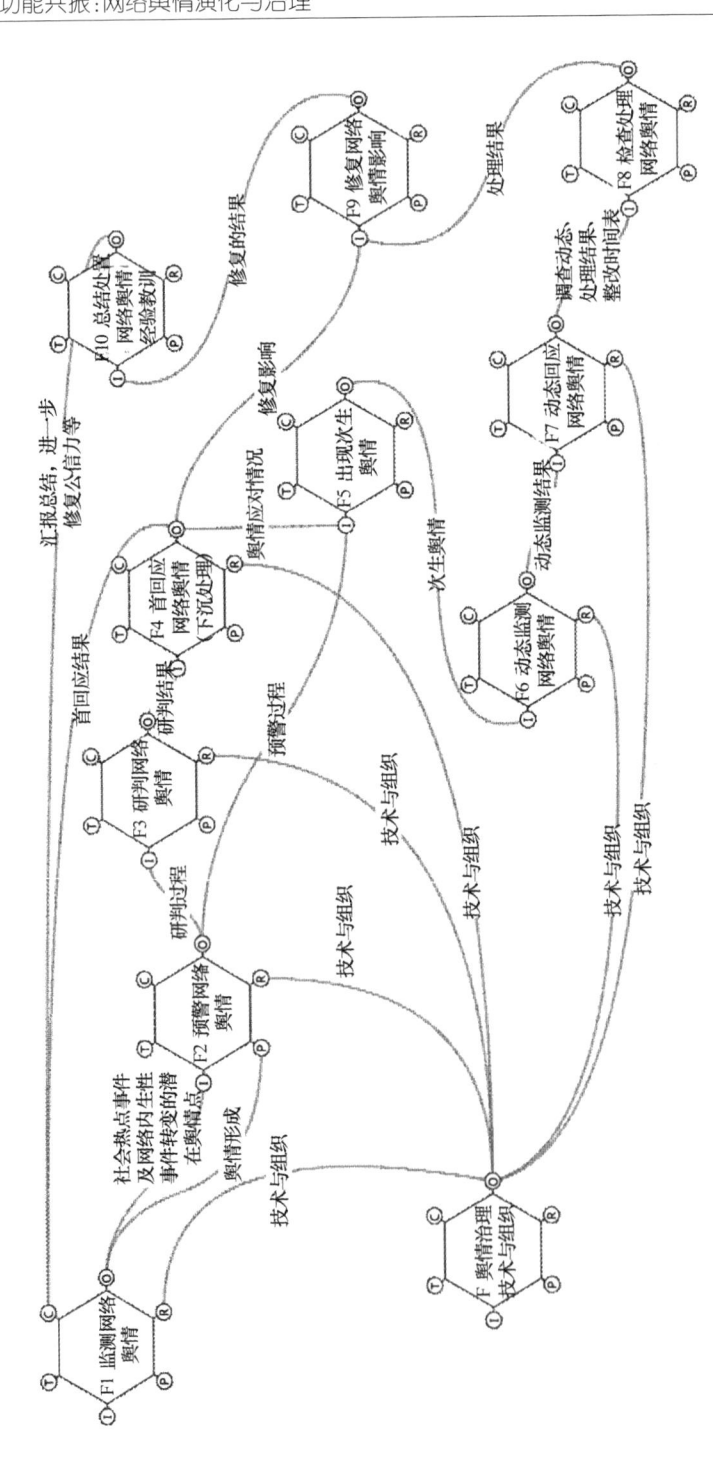

图6-2 政府网络舆情引导功能共振系统模型

二 识别功能模型中的耦合

识别功能模型中的耦合,这一步描述上下游功能变化的可能耦合,并以此作为基础去理解变化是如何加剧(共振)或减弱(阻尼)的①,识别功能变化可以得出每一个功能性能波动,分析出功能振动的潜在变异性。功能性能波动可分为四种状态:战略、战术、机会和随机,依次代表功能模块性能从小到大的波动。网络舆情具有突发性的特点,带来网络舆情整体模块性能变化主要以"机会"和"随机"为主。对 11 个功能模块的功能状态进行分析,如表 6-2 所示。

表 6-2　　　　　　政府网络舆情引导流程功能状态分析表

功能	功能状态潜在性变化
F1 监测网络舆情	机会
F2 预警网络舆情	随机
F3 研判网络舆情	机会
F4 首回应网络舆情(下沉处理)	随机
F5 出现次生舆情	随机
F6 动态监测网络舆情	机会
F7 动态回应网络舆情	随机
F8 检查处理网络舆情	机会
F9 修复网络舆情影响	机会
F10 总结处置网络舆情经验教训	机会
F 技术与组织	战略

从表 6-2 中可以看出,F2、F4、F5、F7 这 4 个功能出现潜在性变化要大于其他功能。综合起来看,网络舆情的预警情况,会影响研判程序并间接导致首回应网络舆情是否及时准确,当回应出现不准确或错误情况时,势必又将影响舆情的演化速度与走势,间接造成可能出现的次生舆情,造成政府疲于回应甚至再次回应不足,继续助推网络舆情演化。为了更加清晰地判断

---

① [丹麦] 郝纳课:《功能共振分析方法——复杂社会—技术系统建模》,田瑾等译,国防工业出版社 2015 年版。

影响功能变化的因素，发现功能耦合关联，需结合 FRAM 模型中的功能识别的分类表、变化来源与输出变化表，对 11 个功能进行类型划分并分析其功能来源与输出变化情况。如表 6-3 所示：

表 6-3　政府网络舆情引导流程的功能来源与输出变化表

功能名称	类型	变化的可能来源	与时机相关的可能的输出变化	与精细度相关的可能的输出变化
F1 监测网络舆情	组织	外部	适时	可接受
	技术	外部	适时	精确
F2 预警网络舆情	组织	内部	适时或过迟	可接受
	技术	外部	适时	精准
F3 研判网络舆情	组织	内部	适时	可接受
F4 首回应网络舆情（下沉处理）	组织	内部	过迟	不精确
F5 出现次生舆情	人员	外部、内部	过迟	不精确
F6 动态监测网络舆情	组织	内部	适时	可接受
	技术	内部	适时	精准
F7 动态回应网络舆情	组织	外部	过迟	不精确
F8 检查处理网络舆情	组织	内部	适时	可接受
F9 修复网络舆情影响	组织	外部、内部	适时	可接受
F10 总结处置网络舆情经验教训	组织	内部	适时	可接受
F 技术与组织	技术	内部	适时	精准

由表 6-3 可知，功能性能波动中共有 4 个"过迟"，3 个"不精确"，体现在 11 个功能中的 4 个功能（F2、F4、F5、F7）中，说明其变化可能会产生影响，主要表现在时机和精确度方向上。如功能 F4 首回应网络舆情（下沉处理）中，在功能执行过程中过迟（时机）以及不精确（精细度），会形成较大程度的波动性，功能 F4 很可能造成功能共振，成为失效功能。对以上所有功能分析可得出 FRAM 的功能分析结果，尤其是 F2 预警网络舆情、F4 首回应网络舆情（下沉处理）、F5 出现次生舆情、F7 动态回应网络舆情这 4 个功能容易发生变化，会引起政府网络舆情引导流程系统出现共振，造成潜在的舆情风险。

三 确定功能共振

仅理解单个功能的变化无法充分了解功能共振效应，还需要理解变化会以什么方式组合在一起产生不期望的或超出预期的结果。通过上下游耦合分析可以研判系统是如何出现共振效应的。需要根据影响功能共振的因素和功能之间的连接确定功能共振。[①] F2、F4、F5、F7 这 4 个功能在系统中波动性最大。功能变化终究是与上游耦合的结果，上游功能的输出（作为下游功能的输入、前提、资源、控制或时间）可能发生变化并影响下游功能的变化[②]，分析这 4 个功能相对应的共振影响因素，并找出失效功能连接，如下表 6-4 所示，功能 F1 的输出与功能 F2 的输入连接失效，F2 的输出与 F4 的输入连接失效，F2 的输出与 F5 的输入连接失效，F4 的输出与 F5 的输入连接失效，F6 的输出与 F7 的输入连接失效。可以说，政府引导网络舆情的流程必须做到环环相扣，做到预警与研判的高度精准才能取得网络舆情引导工作的先导。以上就是造成政府网络舆情引导流程中出现失效的连接，也是引起最终功能共振的连接。结合功能间的失效连接和功能共振的可能情况，构建政府正确处理网络舆情的系统 S1 的功能失效网络图，如图 6-3 所示，政府网络舆情引导流程系统 S1 的功能失效网络图中，其中功能之间的失效连接用"X"标记。

表 6-4　政府网络舆情引导流程系统功能共振表

功能共振单位	功能共振影响因素	失效功能连接
F2	F1（O）识别舆情风险点	F1（O）– F2（I）
F4	F2（O）预警网络舆情	F2（O）– F4（I）
F5	F4（O）首回应网络舆情（下沉处理）	F4（O）– F5（I）
F5	F2（O）预警网络舆情	F2（O）– F5（I）
F7	F6（O）动态监测结果	F6（O）– F7（I）

[①] 王仲：《功能共振分析方法在事故分析中的改进应用》，硕士学位论文，中国地质大学，2017年，第 14 页。

[②] ［丹麦］郝纳课：《功能共振分析方法——复杂社会—技术系统建模》，田瑾等译，国防工业出版社 2015 年版。

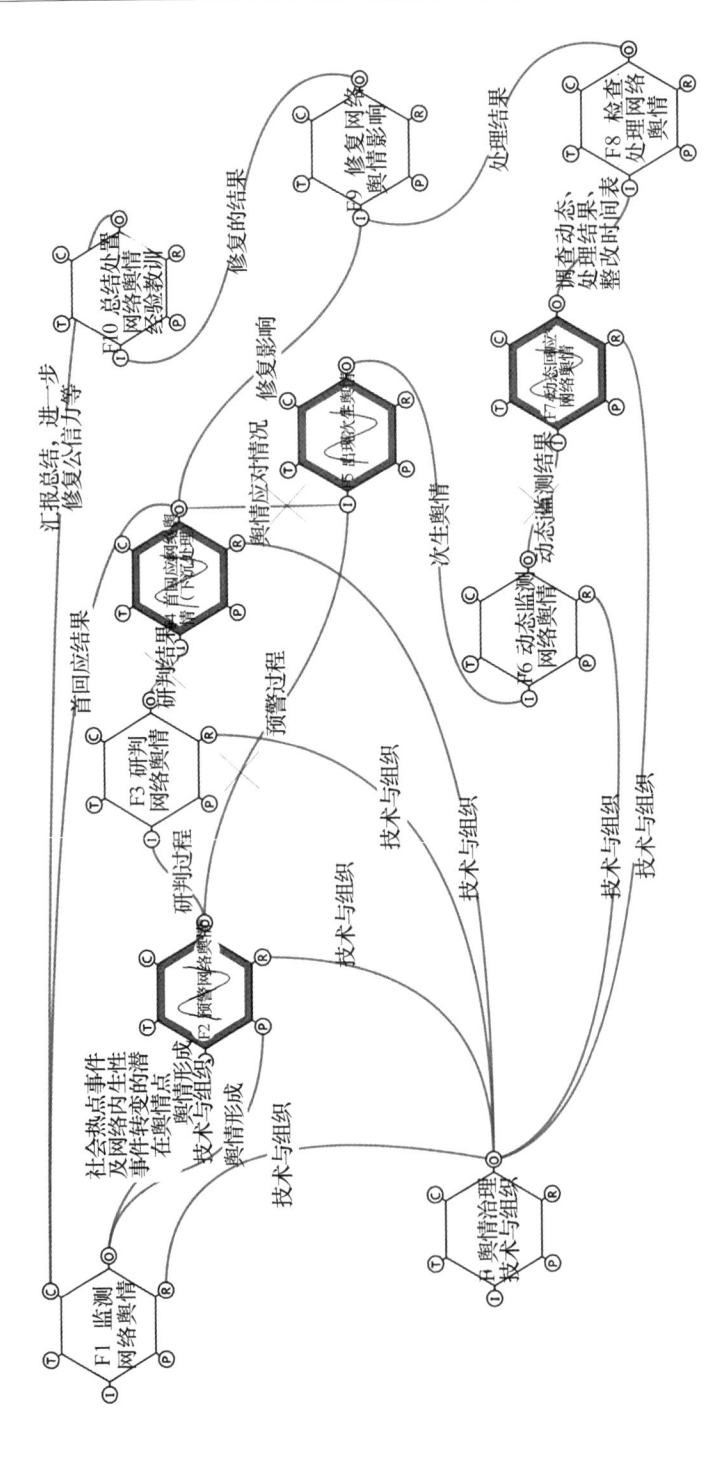

图6-3 政府网络舆情引导流程系统S1的功能失效网络图

我们发掘和分析了可能造成潜在功能共振的要素及其变化特征，确定了造成政府在网络舆情引导中出现失效的原因：主要源于政府能够做好监测识别舆情风险点，及时进行预警，第一时间首回应对网络舆情的失序状态把控。另外，次生舆情也是政府不容忽视的重要一环，当动态监测出有新舆情潜爆发的苗头时，做好动态引导和回应会最终影响政府在网络舆情处置过程中的公信力和权威存在。这里将根据表6-4功能共振表对容易发生变化的4个功能进行具体的分析，如表6-5所示。

表6-5　　政府网络舆情引导流程系统失效功能共振表

功能	输出	变化情况	分析
F2 预警网络舆情	研判过程	未对监测做出回应，预警不及时	预警机制或无、或不健全；技术手段落后
F4 首回应网络舆情（下沉处理）	舆情应对情况	对研判结果回应不及时；回应不恰	事件查明情况过迟或未查清就对外回应
F5 出现次生舆情	次生舆情	在原舆情或旁支问题上产生次生舆情	事件真相进一步曝光，出现事件隐情、事件应对不当等信息
F7 动态回应网络舆情	调查动态和处理结果、整改时间表等	动态回应不及时；回应的形式与内容敷衍、失误	动态回应机制或无、或不健全；动态回应质量较差

　　以上就是政府网络舆情引导流程功能模型及功能共振要素分析结果。在复杂性框架中运用功能共振理论和FRAM模型将政府网络舆论引导流程进行细分研究，发现政府在网络舆情引导流程中需要格外关注：（1）网络舆情生发期的预警工作，(2) 首次回应网络舆情的准备和实施工作,(3) 次生舆情的预警工作,(4) 动态回应网络舆情工作。可以说，在这些阶段，政府相关部门如果应对网络舆论的处置措施出现偏差，极有可能导致事件相关的新信息注入，再次成为引发网络舆情高峰的"导火索"和"催化剂"。[①] 同时，这些引起系统出现功能共振的因素也是政府网络舆情引导中的难点、痛点。

[①] 李礼：《网络舆情的生成机理与政府善治》，《首都师范大学学报》（社会科学版）2016年第3期。

下一节，将重点对照 4 个主要的功能共振失效因素以及其相关的失效连接，提出相对应的治理参照。

第三节　"刚性嵌入"与"柔性融入"的政府治理参照

随着社会转型和调整的加快，我国网络舆情处于高发、易发态势，因为地方政府应对不当而引起的网络舆情事件愈加频繁，网络舆情的治理水平和能力已成为衡量政府施政用政的重要一环。中国语境中的网络舆情治理是一套搜集网络民意和干预网络舆论的机制，其核心是在自由表达与风险控制之间保持平衡。[①] 因此，在分析了当前政府于引导和治理网络舆情中的不足和缺失后，我们提出需转变格局视野，构建"领导—政治—法治"的领导机制和基于功能共振视角下多元协同的治理机制，政府要在网络舆情引导与治理过程中形成"刚性嵌入"和"柔性融入"的治理方略。

一　加快网络舆情治理的"法治生态体系"建设，实现体系化的"刚性嵌入"

（一）树立"治理"原则，让治理观念根植于治理体系

传统的政府治理模式刚性化特征主要体现为政府组织的永久性强、管理适应性差、效率低。当代信息社会，政府治理的刚性化主要是指政府网络运行程序的规范化、科学化、系统化。[②] 网络舆情的本质是社会结构性问题的网络化呈现，政府的管理工作已不能简单用现有管理方式和评价标准来看待了，迫切需要通过革新观念以拓展格局，在原先政府应对网络舆情的基础上，加快法治生态体系建设。现实表明，只依靠政府治理已经不能适应社会发展的需要，经济和社会的发展变化对于政府治理艺术的变革提出了更为严格的要求。如何在发挥国家必要作用的同时，使国家适应新的形势、使国家

[①] 邹军：《中国网络舆情综合治理体系的构建与运作》，《南京师大学报》（社会科学版）2020 年第 2 期。

[②] 丛雨：《网络舆情对政府治理影响的正效应分析》，《辽宁省交通高等专科学校学报》2012 年第 3 期。

与社会关系发展和谐,是所有国家政府都必须深思的命题,对于我国更具有重要的意义。而对于当代中国而言,突发事件网络舆情的治理,仍是以政府发挥主导作用。因此,网络舆情治理的关键议题不在于讨论国家的作用是否必要,而在于探讨究竟该如何发挥国家的功能,转变政府的职能,并将政府主导、公民参与的治理理念贯彻到政府改革、制度构建和法律体系调整中。首先,政府需要高度重视网络舆情监管的重要性,要高度重视和认识网络问题是社会问题的一部分。网络不光是一种传媒技术,也是一种生产关系和社会结构。和谐社会包括现实世界和谐与网络世界和谐,管理好网络对于构建社会主义和谐社会极为重要。其次,政府需要从被动监管转变为主动监管。同时,要转变传统网络舆情治理的手段,过往"封堵删"的惩罚措施,因为存在滞后性,和缺少预见性,网络舆情问题并未得到有效治理。因此,需要将"被动整治"向"主动治理"转变,积极且预见性地采用疏导和教育手段来化解网络舆情事件。同时,随着智媒时代的来临,新型网络技术打造形成的全连接和全移动的社会,传统事后监管的滞后性问题更加凸显。总而言之,政府要转变观念,让治理观念根植于网络舆情治理体系。

(二)适时出台网络舆情治理基本法、完善网络舆情治理法治

当前网络舆情造成的公共危机事件层出不穷,但作为治理主体的政府常出现"功能性失语"现象,反而成为事件中心的涉事主体,常被网络中不理性声音挟持,遭到全网不知情形的网民"集体讨伐"。这本质上是由于政府对自我治理身份的认同迷失而造成的功能性紊乱。通俗而言,当前政府还是以现实治理的依据来研判和应对网络舆情,没有一套真正"与时共进"的网络舆情治理指南,没有可以依据的顶层治理标准,最终造成虽"治理万象",但效果却不理想。目前,我国有关网络舆情治理的法律法规按照法的效力层级来看,依次为法律、行政法规、部门规章、司法解释,以及规范性文件、政策文件等,法律效力依次从高到低排序,上位法优于下位法。[①] 网络舆情的有关法律法条都散乱在我国有关信息管理和信息安全有关法律之中,法律条文繁复冗杂,仅有一部《网络安全法》作为较高效力的法律,明确对舆情方面做了宏观的法律界定与解释,但正因为其高度概括性,导致

[①] 姚倩、田宇:《基于政府视角网络舆情法治化治理研究》,《理论界》2020年第10期。

过于笼统，加大了现实治理中的参照难度，以致实践难度加大。因此，在网络舆情治理中，政府需要以《网安法》为基础形成针对性更强、治理边界清晰、处置方式规范的法律体系，形成原则性和可操作性兼备、针对性与实效性结合的网络舆情监管法律体系。

针对法律繁复冗杂的问题，应该在现有法律法规的基础上，梳理现有网络舆情相关法律法条，推动形成一套网络舆情治理的基本法体系，引领其他舆情的相关法律的建立，要明确舆情治理的多方主体、多方主体的权利义务和监管职责，更重要的是厘清舆情治理的边界以及非常明确的法律责任承担、救济等问题。①

针对行政执法不规范的问题，要将公权力关入制度的笼子中，同时厘清边界问题增加执法过程中的可操作性。要明确行政执法主体，尤其是直接参与舆情法规制定和行政执法的单位部门，要给予明确的主体地位，确认其执法主体资格，实现执法重心下移。此外，公共权力主体应制定涉及网络舆情治理各公共权力部门的"权力清单"和"责任清单"，明确各公共权力组织机构权责，防止各职能部门执行不当②；还要引入追责和评价体系，促进以政绩比重为主导的绩效评价向以人民本位为主导的绩效评价转变。

二 加快转型网络舆情治理中的传统范式，实现多元治理形式的"柔性融入"

（一）形成网络数据和舆情知识双轮驱动的网络舆情预警机制，防范网络舆情爆发风险

当前，地方政府的网络预警与响应机制建设已颇有成效，但亟待提高的地方依然存在，比如在大数据优势转化为预警监测的数据优势上存在差距，监测数据库和预警手段比较落后，预警指标可操作性和早期响应速度差、应对预案不健全、预警的顶层设计及通盘考虑仍存在缺陷等。2016 年 8 月国务院办公厅印发的《关于在政务公开工作中进一步做好政务舆情回应的通

---

① 姚倩、田宇：《基于政府视角网络舆情法治化治理研究》，《理论界》2020 年第 10 期。
② 王立峰、韩建力：《网络舆情治理的风险与应对策略探析》，《西南民族大学学报》（人文社科版）2019 年第 3 期。

知》对各级政府应对舆情回应制度、机制和效果提出了更高要求，政府网络舆情预警需要建立"预研—预测—预警—预案"动态工作系统，从而实现快速反应、协同应对、综合治理、精准引导。① 在前期实地调研中，本课题组成员曾前往广西、浙江、四川、西藏地区的网信办进行实地调研访问。

其中，某市政法单位 Z 工作人员提道："涉法、涉诉、涉政治安全、涉军安全、涉民群体、涉敏感节点的事件、群体或时间，是 24 小时舆情监测的'主领域'，也是考验监测能力的'盲区'。建立与时俱进的网络舆情预警机制刻不容缓。"

另外，还有 B 省的卫计委 W 工作人员也提道："技术手段是帮助我们做好网络舆情预警的'定海神针'，没了它，工作不好开展。"。

可见网络舆情预警机制的重要性。因此，本节将在功能共振理论观照下，依托大数据背景从网络舆情的信息预研、监测、分析、警报机制入手，探索构建知识和数据双轮驱动下的预警指标、预警模型组合、预警响应机制有机统一的预警体系。

第一是前置"数据—知识"型网络舆情预研机制。政府作为网络舆情治理技术的主要使用者，建立网络舆情预研体制要基于舆情数据与舆情知识的新认识基础上，重点建立起由舆情知识库模块、舆情研判模块、舆情知识服务模块建立的政务预警技术平台。实际操作中引入知识组织与管理的跨学科理论与方法，从知识工程学角度建立起网络舆情的预研机制和知识服务库。近几年大数据知识工程的研究也初现端倪，大数据知识工程是从国内兴起的，由大数据分析走向大数据研究和应用的一个国际前沿方向。② 大数据知识工程丰富了传统知识工程的研究和运用，该工程在数据方面具有海量动态资源的优势，同时具备动态更新和自我完善能力。国内已有多所机构和大学开始致力于大数据和知识工程的跨学科融合研究和应用，即通过大数据向大知识的数据建构过程，将大数据中离散的多种信息、碎片化信息抓取，集合分析、整合分析、统一建模，构建新型大数据知识服务体系。为建立用于

---

① 郑红、李桂凤：《大数据视野下地方政府网络舆情预警与响应机制研究》，《新闻传播》2018 年第 4 期。

② 张思龙、王兰成：《知识和数据双轮驱动的网络舆情分析技术研究》，《现代情报》2018 年第 4 期。

提炼知识需求、指导数据采集、信息智能学习的舆情知识模块，第一步需构建科学合理的舆情指标体系，建立基于舆情内容敏感度（主题/内容/媒体回应程度/原创/时间）、舆情真实性（真实/不确定/虚假）、媒体影响效应（媒体类型/传播KPI/领域影响力）三项指标的预警等级体系，来作为启动预警的输入项。第二步还要形成一个或多个用于舆情知识、经验采集和机器学习的舆情知识库，主要由领域知识库、业务知识库、舆情事件库、舆情案例库和决策数据库等组成。可以借鉴图书情报领域专业知识，构建常用的本体库、语义库、主题词表、系列词库、专家系统、机构数据库，从现有文献材料中提取隐性知识和显性知识，建立舆情知识的有序化管理。还要打通开源数据的通道，可以通过政府工作、媒体报道、网民观点等完成数据收集工作，尤其是对涉及政策解读、民生问题、社会稳定等的数据，应采集汇总更多舆情数据，为舆情知识库源源不断提供知识素材。同时，发挥舆情大数据语义挖掘技术，建立舆情研判模块，通过基于语言生成的主题模式，即源于隐性语义的索引来挖掘潜在的语言关联。隐性语义通常以语义网的形式对舆情知识进行精确研判，以知识发现、知识匹配、实体识别、实体关联、主题聚类、热点发现、语义挖掘、语义关联、信息抽取、信息摘要、数据清理、数据融合等关键技术流程来完成舆情知识的早期聚类和倾向性分析，起到早期预警的作用。这种面向用户内容生产的基于数据和知识双轮驱动的网络舆情预研机制，能够从数据层面第一时间洞察网民群体性动向，也能从知识工程学层面对舆情大数据进行知识挖掘和分析，以科学有效的方式提供舆情情报，实现跨学科领域知识的协同运用。

  第二是优化"大数据—知识"型网络舆情信息监测机制。大数据与知识图谱的深度融合，正在成为人工智能发展的核心动力。基于知识图谱提出一种空间知识嵌入学习模式，对于优化舆情监测机制，尤其是搭建与舆情知识库的链路，以完成对海量信息的自动抓取、自动比对、自动分类聚类、主题框定、专题聚焦是极为有益的。大数据技术在分布式数据抓取与运用、非结构化数据云存储技术方面存在着天然优势，可以对网络舆情信息进行开源采集、数据处理、数据解读等。但网络数据由于通过多种渠道得到，存在数据分散、格式相异的问题，需要对采集的数据，尤其是不规范的数据进行统一模式转化。这里就要利用已有的舆情知识库，尤其是大规模语料库或根据长期舆情监测经验形成的用户词典，通过设计数据的链路来实现系统能根据用户提供的关键信息，或是机器学习神经网络的自主学习结果来实施监测。简言之，就是利用推理引擎和规则挖掘完成知识推理，将挖掘内容与实体相似度进行比较后完成"知识融合—实体对齐"，再结合实体挂载类目获取匹配知识。最终能够实现与实体类目比较后完成"知识融合—本体对齐"的步骤建立知识建模对应的爬虫网络。就可以查找匹配相应检索词集合，并按照集合精准进行网络爬虫抓取。具体抓取过程都离不开知识挖掘流程，要不断更新文字、图片和视频等非结构化数据库，并通过 R 语言下载舆情事件信息形成数据库，然后使用如 POS（Part of Speech）给数据做标签完成作用识别，利用关系过滤（SQL）完成关系自动或手动确认，最终建立网络程序来实施网络爬虫抓取。

第三是增能"核心算法 + 知识"型网络舆情信息分析机制。网络舆情信息的分析机制是预警机制的核心环节，其主要任务是借助于专业的分析技术和工对汇集的信息分析，找寻舆情演化规律，进而为网络预警提供参考性信息和意见。传统的数据处理方式已经难以胜任复杂网络数据的解算和分析工作，尤其是对网络社会这一个复杂化程度只会越来越高的社会形态而言，更显得力不从心。借用当下非常成熟的 Hadoop 的平台架构来替代原有传统的网络舆情分析处理办法。Hadoop 作为通用的大数据处理平台包含了复杂数据算法集、文本提取算法等众多组件，能够兼顾网络舆情分析中的语义、分类、聚合等处理指令，可以完成对网络舆情的本体、语义层舆情信息、基于情感本体的网络舆情倾向性等分析。目前丰富的开源知识数据库降低了数据库的搭建成本，潜在的跨领域、跨学科知识集成降低了多系统集成的门槛，强大的知识工程技术可以提高舆情分析的可靠性。在如此便利条件下，利用 Hadoop 搭建成熟的信息分析机制可有效地链接数据获取、数据处理、分析结果，展示三个部分对事件本体类、事件逻辑类两种舆情类型代表的舆情事件进行分析。围绕以事件为中心搭建网络舆情的知识图谱，可聚焦动态事件及其要素间关联、时序和因果关系，认识舆情的整个生发演进过程，有效地记录事件的发展进程，适用于发现事件的演化规律和预测后续的动态。围绕以事件逻辑关系为中心搭建网络舆情的事理图谱，清晰地描述以事件为中心，事件之间关系连线形成的逻辑关系图，并分析其中的逻辑及概率分布，以展现网络舆情生命周期内的演化方向，方便在舆情分析过程中找出关键逻辑节点，为有效运用或防止出现提供有效支撑。

第四是后置"情报感知"的网络舆情信息的警报机制。舆情警报是预研、监测。分析之后的响应机制，对政务警务、网络安全、媒体报道意义重大。"感知"概念最早出现在心理学研究领域，伴随信息技术和情报研究的逐渐深入该概念被引入，在该领域最早的感知研究主要从态势感知研究开始。"态势感知"是第二次世界大战后美国空军提升飞行员作战能力开展的人因工程。美国情报界长期以来也在主导情感感知这项前沿技术的研究，如美国高级情报研究计划局（IARAP）、美国国防高级研究计划署（DARAP）2020年在研项目33个，围绕态势感知、先进计算、机器学习、图像分析、AI等领域的情报分析技术展开研究。作为一项前沿技术，情报感知需要完成以下三类任务：一是情报材料和数据的整理、组织和存储；二是从资料和数据中提取活化的知识；三是针对用户需求进行知识的解析、理解、预测和情报决策支持。[1] 技术上，情报感知主要涉及对数据的处理、数据内容的分析和成果的表达等。[2] 情报感知工作流程和技术都涉及情报感知的关联工具应用，具体包括数据感知、情境感知和态势感知三个关键环节，每个环节自成工具和实施对象体系。[3] 数据感知能对采集来的海量数据实现感知数据生成和处理；情景感知则是在数据感知的基础上感知和推导用户的意图和需求；态势感知是情感感知的结果，基于在信息不完整的情况下对对象的态势实施的，可以发挥情报提前警报的作用。网络舆情情报感知模块与舆情知识库模块（舆情研判知识存储）、舆情监测和分析模块（舆情数据加工和要素获取），形成完整的基于情感感知的网络舆情研判和警报系统结构。通过这套系统可以将现有的知识库及工具、知识图谱、知识工程等融入网络舆情警报机制，有效甄别舆情主体、客体、关联、要素、时间、地点等关键信息，及时通过关联分析、态势分析等对正在发生或潜在的威胁进行识别，最终开展舆情态势评估和预测，综合对舆情事件、舆情要素、舆情热度、传播圈

---

[1] 张思龙、王兰成、娄国哲：《基于情报感知的网络舆情研判与预警系统研究》，《情报理论与实践》，http://kns.cnki.net/kcms/detail/11.1762.G3.20200927.1556.004.html，2020年12月2日。
[2] 曾文、李辉、陈媛等：《情报感知方法技术及其应用研究》，《情报理论与实践》2019年第5期。
[3] 赵柯然、王延飞：《情报感知的方法探析》，《情报理论与实践》2018年第8期。

层、情感倾向、潜在风险进行评估，结合国家或地区的涉事领域及涉事主体进行态势的综合评判后启动预警，继而进行舆情治理流程。

（二）落实舆情治理联调和新闻发言人程序化建设，提升风险处置能力

近年来，主流思想舆论阵地建设获得质的提升，官方化解危机的能力日渐增强，涉政涉官类网络舆情日渐减少，但与社会类舆情关联的舆情事件呈上升趋势。这种现状下舆情在网络中越来越存在着时空上的"此起彼伏"，源于网络社会建构起的"超现实"除了反映自然的现实之物，也由于私人领域议题公共化的盘综交错出现一种"幻境式相似"的"拟态"，舆情出现"议题变异"。"异议"的风险转化为舆情风险要更为频繁，增加了政府舆情应对和治理的难度。任何一个涉政主体都有变成舆情风暴中心的概率，因此建立起牢固和相对自由的政府舆情治理联调机制尤为重要。

正如某市网信办 C 处长所言："舆情治理组织架构的理想状况应该是金字塔型，但现实情况是倒金字塔形，层级越低人员越少，下级单位更多涉及操作层面，但人力不足。且在此层级职权不匹配，因此处于被动地位，且对舆情疲于应对。"

当下，根据"三位一体"的国家网络信息管理格局，网信办是舆情应对工作的综合和引导部门，在纵向、横向和协作的三种运作模式上具有不同的效力。纵向上是自上而下的领导与被领导关系，上级指导下级开展业务，下级向上级呈报舆情信息和材料，这种纵向关系是政府处理网络舆情的主要方式。横向上是同级职能部门相互结合相互业务支撑的关系，但实际情况上这种横向合作是相对不稳定和不紧密的，尤其是以网信办与其统领的其他的舆情部门之间的沟通协调及职责划分仍未形成规范化和制度化的运作模式，其他职能部门也与其只是一种松散的联系。科层的这种权力关系能够很好地调动其科层内的被管理部门，可无法强有力地对舆情本身采取有力的管控，沟通方式还依然单调且效率低下，沟通信息反馈失真度依然存在。当真正的危机来临时，每个职能部门首先下意识还是会只考虑自己的利益，并不是第一时间思考通过合力解决问题。危机蔓延开来依然可能。

目前成熟的舆情治理联调机制经历了"领导小组""部门联席会议""行动导向型"三种模式的发展。"领导小组"模式形成与党委序列下整合集中多个政府部门资源，协调与领导跨部门的网络舆情处置流程。"部门联

席会议"模式主要是网络舆情有关联的部门组织会议,一起商讨处置策略,统一部署、统一行动,看起来是一种基于预设或现况的临时性会议。"行动导向型"模式是"部门联席会议"模式的一种变体,涉事主体自主发起的联合行动,时效性短。然而,就现实而言,真正概念上的"跨部门联调"机制没有建立起来,始终都是复杂环境演化中不能一语言尽的追求向往。这三个模式长期互相嵌套,表面合作,却仍然呈现"分散化"特征。

在这种背景中,提高政府部门的治理联调机制组织沟通有效性的方法手段,就要从政府组织架构着手,深化行政管理体制改革,理顺各部门之间的关系,科学合理设计组织结构,保障渠道畅通。还要明确组织各职能部门层级的职责权限,对潜在舆情事件提前准备预案,按照预案进行预演。如有可能还要设置专门行政沟通协同部门,在预警爆发后的"黄金4小时"内实现职能部门间的高效沟通,破解"思想统一难、认识统一难、行动统一难、资源统一难"的问题,解决"九龙治水"的局面。

正如某市网信办技术中心工作人员所言:"在网络舆情的应对流程方面,(1)监测方面呈榕树状,中央是根、省是茎,市是枝干,县是树叶;(2)分析研判是饼状,不是一家独大,也不是网信办起主导作用,而是网信办反应网络信息情况,内外组织机构协调沟通;(3)应急体系是闭环状,事件处理流程应该是从基层开始,螺旋式上升。"

要完善部门层级间网络舆情监测报告会晤机制,汇集懂得分辨舆论信息,具有观察力和分析能力的政府工作人员,共享舆情信息、沟通会商、商定方案,组成纵向到底、横向到边的监测报告会晤机制。更重要的是建立跨部门联动应急处置机制,平日多开联席会议,商讨网络舆情预防的措施,保持信息互通和情报互享。可以实行轮流制联席主体牵头部门的形式,分阶段各个部门协同配合,在平日里强化风险意识和处置风险的应对演练。

还要建设网络发言人制度。党委、政府的新闻发布要能聚焦社会热点问题,及时回应公众,要意识到新闻发布工作是强化意识形态工作的重要一环,是提升我党和政府公信力、沟通内外和展示形象的重要窗口,是加强政民互动、创新治理的重要桥梁,也是砥砺组织队伍、践行"四力"的有效载体。2003年,"非典"疫情的暴发给政府带来严峻考验,也是举办新闻发布会的密集时期。至此之后,我国新闻发言人制度进入了制度化建设时期。

近年来，互联网社会和移动终端迅速发展，设置网络发言人制度是多元媒体环境下的新适应。这也决定了新闻发言人不能只出现在新闻发布会现场，更要面向网络。新闻发言人在网络现场中服务的对象不再是记者群体，还有更加复杂的网民群体。

正如某市网信办的工作人员所言："在过去处理网络负面舆情的过程中，许多领导的思想观念和行政行动的脱节，许多领导的互联网思维还在建设中，领导对具体事件，在操作层面上对互联网思维无法接受。"

因此与传统新闻发布不同，网络新闻发布要通过推心置腹，以更加平等沟通的方式发布。以2020年年初的新冠疫情为例，2020年2月5日，习近平总书记在中央全面依法治国委员会第三次会议上明确强调，要依法做好疫情报告和发布工作，按照法定内容、程序、方式、时限及时准确报告疫情信息。国务院总理李克强此前也多次指出：推动防控力量下沉，坚持公开透明。疫情防控进入攻坚期后，各地各部门形成了常态化的疫情新闻发布会和网上发布会，通报疫情数据等，回应社会关切。2020年10月30日，伴随党的十九届五中全会而建立的中共中央新闻发布制度，标志着新闻发言人制度已经成为一种我党的制度安排和制度创新。可以说，新闻发言人作为一种"制度"，代表的是政府立场，其新闻发布内容涉及政府的重大事项、重要政策解读、社会热点问题、海内外关注的问题、重大突发事件、公共服务等与公共利益相关的问题。

建设网络新闻发言人制度，第一是要明确"对话式"的新闻发布形式，压缩"独白式"的政策宣介，创新"平等友好"的新闻发布。对于公众关切的核心问题，以及问题背后蕴藏的焦虑、担忧的风险情绪及时洞见并做好疏导，传递民间话语温度。如新冠疫情期间，华山医院感染科主任张文宏在回答记者对民众居家隔离的问题时讲道："你在家不是隔离，是在战斗，你觉得很闷的时候，病毒也被你闷死了。"这种话语有效缓解了公众间蔓延的焦虑、恐慌等坏心情，以情感动员和共振的效果引导安抚公众。第二是要做好"议题设置"，要构建重大事件的专题信息发布模式，强化事实供给。除了要公布事实外，还可以增加权威人士、权威信息与观点的公开解释机会，来稀释谣言传播的模糊情景，助力真相跑赢舆论，重塑真实信息的公共空间。第三是要做好"舆论回应"，要持续以"事实+情感"的形式沟通与公众形成正反馈。要将新闻发布会作为解决问题的公共平台，体现回应关切与落实工作的同频共振，尤其可以增设回应网民提问、质询、问责的环节，以不回避的姿态做出舆论回应，有效缓解公众焦灼情绪。第四是要塑造亲民、负责、友善的发言人形象。新闻发言人要学会直面媒体、网民，要注意镜头前的仪表仪态和谈吐举止，还要形成独具特色的发言，贴近公众的日常表达，如拉家常、脱稿、讲数据等话语表达。如新冠疫情的新闻发布会中，"天津福尔摩斯"张颖、"金句专家"张文宏等都因犀利且真实的发言登上微博热搜，引起网友的点赞。第五是要做好应对"口径冲突""信息错漏"带来的舆论审判，避免失范行为造成对政府公信力的消解。如新冠疫情暴发的中心点，2020年1月26日湖北省的新闻发布会上出现"口径冲突""信息错乱""失范行为"等问题成为舆论引爆点，引起公众热议和质疑，削弱了政府公信力。第六是要创新传播形式，发挥媒介技术提高发布会的传播力，形式创新要体现民本思想。要借助5G技术助力网络直播，打造"云现场"的远程直播模式，在搭建大规模发布现场较为困难的时候使用。

（三）优化网络舆情引导范式，引导细节中见功夫

网络公共领域的"两面性"在创造政府与公众对话平台的同时对政府的信任体系受到一定程度的冲击，为政府治理提出新挑战。[①] 在这种情况下，政府要不断优化网络舆情的处理处置思路和办法，结合当下"后真相"时代的来临，以及情感共振的传播规律，需减少过往"捂盖子"式的封号、删帖等简单粗暴的执法手段，应寻求一种在对话与治理关系中达成平衡的范式。

首先，网络舆情引导中要重视"立场态度优先于事实逻辑表达"的传播范式、沟通范式和认同范式。这是建立在政府与网民能够基于舆情事件达成一种理解上的共识之后，政府与网民间通过对话形成良性的情感同频共振，给予公众可以感知到的、有温度的舆情关切，将这种关切在舆情治理与引导中凸显出来。尤其在网络舆情开始呈现弥漫之势时，第一时间要做到慎说事实、重表态，多些人文关怀和救援救济。要转变政府强管理身份，在把

---

① 罗章、白向学：《网络热点的舆情极化逻辑与政府回应》，《学术探索》2020年第6期。

握舆论引导主动权和主导权的基础上，主动走进网络"舆论场"中参与网民互动，掌握网民的交往话术和话题爱好，做到既能"听得懂、听得进"，又能"会互动、会引导"。坚持正面宣传为主与依法管理相结合的舆论引导机制，构建多元主体协同治理机制，探索社区网格化舆情管理模式，增强受众意识，讲究舆论引导策略，创新舆论引导新"范式"。①

其次，要在舆情引导实战中保持"舆情对冲"意识和姿态。随着舆情事件逐渐还原突发公共事件具体的舆论环境与舆情形势后，要积极回应现实事件和落实处理处置结果，适当运用"新闻转移"，修复提升自身形象。提出形象修复理论的威廉·班尼特曾言，形象修复过程中运用"新闻转移"能有效通过转移公众关注的新闻对象的曝光度，以另一种"即时传播图景"达到"议程设置"作用。就是要顺应热点转移更快，媒体议题设置更快的特点，发挥新闻专业主义，在报道中强化事件本身的正向引导和深度还原，影响公众的认知、态度和行为，摆脱风险议题的长期暴露，重塑公众对事件中的主体的理解。以城市管理行政执法大队形象为例（以下简称"城管"），过去人们对城管的普遍评价都多会以"霸道""蛮横""暴力执法"等负面词汇来形容，二者间本就脆弱的信任关系也因为层出不穷的执法方式问题等继续受到重创。近年来随着文明执法的深入贯彻，也出现了城管人性化执法优秀案例，如"文明劝导地摊经济""帮扶贫困流动摊贩解决摆摊问题""打电话邀请摊贩定点摆摊"等，正以一种"正面议程设置"的形式在改变过往人们对城管的刻板印象，重塑自我形象，在行动中凸显与公众之间的亲和力，达到形象重塑的作用。但这一过程尤其要注意保持连续性和稳定性，才有助于修复提升形象。

（四）培育/扶持理性意见领袖，引导网民理性发声

重大突发事件中意见领袖失范行为会导致网络负面舆情的出现，尤其是设置负面议程、传播错误观点、散播无关热点、宣泄非理性情绪、扩散网络谣言这类意见领袖失范行为。政府作为治网主体有责任和义务对网络意见领袖的失范行为进行整治和正向引导。

近年来，网络媒体与传统媒体互动形成"合力"产生社会热点事件越

---

① 苏宏元：《5G 时代舆论生态变化与舆论引导新范式》，《人民论坛》2020 年第 27 期。

来越多。网络中的意见领袖兼具人际传播和大众传播的双重属性，具有公共性和商业性的双重色彩。目前而言，新一代的"网红"，不仅是网民的观看对象，而且在社会话题和生活方式上也有一定的引导力。在互联网经济的驱动下，一些微博大V、微信公众号也被认为是"网红"。新冠疫情暴发以来，许多"网红"积极投身公益行动，据不完全统计，截止2020年2月9日，在抗击疫情个人捐赠榜单中共有205人，其中"网红"就有29人，占比14.15%，他们共捐赠善款1.59亿元，防护物资（口罩、防护服、护目镜等）近十万件。这显示出：大难面前，"网红"群体已然形成了一股不可忽视的力量，他们的一言一行，正在拿掉"网红"虚幻的滤镜，向大众展现他们作为新意见领袖的责任与担当。由此，"网红"群体在引导社会公益方面不容小觑，他们已然形成了一批新崛起的关键意见领袖，在经济价值外，展现出了更深层次的公益价值。因此，把握好意见领袖这个舆情发展中的关键节点，有利于避免舆情事件发展过程中"共振"的出现。

（五）在引导中总结经验教训，完善舆情应对策略

一方面，对于网络舆情事件中政府及相关涉事单位内部工作失职、失误行为，必要的责任追究是有意义的。应从严追究有关人员的责任，规范和约束涉事单位内部人员的行为。此外，要严格划分事件责任界限，不偏袒、不维护任何一方，做到主动追究相关当事人的责任；对于网络舆情事件中严重失职部门和人员，政府及涉事单位需依据问责条款和机制做到严肃查办，坚决追责；对于暴露出的一些违法乱纪的犯罪行为，要依法惩治，绝不姑息。与此同时，政府及涉事单位要及时向社会公布事后调查督办的最新结果，必要时候要启动救济机制，对民众的合法利益进行救助，特别是针对人员伤亡多、经济财产损失高的自然灾害、社会公共安全事件等，要将舆情管控和善后工作相结合，双管齐下，将民众质疑降到最低。对于矛盾双方要进行科学有效的处置安排，对于舆情危机中遭受损失的弱势群体，政府及涉事单位要尽快调动人力、物力和财力完成救济补偿。还要对公众的情绪进行安抚。

另一方面，应设置和运用网络舆情应对评估总结制度。目前来看，我国还未建立起成熟的网络舆情应对评估总结制度。人民网舆情监测室曾在这方面做出探索，通过设置政府响应、信息透明度、政府公信力三个常规指标及动态反应、官员问责、网络技巧三个特殊指标，考察政府在应对网络舆情方

面的表现,并将应对能力划分为总体得当(蓝色)、应对有待进一步加强(黄色)、应对存在明显问题(澄色)、应对严重失当(红色)等四级。上海交通大学舆情监测室也曾针对突发公共事件中相关部门的舆情应对能力建立评估指标体系,从研判能力、现实问题解决能力、沟通能力、信息发布能力及与公众互动的能力、议题管理能力和危机恢复管理能力六个方面对舆情应对进行具体分析。① 因此,在网络舆情的消退期或者事件讨论完全平息之后,政府及涉事单位应该组织参与舆情应对的各个部门,开展广泛而深入的讨论,对舆情应对工作进行回顾和总结。对于舆情回应中做得好的地方,要积极肯定其成果,并在类似问题的解决上作为正面范例,大力推广②;对于舆情危机管理产生的有形的或无形的损失,要认真分析其原因,检讨自身在舆情应对中的失误,从中汲取教训,避免再犯类似的错误。

(六) 构建政府作为治理主体的网络舆情协同治理模型

习近平总书记指出:"要提高网络综合治理能力,形成党委领导、政府管理、企业履责、社会监督、网民自律等多主体参与,经济、法律、技术等多种手段相结合的综合治网格局。"我国行政机关的治网主体是以工信部、公安部、网信办以及诸如文化部、广电总局等专门领域的部门及其地方对应机构组成。2014年2月17日,中央网络安全和信息化领导小组(2018年3月改为中国共产党中央网络安全和信息化委员会)成立。同年,国务院授权各省、自治区、直辖市人民政府,国务院各部委、各直属机构重新组建了国家互联网信息办公室,由习近平总书记亲自担任委员会主任,地方网信办也由"一把手"任组长,建立了我国互联网治理的基本的领导组织。③ 这一行政权力单一主体的形成,从行政权力的结构来看,符合我国"以层级制和职能制相结合为基础,按上下对口和'合并同类项'原则建立起来的从中央到地方各个层级的政府大体上同构的政府组织和管理模式"。④ 但以单一行政

---

① 上海交通大学舆情网:《突发公共事件舆情应对指标体系》,http://yuqing.sjtu.edu.cn,2010年10月14日。
② 夏成满、阚洒庆:《网络环境下危机事件的公众形象修复》,《视听界》2014年第2期。
③ 国务院:《国务院关于授权国家互联网信息办公室负责互联网信息内容管理工作的通知》,http://www.gov.cn/zhengce/content/2014-08/28/content_9056.htm,2014年8月28日。
④ 周振超:《当代中国政府"条块关系"研究》,天津人民出版社2009年版,第98页。

主体开展的"公共权力主导"的治理机制已面临治理效力不足和渠道堵塞双重风险。迫切需要政府内部建立起多治理主体的网络舆情协同治理机制，以弥补治理主体间协同性不足的缺陷。这里根据政府多元公共主体在网络舆情中的职能及分工，提出形成属地政府、立法部门、执法部门、涉舆情政府部门、舆情信息监测及分析部门、与政府合作的第三方舆情监测研判中心、正面信息引导部门7个功能部门的网络舆情协同治理模型，重点要在价值协同、信息协同、科学理性协同上有所体现。如图6-4所示。

在网络舆情协同治理中建构价值协同。政府部门间首要的是纠正"同一地域不同职能"的条块思维，要树立起网络舆情管制的"属地化联调管控"意识，形成网络舆情整体协作处突的合力机制，打破过去因职能分工、权责设定、处置程序等或者因缺少明确的法律规范导致的执法边界问题，尤其在重大突发网络舆情事件中要注重价值一致认同的自觉。只有防范深层次价值冲突，才能形成最大的公约数，才能把最大多数人动员起来，才是符合重大突发事件网络舆情治理的有效应对之举。①

在网络舆情协同治理中建构信息协同，应建立和完善治理主体间的协商沟通机制。结合模型来看，任意政府功能单元间都存在着功能共振的几率，网络舆情的发生过程随时都存在着反转、颠覆、诱导等新动能特性，某一部门的应对结果，可能会是另一或多个部门的舆情生发源。因此前瞻性地认识到多元主体的诉求、困境和能动性考量不足的可能，建立起主体协同、信息共享，治理效果评估等都有效的主体间协商沟通机制非常重要。首先，要着力消除各主体之间的误解和不信任感，充分考量各主体的特征、优势、不足和价值诉求，以协商沟通机制保证多元主体能够发挥协同优势。② 其次，形成网络舆情引导与治理能力提升同业务能力提升工作相挂钩，在日常业务线中强化舆情处突的假想演练，提升职能业务相对应的处置能力。

在网络舆情协同治理中加强科学理性协同。政府要在网络舆情协同引导和治理中建构科学理性协同的认识和相应科学治理的机制，要意识到这是提

---

① 姜东旭：《重大突发事件网络舆情的协同治理》，《南京工程学院学报》（社会科学版）2020年第1期。

② 王立峰、韩建力：《网络舆情治理的风险与应对策略探析》，《西南民族大学学报》（人文社科版）2019年第3期。

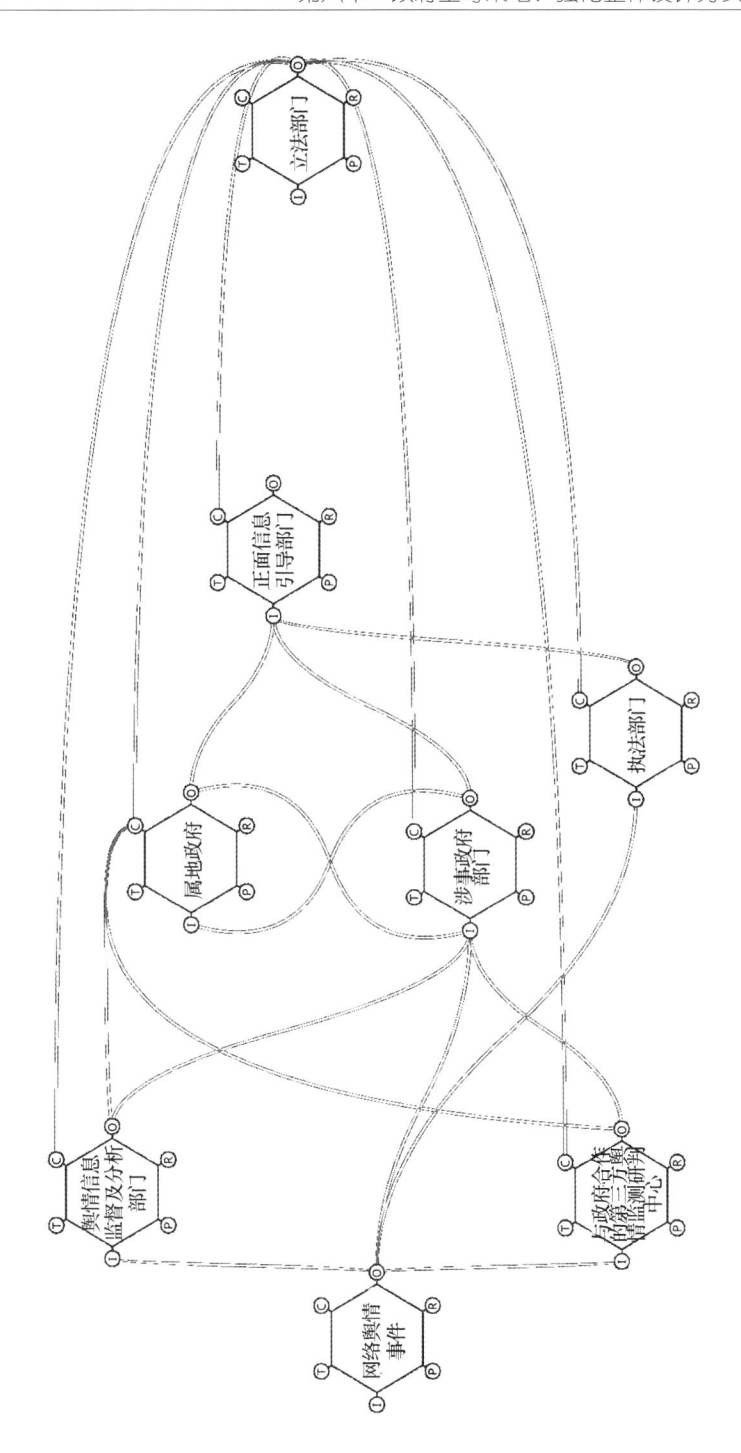

图6-4 政府作为治理主体的网络舆情协同治理模型

升规范治理的重中之重。政府不能以"洪水猛兽"来认识网络舆情只有危害性而没有机遇性,高眼界的政府应该具备科学的认知:网络舆情是"危中有机",是社会转型期的矛盾积聚与互联网时代传播互动的产物,要以"疏导"代替"围堵"的传统办法,不能将舆情事件中的人民、团体等社会要素放置在对立面制造紧张对立。要深入分析研判掌握其规律,遵循"依法办理、舆论引导、社会面管控"三同步原则,细化实施细则,做好如何处置和如何发声准备工作。同时,政府要充分将技术优势转化成监测优势、预警优势、动态处置优势,依靠技术手段如监测机器人、社交机器人、自定义语义分析与生成手段、网络评论员程序等做好网络舆情各阶段相对应的问题和强制通信点分析,以及预潜伏爆发期的监测预警机制、变种期的分析反馈机制、消亡期的反思预防机制的搭建与使用。[1]

小 结

政府是网络舆情引导和治理过程中不可缺位的治理主体,尤其面对网络舆情复杂性变化的现况和趋势,需要强化顶层设计、夯实治理基础。本章通过在复杂理论框架中运用功能共振理论和 FRAM 模型的复合路径探究政府治理和引导中的功能共振单元,以及存在的失效连接,发现政府在监测、预警、首回应和动态回应、处理次生舆情 4 个方面存在功能性缺失和不足,从而引起功能共振造成结构性失效,是影响舆情引导和治理的现实困境。因此,政府需强化"治理"理念,加快网络舆情治理的"法治生态体系"建设,建立统一规范的管理机制,尤其应适时出台网络舆情治理基本法;也要发挥政府在网络舆情协同治理体系中的主体作用,对照网络舆情演化规律形成治理机制,优化处理手段和方式,在处置过程中快速、精准地对症下药。

---

[1] 袁红、李佳:《行动者网络视角下突发公共事件的谣言协同治理机制研究》,《现代情报》2019年第12期。

第 七 章

媒体协同策略：畅通沟通渠道 建立主流共识

随着媒介技术的演进和媒介生态的变化，中国媒体整体上经历了从传统媒体向新媒体的转变。当下，中国形成了官方媒体、商业媒体和自媒体组成的多媒体属性共存的局面，深刻影响着我国信息传播格局和网络舆情生态环境。从网络空间话语权的掌握来看，主流媒体与大众媒体的博弈决定了舆论场秩序的维护。功能共振理论下网络舆情生发演化的分析表明，媒体在主流话语引导和社会共识建构方面发挥着重要作用，搭建起了政府与网民沟通的桥梁。基于此，本书将我国媒体划分为由传统媒体发展而来的专业媒体、以平台媒体和自媒体为代表的大众媒体，建构媒体作为功能主体的网络舆情协同治理功能网络，通过分析与总结网络舆情中不期望的耦合情况与失效连接，提出媒体在扮演网络舆情协同治理角色时，应达到的实际效果与应对风险的策略。

第一节 媒体：话语导向与共识建构的助推者

随着互联网和新媒体技术不断发展，媒体格局和舆情传播生态发生颠覆性变革，呈现出多种媒体形态并存、信息传播更具即时性、互动性等多重特征。多类型的媒体主体基于特定的网络空间环境和用户互动关系，正重塑着网络舆情生成与传播机制。从技术变化的角度来看，媒体经历了由传统媒体向新媒体的发展过程；从媒体属性的角度来看，中国媒体主要存在官方媒体、商业媒体和自媒体三种类型；从政治属性和功能以及社会影响力的角度来看，可将中国媒体分为主流媒体与大众媒体两类。

网络舆情治理有几大关键的参与主体，除政府外，对网络舆情影响最大的主体是媒体，媒体在一定程度上塑造了公民的认知。按照功能共振理论的分析，媒体是网络舆情治理系统的重要功能主体之一。根据我国媒体格局和网络舆情传播现状，主要发挥作用的媒体功能主体是以党媒和市场化媒体为代表的专业媒体、以平台媒体和自媒体为代表的大众媒体。专业媒体和大众媒体具备不同的特征、作用，在网络舆情治理中担任不同的角色。专业媒体是主流话语的掌舵者，协助党和政府完成舆论引导的工作；大众媒体与网民的联系更为紧密，是主流话语重塑的助推者，具备"他治"和"自治"的双重属性，在政府与专业媒体的引导下，维持自身的话语秩序。

一　媒体形态与传播环境变迁

根据2022年中国互联网络信息中心（CNNIC）在京发布的第50次《中国互联网络发展状况统计报告》，截至2022年6月，我国网民规模为10.51亿，互联网普及率达74.4%，互联网的普及使中国进入"媒体聚光灯和大众麦克风"时代，我国的媒体和传播形态发生了重要变化。移动端使用的增强使网络成为舆论主阵地，媒介融合不断加强，与此同时，受众接受信息的方式更加多样化，发声方式也正在发生改变。2019年1月25日，中共中央政治局就全媒体时代和媒体融合发展举行第十二次集体学习。习近平总书记指出，推动媒体融合发展，要统筹处理好传统媒体和新兴媒体、中央媒体和地方媒体、主流媒体和商业平台、大众化媒体和专业性媒体的关系。[①] 可见，历经长久的社会结构和媒介技术变迁中，我国媒体形态也发生了深度的改变，形成了多主体交错、传播网络复杂的媒介格局。

（一）媒体格局演变：传统媒体与新媒体

从技术影响下的时代背景来看，我国的媒体格局经历了以传统媒体为主流到现在新媒体占据半壁江山的演变过程。其中传统媒体包括报纸、广播、电视等媒体，新媒体又称网络媒体，包括固定终端和移动终端的媒体。

从传播史看，人类传播经历了五次革命，其中语言传播、文字传播、印

---

① 宋建武：《推动媒体深度融合做大做强主流舆论》，《人民网》，http://media.people.com.cn/n1/2019/0220/c40606-30807497.html，2019年2月20日。

刷传播、电子传播这前四次革命属于传统媒体革命，结果形成了报纸/杂志、广播、电视各自独占鳌头的局面，它们在竞争中最大限度地融合对方的某些特点，最终获得了各自特性。从自然属性来看，报纸为读、广播为听、电视为看。报纸的物质基础是印刷技术设备，信息载体是纸张，传播符号是文字和图片，要通过发行渠道来传播；而广播、电视以电子为媒介，物质基础是电子技术设备，信息载体是无线电、光纤或导线，信息符号是声像，要通过发射和接收设备进行传播。这些属性特点决定了传统媒体具有各自不同的传播优劣势：报纸长于传播理性认识等抽象的信息，同时便于留存携带，提高了受众接受信息的自由度；与报纸相比，广播电视因其传播更加迅速、覆盖面更广、形式更加生动多样等优势，降低了受众接受信息的障碍，提升了公众接受度和参与度。

第五次传播革命为网络传播。互联网技术的出现，不但引发了信息、新闻、舆论生产方式的全面变革，从根本上改变了传统的传播关系，也改变了整个信息传播的格局和媒体发展的格局。当前，报刊和广电媒体已经快速趋弱，新媒体快速发展，形成了新媒体快速赶超传统媒体的新格局。[1] 蒋宏和徐剑认为，新媒体是指20世纪后期在世界科学技术发生巨大进步的背景下，在社会信息传播领域出现的建立在数字技术基础上的能使传播信息扩展、传播速度加快、传播方式丰富的新型媒体。与传统媒体相比，新媒体具有即时性、开放性、个性化、分众性、信息的海量性、低成本全球传播、检索便捷、融合性等特征，其本质特征是技术上的数字化、传播上的互动性。[2]

新媒体的出现与普及，使得我国传播环境中的话语表达主体发生颠覆性变化。童兵曾指出，在传统媒体时代，公民的表达权往往受到传媒组织的掌控，传媒组织代表的官方与商业力量主导着舆论表达。然而媒体被少数人掌控或垄断，大多数普通人处于一种"失声"的状态，这是一种不对等的单向一元表达结构。但是在新媒体时代，普通公民得到一种"技术赋权"，也拥有了利用网络渠道发声的机会，公共领域的意见与情绪表达更

---

[1] 郭全中、郭凤娟：《传媒产业新格局》，《青年记者》2011第31期。
[2] 匡文波：《"新媒体"概念辨析》，《国际新闻界》2008年第6期。

为直接和多元：一方面，普通大众参与表达的门槛降低了，受众既是媒体内容的消费者，也是其创造者。UGC（user generated content，用户生成内容）使得新媒体的内涵和外延得到极大地扩展，从很大程度上颠覆了过去从传播者到接受者这种单一被动的信息传播模式。传播者和接受者出现交替和交互，受众也可以制造和传播信息，传播方式发生极大改变；另一方面，海量网民具备多样化的身份，面对同一个事物时呈现多元且极化的意见，新媒体时代下的信息纷繁复杂，造成传播环境和舆论环境的复杂性与风险性。

郑保卫认为，我国已经初步形成了一个报纸、广播、电视、互联网、手机等"多媒体并存"的新的媒体格局，"并存""互补""融合""创新"，是新的媒体格局下媒体发展的主流与趋势。[①] 虽然在新媒体的冲击下，传统媒体的影响力有所减弱，但并不能否认传统媒体依旧具备着信息内容更为深刻、权威等优势。唯有发挥二者各自的特色，取长补短，寻求一种平衡发展的模式，才能营造出一个健康向上的媒体生态环境。

（二）信息传播多主体共存：官方媒体、商业媒体与自媒体

新媒体新兴之时，平台媒体与自媒体随之出现，中国媒体在初期分化出三个舆论场：以党报党刊、国家电视台、通讯社、重点新闻网站等为主体的官方舆论场；以市场化的都市媒体、商业网站组成的市场化媒体舆论场；以微博等社会化媒体为主渠道传播的民间舆论场。[②] 综合来看，现阶段在我国的信息传播生态中，存在着多主体共存的局面，根据形态和性质的不同，大致可以归为三类，即官方媒体、商业媒体与自媒体。

从形态来看，官方媒体和商业媒体属于组织机构类的专业性媒体；自媒体则是依托于平台媒体形成的个体发声账号，与意见领袖相类似，代表个体的观点和态度。不过，随着新媒体不断发展，不少曾以个体为中心的自媒体逐渐壮大，形成以盈利为目标的团队、群体或组织。因此，自媒体与商业媒体的概念又有所重合。从性质来看，官方媒体、商业媒体和自媒体的区别主

---

① 郑保卫、李洋、郭平：《试论当前我国媒体格局变化的现状及特点》，《国际新闻界》2008年第3期。

② 周廷勇：《从"威权舆论"到"权威舆论"——"微时代"主流舆论的解构与重振》，《重庆工商大学学报》（社会科学版）2012年第6期。

要在于代表立场和信息传播目标的不同。官方媒体代表政府、企业、组织机构的利益和立场，为特定的政治目标或企业发展目标、形象塑造目标等以公关为目的而发布信息；商业媒体则以追求盈利为终极目的，参与市场化竞争，迎合受众需求；自媒体的属性则更为复杂，在信息传播生态中具有更多的不确定性。

在我国的信息传播环境中，多主体并存的局面增加了网络舆情的复杂性和治理难度。祝华新认为，经过网络空间治理、新型主流媒体打造、政务机构媒体大规模运营，官方与民间"'两个舆论场'的交集和共识度有显著增强"，[①] 原本活跃的市场化媒体舆论场也逐渐与党媒的官方舆论场趋同。但是，不可否认的是，在市场机制的作用下，媒体的新闻生产、观点表达和信息传播不可避免地存在很多乱象。例如2019年年底《人民日报》刊文批评总结了传媒行业存在的15个问题，包括明星人设、弹窗广告、粉丝文化、算法推荐、开机广告等。在多元媒体形态并存的传播环境中，稳固官方媒体进行正确价值观引导的主导地位、规避商业媒体和自媒体在信息传播环境和网络舆情生态塑造中存在的弊端与风险，是亟待解决的问题。

（三）网络空间话语权博弈：主流媒体与大众媒体

从政治属性和功能以及社会影响力来看，可以将媒体分为主流媒体和大众媒体两大类。2019年，在中共中央政治局第十二次集体学习上，习近平总书记提出主流媒体包括党报、党刊、党台、党网等。[②] 新华社"舆论引导有效性和影响力研究"课题组的研究认为，判断一个媒体是否为主流媒体有六条标准，即：（1）具有党、政府和人民的喉舌功能，被国际社会、国内社会各界视为党、政府和广大人民群众意志、声音、主张的权威代表；（2）体现并传播社会主义意识形态和与之相适应的价值观，坚持并引导社会发展主流和前进方向，具有较强影响力；（3）具有较强公信力，报道和评论被社会大多数人群广泛关注并引以为思想和行动的依据，较多

---

① 祝华新：《2014："两个舆论场"共识度增强》，http://yuqing.people.com.cn/n/2014/1225/c209043-26277634.html，2014年12月25日。
② 习近平：《推动媒体融合向纵深发展巩固全党全国人民共同思想基础》，http://www.xinhuanet.com/politics/2019-01/25/c_1124044208.htm，2019年1月25日。

地被国内外媒体转载、引用、分析和评判；(4) 着力于报道国内外政治、经济、社会、文化等领域的重要动向，是历史发展主要脉络的记录者；(5) 基本受众是社会各阶层的代表人群；(6) 具有较大发行量或较高收听、收视率，影响较广泛受众群。① 根据这些标准，我国的主流媒体主要有：(1) 以《人民日报》、新华社、中央电视台等为代表的中央级新闻媒体；(2) 以各省、自治区、直辖市党报、电台和电视台的新闻综合频道为代表的区域性媒体；(3) 以各大、中城市党报、电台和电视台的新闻综合频道为代表的城市媒体；(4) 以新华网、人民网等为代表的国家重点扶持大型新闻网站。有学者指出，主流媒体应该在应然和实然上都是合理且合法的。在我国现实语境下，一个媒体要成为主流媒体的必备要素有二：一是传播内容上应彰显和传扬主流文化及价值观；二是传播对象即受众为主流人群。

但也有学者认为，主流媒体并不是"自封"的，也不是一成不变的，而是在动态竞争中确定的，并不时地调整变化。只有那些能将政府的方针政策有效地传达给受众、并拥有广大受众的媒体才能被称之为主流媒体，这种定义是不正确的。主流媒体的"主流"，指的是国家与主流意识形态。因此，主流媒体是由其地位决定的，在某种意义上来说，主流媒体是与党和国家的导向有紧密关联的，只要党和国家的性质不变，其地位也不会改变。我国的主流媒体肩负着传播党和政府的路线、方针、政策的职责，肩负传播先进文化、建设社会主义精神文明的任务。在舆情导向上，主流媒体的"主流"作用在于其所进行的舆情引导具有很强的价值导向性，能有效引导社会舆论走向；其所关注的问题还能为其他媒体设置议程，进而进一步影响社会舆论。

当然，这并不是说大众媒体就是与主流意识形态不一致，在舆论导向上就可以不坚持正确的导向。习近平总书记指出，一切媒体都要坚持正确的导向。"大众媒介的产生是近代大众舆论产生的技术前提，近现代意义上的大

---

① 李春华、冯霞、吴勇等：《坚持正确舆论导向的体制机制研究》，中国社会科学出版社 2018 年版，第 124 页。

众舆论是伴随着近代传播媒介的发达而日益成长的。"① 大众媒体在宣传党的路线、方针政策和政府工作情况的同时，更多的是播发社会新闻、财经新闻、娱乐新闻、体育新闻、广告以及电视剧、电影等，以满足人们的精神生活和信息需求，服务人民群众的日常生活。大众媒体多是商业性的媒体，追求经济利益是其主要目的，主要靠发行量、点击率、广告等带来的收入来生存发展。在现代社会中，大众媒体是舆论形成的重要公共平台，也是引导舆论的重要力量。

二 媒体作为网络舆情治理的功能主体

根据划分标准的不同，我国媒体具备多种形态，放眼整个传播环境的演变过程，可以看到媒体的发展在其中扮演着重要角色。从功能共振理论的视角来看，网络舆情亦是一个多要素构成的复杂系统，在网络舆情演化中存在着当事人和利益相关者、意见领袖、网民、官方媒体、政府、涉事单位等6个功能主体，这表示着网络舆情治理必然是多元主体相互协作的模式。在我国网络舆情环境中，媒体作为信息传导与意见导向的枢纽之一，发挥着不可替代的重要作用。因此，媒体是网络舆情治理环节的重要功能主体，不同类型的媒体在网络舆情治理的各个环节中也发挥着不同的功能。

（一）媒体功能主体的再分类

为了更加清晰地分析媒体在网络舆情演化与治理中的角色、功能和意义，本文将我国媒体界定为"专业媒体和大众媒体"两大类。其中，专业媒体包括"党媒和市场化媒体"，重在彰显公共属性和公共价值，突出信息和新闻生产的意义，如《人民日报》、澎湃新闻、《新京报》等。在媒体融合的当下，其也发展出相应的新媒体形式或平台。大众媒体包括"平台媒体和自媒体"。平台媒体指微博、微信等社交型的平台媒体与今日头条等聚合型的资讯平台等。自媒体则是基于平台媒体产生的、具有一定影响力的、以个体为核心的账号。表7-1展示了媒体作为功能主体的分类情况，并列举了典型媒体代表。

---

① 金军俐：《社会转型背景下的报纸舆论引导研究》，浙江大学出版社2013年版，第4页。

表 7-1　　　　　　　　　　　专业媒体和大众媒体的分类及举例

一级分类	二级分类	典型代表
专业媒体	党媒	（1）党报：《人民日报》、各省市自治区、新疆建设兵团党委机关报、各副省级城市和权地级市市委机关报等 （2）党刊：按党刊的内容性质，可分为党建类、理论类、党史类和时政类等四种类型。如《求是》《党建》《党建研究》《人民论坛》等 （3）党台：例如中央广播电视总台、中国教育电视台、各省市广播电视台等 （4）党网：例如人民网、央广网、各省市新闻网等
	市场化媒体	《新京报》、澎湃新闻、《南方都市报》、界面、第一财经、21世纪经济报道、每日经济新闻、《经济观察报》、财新、财经、《北京青年报》《中国青年报》等
大众媒体	平台媒体	（1）社交媒体：新浪微博、微信、抖音、豆瓣、知乎等 （2）资讯媒体：今日头条、天天快报、一点资讯、腾讯新闻、搜狐新闻等
	自媒体	（1）个人自媒体：papi酱、罗振宇"罗辑思维"、六神磊磊"六神磊磊读金庸"等 （2）MCN机构新媒体：Papitube、洋葱集团、二更、蜂群文化传播等

1. 专业媒体

专业媒体主要分为党媒和市场化媒体两类。党媒是党和政府主办的媒体，是党和政府的宣传阵地，主要包括党报、党刊、党台和党网。在新媒体环境下，一些党报和党刊进行了媒体融合的转型，发展出传统媒体和新媒体兼具的形式。2016年2月19日，习近平总书记在北京主持召开党的新闻舆论工作座谈会，强调党的新闻舆论工作坚持党性原则，最根本的是坚持党对新闻舆论工作的领导。可见，党媒的成立与属性皆服务于政治需求，一般在中央、直属机关以及各级党委的领导和指导下创办，以党性的原则来指导工作的方向，同时又是宣传党的路线方针政策的主要阵地，是党的新闻事业的重要组成部分。

党报和党刊是以报纸和杂志为主的媒介形态，随着大众传播和网络传播的兴起，党台和党网开始在党媒的舞台上崭露头角。党台即以广播电视台为主的媒介形态，在党领导与管理下，承担新闻宣传、广播影视内容生产、户外电视制作播出等职责的广播电视台，按照行政区划可分为中央和地方两类。例如中央广播电视总台、中国教育电视台各省市的广播电视台等。党网则是在新媒体全面发展的背景下大量涌现，不少党报党刊走上了媒介融合道路，创办与母体报刊相类似的新闻网站，仍然承担着传递主流声音、引导舆论方向、反映群众呼声等责任，依旧坚持党性原则。例如人民网、央广网、河北新闻网、广西新闻网等。

20世纪80年代末至90年代中后期，市场化媒体开始兴起，经历了"周末报热""晚报热""都市报热"以及传媒集团化发展等发展阶段。最初市场化媒体为一种"事业单位"模式，依靠行政地位获得发行优势，主要承担新闻宣传使命，逐渐转变为一种"企业经营"模式，基于受众需求的满足而达成宣传效果与实现经济效益。在我国，影响力较大的市场化媒体有：《新京报》、澎湃新闻、《南方都市报》、界面、第一财经、21世纪经济报道、每日经济新闻、经济观察报、财新、财经、《北京青年报》《中国青年报》等。值得注意的是，不存在"唯经营"的完全"市场化"媒体。在党的新闻舆论工作座谈会上，习近平总书记强调："都市类报刊、新媒体也要讲导向。"① 媒体进行市场化转型的同时，不能为了创收、吸引受众眼球，就偏离正确报道党和政府中心工作的路线，而只注重社会新闻、娱乐新闻、花边新闻。不论是处于哪种发展阶段的媒体，都应认识到，媒体生产的新闻和信息产品，其导向会对受众产生深刻影响。因此，用正确的导向引导、培养和塑造受众，是媒介的重要特性与责任。市场化媒体遵循着党和政府的指导，同样代表主流价值观和主流话语的立场。

2. 大众媒体

本章的大众媒体指依托于互联网这一媒介形式，代表主流媒体话语之外的平台媒体和自媒体。其中平台媒体大致分为社交媒体和资讯媒体两种，自媒体分为个体自媒体和MCN机构新媒体。

社交媒体（Social Media）指互联网上基于用户关系的内容生产与交换平台，也是基于互联网，特别是Web 2.0技术基础上的互动社区，最大的特点是赋予了每个用户生产与传播信息内容的能力，是通过无处不在的社会互动实现社会交往的工具。现阶段中国常见的社交媒体包括新浪微博、微信、

---

① 刘明洋：《不存在"唯经营"的完全"市场化"媒体》，《东方网》，http：//news.eastday.com/eastday/13news/auto/news/china/20160317/u7ai5420472.html，2016年3月17日。

抖音、豆瓣、知乎等。资讯一般指用户因为及时地获得它并利用它而能够在相对较短的时间内给自己带来有价值的信息。而资讯平台作为提供资讯信息的网络平台，往往以聚合新闻客户端的形式呈现。聚合新闻客户端是指网络媒体机构聚合传统媒体新闻信息以及自媒体平台热点信息源，结合受众兴趣爱好及浏览历史，对全平台新闻信息展开精准推送的互联网产品。典型的聚合新闻客户端和资讯媒体有今日头条、天天快报、腾讯新闻等。

个人自媒体主要指以个人为核心进行内容创作生产的账号，大多出现在平台媒体上。个人自媒体通常展现出个体的形象和价值观，因此内容常常带有情感性叙述、片面化表达的特点，吸引特定受众群体的关注，并极易在公共性突发事件中产生重要影响力。比较经典的个人自媒体主要有：papi 酱、罗振宇"罗辑思维"、六神磊磊"六神磊磊读金庸"、咪蒙等。MCN 机构新媒体即依靠 MCN 为中介打造的账户。所谓 MCN（multi-channel network），即"多频道网络"，是内容生产者、平台方、广告方等之间的中介组织，通过将众多能力相对薄弱的内容生产者聚合起来建立频道，并帮助内容生产者更好地实现分发和商业价值变现。MCN 机构新媒体与个人自媒体的区别主要在于，MCN 机构新媒体的账号运营主体是专业团队，在内容分发上更具有专业性、规划性和系统性。MCN 机构的代表有 Papitube、洋葱集团、二更、蜂群文化传播等。

（二）媒体在网络舆情治理中的角色定位

不同类型的媒体具备不同的传播形式、传播功能、传播特点，这决定了它们在传播生态中能够发挥各自独特的作用和优势。不同类型的媒体自身的定位、价值取向、目标受众也有所区别，所以在网络舆情治理中，专业媒体和网络媒体也承担着不同角色。

1. 专业媒体：话语掌舵者

在舆情监测阶段，专业媒体对舆情的发现，从最开始主要是为体制服务的"内参"形式转变为为社会服务，逐步市场化、社会化。早期的专业媒体本身承担着调查社会舆情、进行社情民意等内部汇报工作，新闻报道和内参工作相辅相成，有些还具备独立的内参部门或调查部门。2008 年以前的媒体舆情产品，一方面来自于媒体为了给传统报道提供网络线索而成立专门的机构对网络舆情进行搜集，另一方面来自于中央媒体及网站将网民提供的有价值情况和重要观点进行报送，为政府决策提供参考。2008年后，在政策支持和互联网快速发展的背景下，媒体舆情行业开始兴起，专业网络舆情监测机构的各类产品开始出现。这不仅提供了决策保障，也发挥着预警指导、提升公民媒介素养的重要作用。[①]

在舆情引导阶段，专业媒体对新闻价值选择、舆论的议题设置产生重要的导向性影响。在传统媒体较为鼎盛的时期，信息传播主体以专业媒体的报纸、广播、电视等形态为主，专业媒体具备主导性的话语权：专业媒体按照新闻价值标准来对新闻信息把关、进行议程设置，通过时效、时段、版面等报道方式和手段对每天发生的大量事件进行有选择的报道；同时通过相关言论引导调整受众的关注重点，引导受众思考背后的意义。但是随着新媒体和社交媒体时代的到来，多数舆论转而在新媒体平台上形成，在技术赋权特征的影响下，人们通过网络进行意见自由表达，而一些事件经过公开和大范围的讨论后，多数人在短时间内形成较为一致的观点，舆论导向自然生发。此时的专业媒体的议程设置和网民在新媒体平台上形成的议程设置相互碰撞，交锋后形成最后的舆论导向。虽然专业媒体在平台媒体和自媒体的影响下，对议题的导向能力受到一定冲击，但仍可在主流话语的把控中发挥重要作用。

在舆情熄灭阶段，专业媒体对价值观的引领和共识的建构仍在不断探索中。2003年被称为我国网络舆情的元年。这时的大众媒体还未得到高度发展之际，专业媒体在舆论处置工作汇总占主导地位，没有外来势力或其他形式对其构成挑战。而互联网时代，形成和反映舆情的唯一渠道不再是传统专业媒体，社交媒体、自媒体等大众媒体下的新形态媒体也有机会成为舆情反映渠道。传统专业媒体对舆情的发现、报道与引导从主动、唯一的"霸权"者变为被动跟随者，大众媒体在舆论引导中占主导地位。为了扭转这一被动局面，传统专业媒体进行了媒介融合的尝试，在舆情的处置工作中才逐渐扭转了被"围观"的局面。但在未来，如何依据事实真相理性地达成社会价值共识，使社会主义核心价值观内化为社会大众的精神理想和追求，引领正

---

① 刘鹏飞：《中国网络舆情研究发展历程回顾与思考——基于1994—2019年的行情与发展情况分析》，《汕头大学学报》（人文社会科学版）2019年第12期。

确的舆论导向，预防网络舆情不可控的爆发，是专业媒体需要继续探索的重要内容。

有学者将主流媒体对舆论的引导工作变化概括为四个时期[①]：（1）1949年至1978年是总体性社会中以政治宣传为主的舆论引导。中华人民共和国成立到改革开放之前的这一段时间，新闻媒体环境较为封闭，新闻主要被用来进行政治观念的宣传；（2）1978年至2003年是社会转型期的舆论调控与引导，随着新的城市大众媒介出现，新闻宣传也由原来的舆论控制向舆论调控、引导转变。这一时期的舆论引导主要是围绕坚持典型报道的主导作用、关注民生的热点新闻引导以及政府公共事务信息公开的舆论监督而展开的；（3）2003年至2013年是数字媒体环境下的网络舆论引导，主流媒体由最初在传统媒体舆论场进行引导，逐渐转向网络舆论场话语权的争夺，特别是2011年之后大量政务新媒体进入网络舆论场，主流媒体重新夺回舆论引导中的话语优势；（4）2013年至今是媒介融合中的舆论引导，主流媒体为了扩大自身影响力，在媒介融合的道路上不断尝试、突破仍然存在的网络舆情治理困境。总的来说，以党媒和市场化媒体为代表的专业媒体在网络舆情治理中，最核心的功能在于对主流话语的掌握。相比于平台媒体和自媒体，专业媒体与政府的联系更加紧密，更能代表国家话语与意识形态；同时在历史发展中，专业媒体具有公信力和权威性的优势。因此，专业媒体作为媒体功能主体的重要一环，是话语的掌舵者，承担着议程设置与共识建构的重要使命。

2. 大众媒体：舆论助推者

在舆情出现阶段，平台媒体和自媒体为网络舆情的形成和扩散提供了推动力。从传播主体来看，公民个体有了在网络发声的权力，最初发布的点星、零碎的信息，经由网民个体以及媒体平台的推动后，快速扩散并产生影响，最终汇聚成舆情，酿成严重的网络舆情事件。在平台媒体和自媒体的技术赋权下，公众主体地位得到提升，成为重大舆论事件的引爆者、社会舆论的积极参与者。平台媒体和自媒体提供的媒介空间，既是社会舆论的"发源

---

① 王灿发、张哲瑜：《新中国70年媒体格局的变化及舆论引导策略的创新》，《新闻爱好者》2019年第8期。

地"，也是"集散地"。从传播方式来看，平台媒体和自媒体对突发公共事件的报道打破了以往传统媒体的直线单向型结构，改变了自上而下的信息流通方式，转变为多节点、多元性、互动性的传播结构，传播者与受传者的界限逐渐模糊。公众通过平台媒体和自媒体与政府和其他社会组织互动，在突发公共事件中有时是亲历者，即内幕消息的始发源，同时也成了舆情的推动者。

在舆情引导阶段，大众媒体中的意见、观点和谈论话题多样，内容具有碎片化特征。公众常用的平台媒体包括微博、微信公众号、抖音等等，他们以个体为单位，基于平台媒体开放性、公共性的特点，用发布文字、图片、视频、音频、表情包等多样化的方式披露信息和发表意见。相对于新闻传媒以专业机构的身份披露信息和发表意见，这种通过自媒体反映和表达出来的民间舆论，主题更为多样化，话语呈现出碎片化的趋势，其中体现的是公众的利益诉求和公众对社会生活中负面内容的抨击。

在舆情熄灭阶段，大众媒体为舆情引导提供了新的改革条件，舆情引导呈现出以下新特征：一是双向性。在大众媒体上，内容信息量大、形式丰富，通过与网民的双向互动，极大地扩大与提升了传播的规模和效果，同时也增强了相关媒体、平台、用户的影响力和认同感。二是平等性。网络传播的变革使原本由专业媒体掌握的信息发布渠道向社会公众敞开，网民在技术赋权的作用下，拥有了内容接收者与创造者的双重身份，由此个体获得了与官方媒体相比更为平等且便利的互动条件。

总的来说，以平台媒体和自媒体为代表的大众媒体一方面为网络舆情的形成提供了新阵地，"众声喧哗"有了新的场所和空间；另一方面，数量庞大、范围分散的网民使得网络媒体中的观点态度更为多元丰富，意见极易极化，加剧了网络舆情的爆发，这增添了网络舆情治理的难度。但反向思考，网络媒体既然是网络舆情形成演化的主体，那么如果引导得当，也能成为网络舆情治理的中坚力量。充分发挥这种驱动力的正向作用，能有效规范网络空间的话语秩序。

3. 专业媒体与大众媒体在舆情治理中的关系变化

在网络舆情治理中，专业媒体和大众媒体经历了从各自为阵到相互合作的发展阶段：2003年以来，主要基于网络这一媒介而生的大众媒体刚刚出现，专业媒体大多为传统媒体的形态，此时大众媒体常常与专业媒体议题相互背离，形成两个彼此独立的舆论场。2007年以来，面对一系列舆论风波造成的不良影响，大众媒体和专业媒体的意见开始出现重合，有形成同一种强势意见的趋势。专业媒体对大众媒体中的公众的意见给予反映，自身由传统媒体向新媒体的转型更加成熟，同时大众媒体也加强了与专业媒体的合作，两类发挥各自优点、取长补短。

不过，自媒体本身建设意识缺位，发展存在着滞后性。它们往往只负责将事件推向高潮，引发舆论风暴，却并没有健全的应对机制去解决舆情衍生的问题。这种自媒体本身的劣势，为专业媒体在舆论场上抢占先机获取主导地位提供了突破点。在新闻传播环境下，以新闻真实性为原则的专业媒体是"权威"的代表，在各类新闻事件中，能与事件中的官方、个人及群体进行良性沟通，为大众带来可靠有效的信息。在突发舆论事件中，更能迅速建立起专业的报道运行机制。因此，在日趋复杂多样化的舆论环境下，专业媒体需充分发挥主动性，不断加强舆论引导能力建设，在与自媒体的博弈中，再度取得舆论主导权。

综上所述，专业媒体在舆情中应该扮演的角色是引导者、规范者，占主导地位，引领着主流价值观建设，但随着大众媒体的兴起，这一角色和地位有所消解；不过，随着专业媒体同样向新媒体转型，这一角色和地位可再度回归甚至有所强化。而网络大众媒体在舆情中的角色应该是推动者、动力源，随着专业媒体转型，新型的"网络媒体"成为新的"主流阵地"，其角色和地位渐渐和传统媒体时代下的专业媒体相重叠。

第二节 功能共振理论下媒体协同网络舆情治理模型

作为"社会公器"的媒体是国家治理的重要工具和不可或缺的重要力量，与塑造高度媒介化社会与推动政治生态良性运行方面存在越来越多的交集。过往媒体的"报道宣传"参与社会治理的形式，正随着"传媒的治理"和"治理的传媒"两者互构关系的出现，发生了"传播赋能"的新治理范式转变。尤其在社会治理环境创设、社会治理事务参与、社会治理内容拓展、社会治理舆论引导等方面，表现出基于多功能共振状况下的协同转向，在纷杂的新风险社会中呼吁媒体更加发挥风险感知与协同治理的作用，担负起梳理信息、提出问题、发现风险的能力和引起警觉的"瞭望哨"和"助推器"功能。

面向未来，媒体参与治理范式最大的特点是"协同"。随着我国治理工作进入深水期，一切涉及治理现代化的因素都可能是风险感知与协同治理的难点、痛点。而风险社会中的社会功能要素耦合加剧了这种风险。要理解社会出现问题的相应耦合规律及复杂关系，就要看到媒体的传播力、影响力、公信力作为治理能力的重要部分。媒体参与治理，尤其对风险感知与协同治理方面，除了对重要动向、重要变化、重要事件的更早发现，在未来风险感知和协同治理中将借助专业力量和自身的调查、分析、洞察、感知风险、预做准备，并以适当方式发出提示、有所警示，提醒社会各界予以关注和思考。可以说，面向未来的媒体治理范式，将以掌握话语权和注意力分配影响力的协同方式实现风险感知和协同治理。

一　媒体作为功能主体的功能识别与描述

"协同学"（Synergetics）的概念由德国物理学家赫尔曼·哈肯于1971年提出，指出开放系统中存在相互作用的大量异质子系统，这些系统通过协调、合作能够起到自组织作用。自组织可以理解为开放系统在子系统的合作下出现的宏观尺度上的新结构，自组织过程是一种非平衡相变。[①] 自组织理论启发我们可以从揭示某一系统内部的关系形成及与外部的能量交换过程入手，来研究系统的运行机制。

在网络舆情治理系统中，政府是引导主体，而媒体由于自身的多重属性，在政府与网民之间、在舆情生发演化之中，扮演着同为主流话语的导向者与协调者的角色，是存在于各种复杂关系中的异质子系统。按照前文界定过的媒体作为网络舆情治理的功能主体的分类，媒体形成的子系统可包括党媒、市场化媒体、平台媒体和自媒体四大子系统，在网络舆情治理流程中，分别进行以下活动：（1）平台媒体处于整个媒体协同治理系统的枢纽位置，当舆情事件发生，来自子系统的各类舆情信息在此交汇（输入）并催生影响（输出），其他子系统可通过平台媒体系统发挥作用；（2）党媒是媒体协

[①] 郭治安：《协同学入门》，四川人民出版社1988年版，第30页。

同治理系统的主导部分，是网络舆情治理系统中配合政府的舆情管理和舆情引导主体，新媒体时代，以"两微一端"为代表的政务新媒体既可以成为政民互动畅通民意的连通桥，也有可能成为网络舆情集中爆发的箭靶；（3）市场化媒体是信息的传播者，通过政府与党媒的引导，市场化媒体同样可以成为网络舆情治理系统的引导主体，发挥议题设置、完善报道、环境监测、舆论沟通等功能；（4）自媒体既是网络舆情系统中的信息源，也是治理系统中的重要功能主体之一，它可以成为信息的关键性传播节点，也存在着选择性接触、"沉默的螺旋"效应、蝴蝶效应、群体极化等负面的非线性活动，作为舆情治理的功能主体需要完成"自治"引导。

　　回到功能共振理论的视角，媒体协同于网络舆情治理的活动过程可以命名为以下功能：F1 自媒体和平台媒体出现网络舆情、F2 党媒和市场化媒体监测预警舆情、F3 党媒配合政府引导舆情、F4 市场化媒体推进舆情引导、F5 平台媒体扩散信息、F6 自媒体实现主流话语同构、F7 党媒加强主流话语同构。不过，在媒体主体的活动之外，网络舆情的生发演化依赖于技术作为基础设施的底层逻辑，因此在媒体功能的划分中，也需要像政府功能一样特别设立功能 F 技术与组织，来分析媒介技术与相应的工作人员对其他功能造成的前提条件。具体功能特征描述见表 7 - 2。

表 7 - 2　　　　　　　　　　媒体功能及特征描述表

功能	输入 I	输出 O	前提条件 P	资源 R	控制 C	时间 T
F 技术与组织		技术、组织				适时
F1 自媒体和平台媒体出现网络舆情	共识建构；长期秩序维护	舆情信息出现	平台媒体技术赋权；网民主动参与	媒介技术		舆情初现期
F2 党媒和市场化媒体监测预警舆情	舆情信息获取	舆情信息研判		舆情监测技术；第三方舆情监测机构	党和政府宏观指导	舆情初现期
F3 党媒配合政府引导舆情	舆情信息研判	主流话语引导	政府及时准确研判	官方性、权威性、可信度高	党和政府宏观指导	舆情演化期

续表

功能	输入 I	输出 O	前提条件 P	资源 R	控制 C	时间 T
F4 市场化媒体推进舆情引导	舆情信息研判	主流话语引导	政府及时准确研判；市场机制影响	新闻专业性、影响力强	党和政府宏观指导	舆情演化期
F5 平台媒体扩散信息	主流话语引导	主流话语扩散；话语空间秩序恢复		媒介技术		舆情演化期
F6 自媒体实现主流话语同构	主流话语引导	共识建构；话语空间秩序恢复		数量多、共鸣性		舆情熄灭期
F7 党媒加强主流话语同构	话语空间秩序恢复	共识建构；长期秩序维护			党和政府宏观指导	舆情熄灭期

二 媒体功能网络图建构

借助 FMV 可视化工具，通过功能的输出与其他功能另外的特征（输入、前提条件、资源、控制或时间）进行连接，从而描述媒体这一功能主体中，不同功能特征之间的关系和耦合情况。媒体功能网络图具体如图 7-1 所示。

由图 7-1 可以看出，功能 F1 "自媒体和平台媒体出现网络舆情"是整个网络图的起点，功能 F1 至 F7 环环相扣，彼此支撑，形成闭环，从而营造并维持长效的清朗话语空间。在理想状态下，党媒、市场化媒体、平台媒体和自媒体各司其职，功能互补，发挥各自的功能和特色，并配合党和政府的宏观指导，积极进行舆论引导，充分激发网民的主观能动性，参与网络舆情的协同治理。党媒由于其本身的官方属性，在四类媒体中发挥主流话语建设与引导的功能，充分掌握舆情场域中的话语主动权与领导权，切实传达党和政府的思想指导方针，实现主流话语同构的正面作用。市场化媒体在我国的情境下，虽参与市场运行的机制，但整体上也需服从党和政府的领导和诉求，发挥自身影响力大、专业性强、新闻信息权威的特征，积极进行舆情的正面

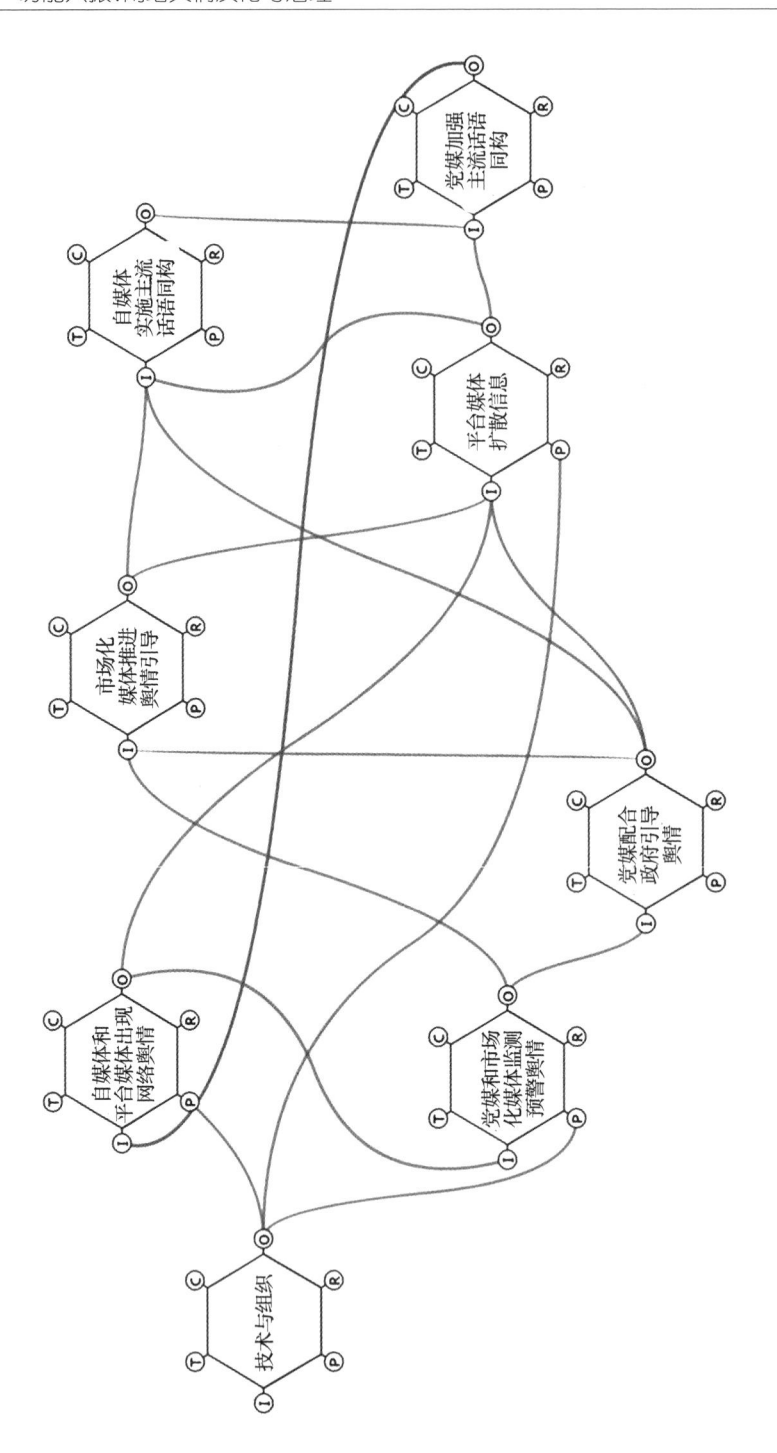

图7-1 媒体协同网络舆情治理功能网络图

引导，帮助主流话语传播与扩散。平台媒体在网络舆情生发演化中更多地扮演信息传播渠道的角色，在舆情信息出现与传播的过程中，需规范自身功能，打造和谐良好的话语空间环境。自媒体在本质上是有影响力的网民，常常成为代表网民观点、态度、认知的一方。因此，在党媒和市场化媒体的引导下，自媒体应实现主流话语同构，在面对舆情事件时形成共识，打造自身"净循环"的内系统，保持客观、中立、理性，参与网络的讨论与表达。总而言之，媒体相比于政府、网民这两种功能主体，在网络舆情治理系统中具备"双重属性"，一方面，专业媒体是舆情治理的主体，要完成舆情引导的重要功能；另一方面，平台媒体和自媒体更多地是舆情治理的对象，通过被引导来实现"自治"的最终目的。

但是，图7-1展示的是理想状态下媒体参与网络舆情协同治理的功能作用，在实际状态下，有一些功能极易产生内部或外部的变化，从而与其他功能特征产生不期望的失效连接、发生耦合，最终造成整个网络舆情治理系统的共振与失效。根据通过案例分析、深度访谈和相关文献资料的分析，建构出媒体协同治理的功能耦合网络图（图7-2）。

在媒体协同治理功能耦合网络图中，最容易产生共振的功能为F6"自媒体实现主流话语同构"，F3、F4、F5的输出变化都有可能与其产生不期望的耦合连接，造成功能共振。F5"平台媒体扩散信息"也是经常发生共振的一环，F1、F4的功能输出连接存在失效的风险。F1作为F7的下游功能输出，在不期望的耦合连接发生时，会成为网络舆情爆发的源头。

三　耦合变化与功能共振

为了更好地说明功能的耦合与共振如何发生，有必要对发生变化的功能进行详细拆解。根据功能共振理论的分析过程，表7-3列出了功能变化的类型、可能来源、与时机相关的可能的输出变化和与精确度相关的可能的输出变化。根据功能共振理论，为了描述功能的变化特性，可以将功能划分为技术功能、人员功能与组织功能三种类型。在媒体作为功能主体的变化分析中，F1、F6涉及的功能变化主要为人员功能，F3、F4、F5和F7主要为组织功能，F2主要为技术功能。这意味着在网络舆情信息的发布中，网民个体的不确定性和对自媒体、平台媒体的应用增加了出现功能变化的风险；在网

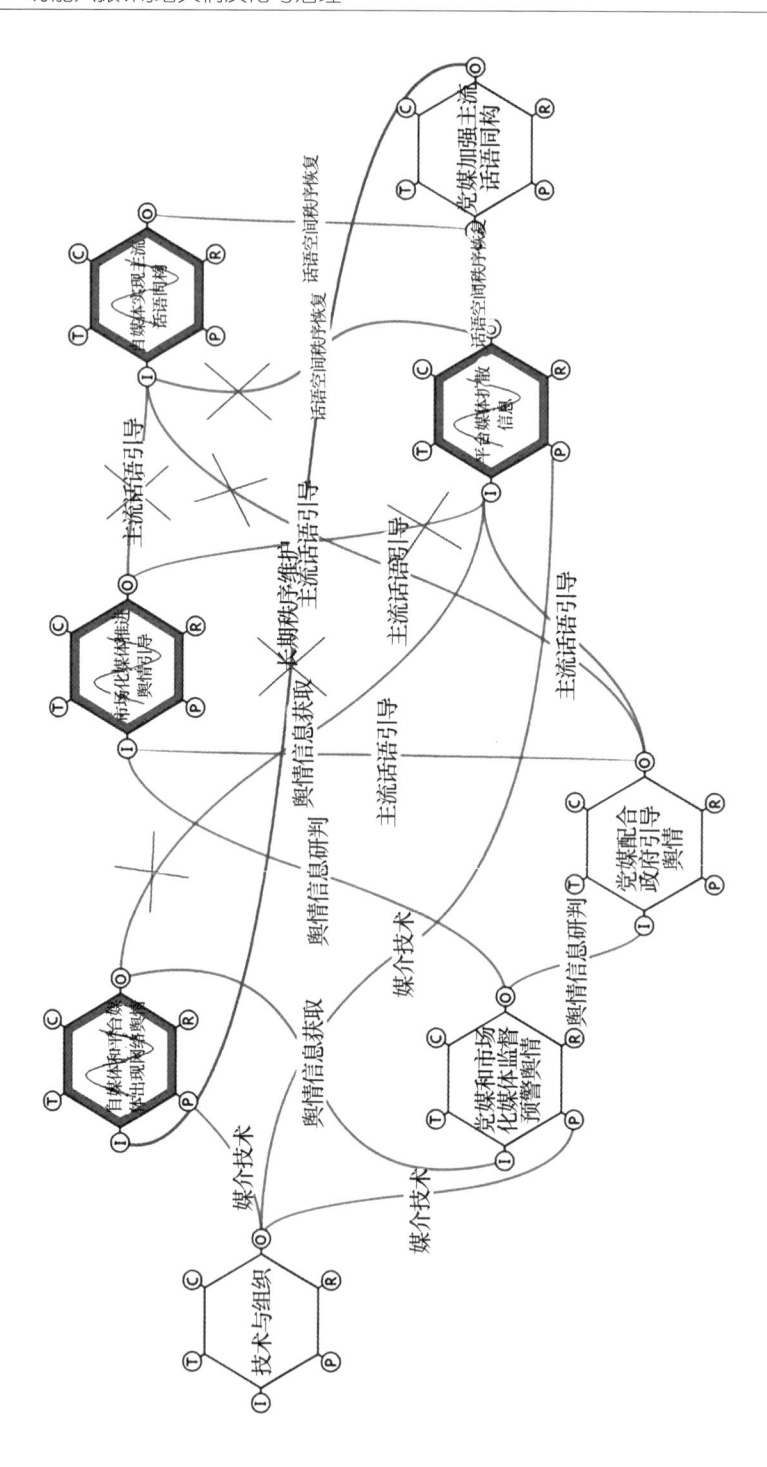

图7-2 媒体协同网络舆情治理功能耦合网络图

络舆情信息的预警中，舆情监测的及时性和准确性尤为重要；在网络舆情信息的扩散和恢复阶段，以党媒和市场化媒体为代表的专业媒体，背后的官方机构和媒体机构的引导操作亟须完善。

表7-3　　　　　　　　　媒体主体功能变化分析表

功能名称	类型	变化的可能来源	与时机相关的可能的输出变化	与精确度相关的可能的输出变化
F1 自媒体和平台媒体出现网络舆情	人员	内部	过快	不精确
F2 党媒和市场化媒体监测预警舆情	技术	内部	过迟	精确
F3 党媒配合政府引导舆情	组织	外部	适时	可接受
F4 市场化媒体推进舆情引导	组织	外部	适时	可接受
F5 平台媒体扩散信息	组织	内部	过快	可接受
F6 自媒体实现主流话语同构	人员	内部	过迟	不精确
F7 党媒加强主流话语同构	组织	外部	过迟	不精确
F 技术与组织	技术	内部	适时	精确

更进一步来看这些功能变化存在的问题，F1、F2、F5和F6功能变化的影响因素可能来源于内部，F3、F4和F7功能变化的影响因素可能来源于外部。从功能变化的时机来看，F1和F5的功能变化可能过快，F2、F6和F7则可能过迟。从精确度来看，输出结果较为不可控的有F1、F6和F7。通过这样比较细致的梳理和分析，可以从中得到一些规律：自媒体和平台媒体存在的问题往往是内生性的，舆情不可控的因素之一是发酵过快；与之相反的是党媒和市场化媒体的舆情引导和应对往往存在滞后的风险，如果处置的方式不合理，会导致舆情治理效果达不到理想状态。

表7-4　　　　　　　媒体协同网络舆情治理失效功能共振表

功能共振单位	功能共振影响因素	失效功能连接
F1 自媒体和平台媒体出现网络舆情	F7（O）党媒主流话语同构失败	F1（I）－F7（O）
F5 平台媒体扩散信息	F1（O）舆情信息输入过快	F5（I）－F1（O）
F5 平台媒体扩散信息	F4（O）市场化媒体话语导向错误	F5（I）－F4（O）
F5 平台媒体扩散信息	F6（O）自媒体主流话语同构失败	F5（I）－F6（O）
F6 自媒体实现主流话语同构	F3（O）党媒话语导向失败	F6（I）－F3（O）
F6 自媒体实现主流话语同构	F4（O）市场化媒体话语导向错误	F6（I）－F4（O）

媒体协同治理失效功能共振表列出了最为典型的功能共振影响因素及其失效功能连接。F1(I)—F7(O)对应着党媒主流话语同构失败对自媒体和平台媒体舆情出现的影响。F5(I)—F1(O)对应着当舆情突然发生并在短时间内触发大量相关信息累积时,舆情信息会大规模扩散而不可控。F5(I)—F4(O)对应着市场化媒体为了追求盈利或特定组织的目的而脱离主流话语,进行错误的话语导向,从而对舆情扩散产生负面影响。F5(I)—F6(O)对应着自媒体哗众取宠、利用自身的影响力传播偏激片面的价值观时,舆情也会因此失控。F6(I)—F3(O)对应着作为政府喉舌的党媒没有采取有效措施进行主流话语导向,因此对舆情治理的效果收效甚微。F6(I)—F4(O)对应着自媒体偏激片面的观点,也可能是受到市场化媒体脱离主流观点报道的影响。

根据协同论和功能共振理论,媒体协同治理模型是一个开放性系统,在舆情生发演化至熄灭的全流程中,如果各个功能之间的作用达成动态平衡,则该系统就是健康有序的。当公共突发事件发生,媒体协同治理网络舆情模型发挥自组织作用,并与政府、网民等其他功能主体相互作用,与事件相关的各种政策流、信息流、舆情流不断交互、汇集并产生影响。如果出现信息流通不畅、运维能力不足、规制失灵等情况,导致媒体协同治理模型没有发挥作用,舆情治理体系就会失衡受损。

第三节 网络舆情治理中的媒体协同策略

网络舆情治理系统是一个复杂多元的系统,在媒体参与的信息传播过程中,网络虚拟舆情环境与现实社会镜像交互影响。由于互联网自由、开放、共享的特点,基于网络媒体的舆情传播环境极易滋生情绪化观点和非理性见解,舆情变异风险加剧,故急需识别各类媒体功能变化的风险,发挥媒体正向功能,从自组织和自净化的内在驱动开始,构建规范有序的媒体舆情生态格局。

媒体在网络舆情治理中发挥着协同治理的作用。所谓协同治理,是指相互冲突的不同利益主体能够调和并且采取联合行动的过程,包括正式制度与非正式制度安排。多媒体主体参与网络舆情的协同治理,并与政府、网民等其他功能主体相联系,因此,媒体的治理由媒体内部的结构性治理与外部功能性治理构成,功能性治理则需与政府加强协作、共同参与,消除媒体运行中的负外部性。基于此,本节在分析治理困境的基础上,提出了网络舆情治理中的媒体协同策略。

一 媒体协同网络舆情治理的困境

在理想的媒体协同网络舆情治理的功能网络中,党媒、市场化媒体、平台媒体和自媒体等四个主体各司其职,协同治理发挥作用。但在现实中,网络舆情治理系统发生耦合共振、网络舆情爆发造成不良影响时有发生,原因为功能主体的功能输出正常连接失效,与其他功能主体产生不期望连接、形成耦合,最终导致整个系统共振。通过前文的模型分析、案例分析,辅之深度访谈和文献查阅的结果,媒体功能输出存在一些主要的变化风险因素,这就造成了媒体系统内部、媒体和政府、媒体和网民之间的协同治理失效,也令媒体协同网络舆情治理的功能网络运行陷入困境。

表 7-5　　　　　　　　　媒体功能输出及潜在风险

功能主体	输出	输出变化的风险
党媒	主流话语引导	话语引导失效
市场化媒体	主流话语引导;满足受众信息需求	迎合市场
平台媒体	需求信息共享	技术失范,商业逐利行为
自媒体	话语同构、共情引导、共识建构	缺乏自律、哗众取宠

(一)媒体内部:传统媒体与网络媒体融合困境

近年来,媒体融合已经是明确的中央决策和国家战略。2013 年 11 月,党的十八届三中全会提出了推动媒体融合发展的重大任务。2014 年 8 月,中央全面深化改革领导小组第四次会议审议通过了《关于推动传统媒体和新兴媒体融合发展的指导意见》。但是媒体融合延续至今,更多层面是传统媒体转型升级为新兴媒体的单向融合,实际效果与应然状态与理想目标还有相当差距。党媒和市场化媒体在通过新旧媒介形式转型的过程中,话语表达与传播的影响力还未达到理想效果。有学者认为,媒体融合效果不甚理想源自于结构性困境,传统媒体的落后身份、陈旧的内外制度和既有新兴媒体市场格局的阻隔等结构性困境是其根源性拖累。① 详细来看，党媒和市场化媒体在进行传统媒体与网络媒体融合的过程中，基层融合的困境最为突出。政府和党媒机关的多位访谈对象表示："传播的最后一公里在农村，在基层。"区级、县级融媒体作为一种基层媒体形态，是打通舆论宣传"最后一公里"与提升自身传播力、影响力的基层媒体改革的关键。然而，已经建成和未建成的县（区）融媒体中心都遇到了许多困难和问题。

首先，县（区）级融媒体最突出的问题表现为人员结构不合理，人才引进困难重重。县（区）级融媒体中心现有人员多为传统媒体人员，普遍存在年龄大、知识结构单一、新媒体专业素质较弱等情况。此外，很多县（区）融媒体中心没有制定人才引进机制，引进人才又面临着重重困难。基层单位缺少编制、资金支持，很难吸引优秀人才。

其次，平台建设先行，内容建设乏力。很多县（区）融媒体中心未能实现对内容的集约化制作和信息的多级开发，题材内容单一，原创不足。如果不能掌握新媒体时代独特的话语表达方式，就很难实现有效传播。未转变的官媒话语方式和姿态导致一些县级融媒体新闻报道的可读性不强，以会议报道、领导讲话、活动通告为主；同时，新媒体编排的互动性和观赏性也普遍较低。

最后，机构整合困难，缺乏制度保障。领导干部对媒体融合的理解不到位，认为部门整合、集中办公便可实现"融合"，这类认知仍停留在物理空间和媒介形态的简单相加层面，是对基层融媒体建设过程的极大认知误区。媒介融合不仅是媒介形态的融合，更重要的是体制机制的改革。它是一个系统性工程，需要从实际出发制定合理的规章制度，不断调整与融媒体建设不适的管理规制。

（二）媒体与政府：政务新媒体转型困境

在媒体协同网络舆情治理的理想模型中，媒体应积极与政府配合，作为话语的掌舵者和舆论的助推者，协助党和政府做好舆情引导工作。在这一方面，政府机构利用信息技术发展电子政务已经成为实现国家治理体系和治理

---

① 朱鸿军：《走出结构性困境：媒体融合深层次路径探寻的一种思路》，《新闻记者》2019年第3期。

能力现代化目标的重要条件。某宣传部工作人员受访时表示："当政府主管部门将政务新媒体向全新新媒体矩阵转型成功，将获得非常广泛的受众。"面对层出不穷的新应用和越来越多的新平台，政府部门如何评估自身职能与新媒体功能的适配性，打造成功的"互联网+政务"模式，是政务新媒体亟待解决的难题。政务新媒体转型的困境主要有以下几点：

一是顶层规划缺失，发展方向需更加明晰。2013年以来，政务新媒体的种类不断丰富，政府多个部门开始进行多点布局，但由于缺少上层机构统筹各类政务新媒体的建设，使得政务新媒体之间的集群联动优势无法得到充分发挥，政务新媒体的内容建设已经跟不上互联网政务的发展步伐。总体来说，从"两微一端"建设和运行情况来看，政务新媒体缺乏顶层设计和统一规划指导，在组织管理、技术支持、运维管理等环节缺乏制度性安排。

二是运营维护管理弱化，公众互动有限。在规划不明、体制不顺、机制不畅的情况下，政务新媒体的建设多停留在自建自管状态，专业技术人员短缺、全媒体信息采编能力不高等严重制约着作用发挥，管理的弱化也影响公众参与政务新媒体互动的意愿。

三是产品布局混乱，重复建设严重。在国家政策的号召下，各地政务机构都开始大量开通政务新媒体，试图通过"两微一端"实现多点布局，然而这种多点布局却造成了忽视政务新媒体内容建设的问题以及造成了公众信息选择方面的困扰。现在的政府新媒体多倾向于信息发布，内容同质化严重，而面向公众服务需求的政务客户端未能得到重视。

此外，在媒体与政府的互动关系中，一些政府部门忽视了专业媒体和自媒体可能对政务工作起到的促进作用，忽视了职业记者发现问题和解决问题的能力，也忽视了自媒体获取信息和提供意见的潜力。因而，对专业媒体采取了不合作甚至阻挠的态度，对自媒体则采取了技术手段的"堵"和行政手段的"删"。

（三）媒体与网民：网络媒体技术伦理困境

在新媒体时代中，传统的舆情传播结构发生了颠覆。以平台媒体和自媒体为代表的大众媒体的兴起，改变了信息生产与传播方式，对于普通网民来说，常常陷入网络媒体所带来的技术困境。大数据、社交机器人、算法推荐等无形技术的应用，削弱了人的主体性特征，阻碍网络舆情治理系统的正常运转。

首先，价值缺失引发大数据异化。道格·莱尼将大数据定义为"3V"，即多样性（variety）、大量（volume）、高速（velocity），随着互联网的发展，大数据被定义为"4V"，即数据体量大（volume）、数据种类繁多（variety）、价值密度低（veracity）、数据处理速度快（velocity）。大数据以其客观、公正、真实的特点而被各领域广泛应用，在舆情治理领域也被广泛推崇。网络舆情本质上是网民的价值诉求和意识形态的反映，大数据平台直接把这些诉求进行量化，缺乏价值导向和人文关怀。数据信息爆炸式增长，可选择性大幅提高，人们会用"数据决断"代替自己的选择，丧失自我判断的能力。这种决策范式意味着人们丧失自己的意志、德性和情感，尤其是批判、反思的能力和自主意识，成为数据的奴隶。[①] 对数据的过分依赖只会走向唯数据主义和数据独裁，而对价值和人文的追求将会缺失，舆情治理需要关照公众的情绪和观点，并非一味以数据定性制定舆情治理决策，而是辅以大数据技术并渗透人文价值关怀，通过"善治"引导舆情走向有利于化解冲突的方向，否则技术只会走向异化，治理则会走向僵化。

其次，社交机器人操控网民舆论。社交机器人即社交网络中的人工智能机器人，是在社交网络中扮演人的身份，拥有不同程度人格属性且与人进行互动的虚拟 AI 形象。[②] 随着社交媒体的广泛使用，社交机器人的身影在网络中愈发明显。亚利桑那州立大学的 Morstatter 和 Carley 与卡耐基梅隆大学的 Liu 等研究者在 2015 年度共同指出，Twitter 中至少有 7% 的社交机器人账号。[③] Munson 通过比对 Facebook 的官方数据指出，5%—11% 的脸书账号是"假的"，账号背后并非真实的人类用户。[④] 社交机器人分为聊天机器人和垃圾机器人，"微软小冰"是前者的代表，而后者主要为"政治机器人"，目的在于扩散信息影响民意，是造成舆情治理困扰的因素之一。政治社交机器

[①] 安宝洋：《大数据时代的网络信息伦理治理研究》，《科学学研究》2015 年第 5 期。

[②] 张洪忠、段泽宁、韩秀：《异类还是共生：社交媒体中的社交机器人研究路径探讨》，《新闻界》2019 年第 2 期。

[③] Morstatter F., Carley K. M., & Liu H. *Bot Detection in Social Media: Networks, Behavior, and Evaluation*, Available at https://isi.edu/~fredmors/bottutorial/Tutorial.pdf (2016-04-14), 2018 年 10 月 3 日。

[④] Munson, L., *Facebook: At Least 67 Million Accounts Are Fake*, Available at https://nakedsecurity.sophos.com/2014/02/10/facebook-at-least-67-million-accounts-are-fake/ (2014-02-10), 2018 年 10 月 3 日。

人是政治权力用来控制公众舆论的数字技术工具,能够迅速扰乱在线政治对话、抓取并分析公民信息,已被广泛应用于全球政治实践中,操纵社会舆论、影响公共关系与塑造媒介形象。政治舆论操控不仅关于国内舆论控制、国内政治选举,而且多涉及国际政治事务。社交机器人已成为全球政治舆论空间中不可忽视的技术力量,对互联网的渗透和对舆论环境的良性发展构成了威胁。在2016年美国大选中,有学者发现,社交机器人"生产"了约19%的相关推文,成为社交媒体上影响美国政治的重要因素之一。这些社交机器人能够左右人们的观点,促使网民的政治意见变得更为极端,甚至在社交媒体上形成难以控制的"涟漪效应"。社交机器人一旦被别有用心者利用,在网络空间里发布虚假信息煽动民意影响舆情走向,将会造成舆情更加复杂多变,导致舆情治理工作难以找准重点、有效进行。

最后,算法主导引发群体极化。当下,算法推荐机制几乎被应用于每个社交媒体的信息推送环节。算法推荐指的是依托于互联网技术与大数据技术,对用户的阅读习惯及兴趣偏好进行数据抓取,经过计算分析后得出用户画像,针对用户特性进行个性化、智能化的新闻生产与分发。一方面,算法似乎给公众带来了很大的自主性,然而当公众围绕一个焦点进行发声时,可能存在的"信息茧房"效应、"回音室"效应、"过滤气泡"效应都将助长公众的群体极化。"信息茧房"效应是由美国学者桑斯坦提出的,揭示出了算法机制下,公众只关心自己感兴趣的内容,而算法也给公众推荐同质化的内容,导致用户信息茧化、观点极化,并因缺少对事件的整体了解而产生偏见。而"回音室"效应、"过滤气泡"效应指向了当受众处在一个封闭的信息环境中时,一些意见相近的声音和观点不断重复,使人们相信那些观点就是事实的全部,同时高度同质化的信息流会逐渐形成一个个信息孤岛,阻碍人们认识真实的世界。多重效应下,当公众参与到网络舆情事件中时,往往形成的是非理性的意见,舆论的演化呈现出一种极度偏执化和风险被不断放大的状态。

二 媒体协同网络舆情治理的策略

针对以上媒体作为功能主体在网络舆情治理中遇到的诸多困境,本书从加强媒体内部联动、媒体与政府联动以及媒介技术提升的角度提出应对策略。媒体内部需继续加强传统媒体和网络媒体的融合,加强专业媒体的内容引导,同时规范平台媒体和自媒体自身的行为,做好协同治理。在媒体与政府的协同中,二者均需转变观念,形成合作才能实现共赢。以媒介技术作为依托,利用丰富的媒介技术形式增强媒体话语的正向引导作用。

(一) 各类媒体联动,保持渠道畅通

互联网的强大推力,使媒体的影响力不断提升,"多个舆论场"的均化发展趋势也越来越明显。在官方媒体的主导阶段,传播渠道单一、容易控制,舆论的传播都是自上而下的。而在现代网络技术所提供的强大的信息传播和交流能力的基础上,全媒体时代的到来正逐步改变着舆论场话语权的向下转移。网络大众媒体的充分发展和使用提供了有效反映各方诉求的传播渠道,这使得由民众构建的民间舆论场获得了充分的话语权,使舆论场开始由官方单一主导向各级媒体和公众共同引导的均衡发展过渡。

加快媒体的深度融合、建设全媒体已成为我们当前面临的一项紧迫课题。正如习近平主席提出的要"统筹处理好传统媒体和新兴媒体、中央媒体和地方媒体、主流媒体和商业平台、大众化媒体和专业性媒体的关系"①,形成资源集约、结构合理、差异发展、协同高效的全媒体传播体系,这无疑为我们新媒体传播时代舆情治理指明了解决问题的方向。推进媒体融合、多方联动能最大限度地发挥传统媒体和新兴媒体各自优势、补齐短板、联合共振、相得益彰。

1. 专业媒体加强舆情引导内容建设

专业媒体在舆情事件中有导向设置与建设性作用。面对新媒体大趋势环境,突发性新媒体事件来临并发酵时肩负舆论引导使命,无疑给具备更高公信力和专业新闻生产能力的专业媒体带来困境和阻碍,专业媒体优化治理路径势在必行。要让专业媒体在协同治理中发挥最大作用,必须充分体现其话语主导的功能,加强舆情治理和日常话语空间秩序维护的信息内容建设。

(1) 及时调查真相,正确引导舆论。习近平总书记曾指出:"随着形势

---

① 习近平:《加快推动媒体融合发展 构建全媒体传播格局》,人民网,http://politics.people.com.cn/n1/2019/0316/c1024-30978952.html,2019年3月16日。

发展，党的新闻舆论工作必须创新理念、内容、体裁、形式、方法、手段、业态、体制、机制，增强针对性和实效性。要适应分众化、差异化传播趋势，加快构建舆论引导新格局。要推动融合发展，主动借助新媒体传播优势。要抓住时机、把握节奏、讲究策略，从时度效着力，体现时度效要求。"[①] 专业媒体需坚持正确的舆论导向和社会导向，尤其在涉及国家主权、民族利益的问题上，服务于党和国家的大局。专业媒体在以先进技术为支撑、推动媒体深度融合的同时，需及时挖掘与传递事实真相，发挥专业性和权威性的优势，引导人们正确认识事件本身，避免受到虚假信息的不良影响。

（2）及时对冲不良信息。反转新闻频发、谣言泛滥带来了很多不良影响，冲击社会信任、消耗民众对社会公共议题的关注与热情。专业媒体需及时净化不良信息的生存土壤，切断其传播渠道，矫正与主流价值观相偏离的因素。一是要回归新闻人本位，恪守新闻真实底线，避免实操过程中的标签化、符号化。二是要加强舆情监测和敏感度，紧跟事件发展进程和舆情演化的脚步，随时做好应对不良信息的准备。三是培育公民素养，提升公众理性思考、客观看待问题的能力，为社会提供了解、认知类似问题的可行路径。四是要第一时间辟谣，降低极端观点的传播力度，有针对性地发布传递善意、有助于安稳民心的信息。

（3）构建理性舆论场，加强导向建设。专业媒体需承担起其角色所决定的公共责任，为解决社会问题、制度问题提供建设性思路，而不仅仅是还原真相和平复公众情绪。专业媒体需重拾话语权，搭建受众理性交流的平台，引导民众以更加宏观的视角看待事件。也唯有在一个更大的框架中，专业媒体才有利于通过报道进行公共议程设置，促进客观理性讨论并达成社会共识，更充分地发挥舆论缓释和引导功能。

2. 大众媒体推动舆情引导平台完善

新媒体变革下媒体格局的演变为舆情治理带来新机遇，大众媒体地位的显著提升为促进上情下达、下情上传提供便利条件。一方面可以使官方声音

[①] 习近平：《坚持正确方向创新方法手段 提高新闻舆论传播力引导力》，中国共产党新闻网，http://cpc.people.com.cn/n1/2016/0220/c64094-28136289.html，2016年2月20日。

传播速度更快、范围更广，增强互动性，从而增进人们对政策的理解和认同；另一方面也为官方精准了解群众需求提供了新途径，通过大众媒体了解公众的想法和诉求，汇集民声、民智和民计，使各项决策更加符合实际和群众切身利益，为舆情治理智能化提供了新手段。同时自媒体意见领袖也有效提高了大众媒体的舆论引导能力，成为舆情治理的重要力量。平台媒体和自媒体的规制和引导，可以从以下几方面入手：

第一，建立平台媒体和自媒体的自律约束机制。平台媒体要加强行业自律、自省职业伦理、恪守党性原则、重视社会责任、自觉维护清朗的网络空间；加强工作人员的管理培训，要求平台管理人员提高政治站位，切实加强平台管理；设立信息传播管理的预警和应急处理机制，规范信息发布流程；建立和完善媒体投诉处理机制与网络巡查机制。从自媒体的角度来看，需提升从业者的道德自律和职业自律。培育社会主义核心价值观，提升法治思维和法治意识，培养道德意识，达到全面提升媒介素养的目的。不盲从、不跟风，做到自我言论的规范管理。

第二，健全政府间接管控机制。依据国家有关法律法规和行政规范的要求，建立健全平台运营管理的规章制度、平台与公安联合管理机制等制度。平台媒体要主动引入官方媒体和权威媒体，提高专业媒体的平台进驻率，占据新媒体平台的主战场。加强对自媒体准入资格的审查，对平台及自媒体从业人员实行职业资格准入制度。同时，媒体编辑人员还应当有一定的人文素养，避免出现常识性错误和粗俗低俗的内容，从而提高文章的可读性和审美性。

第三，加强平台媒体和自媒体的监管机制。加强审核、评估和登记等日常管理及维护工作，集中整治传播虚假信息、抄袭侵权、"标题党"等伦理失范行为，净化平台的传播生态。同时进一步优化自动推送技术，将人工与智能相结合，多种"算法"交叉运用，优势互补，以便更加准确推测用户需求，给用户推送个性化内容，避免信息茧房、意见极化等技术负面影响。此外，应设立黑名单制度，发现违法行为及时通知网警处理，对违法违规行为超过上限的自媒体进行封号处理。

（二）建立政府与媒体的良性互动关系

我国正处于社会转型阶段，面临着很多新情况与新挑战，因此掌握意识形态的主导权和话语权、坚持党管媒体的原则尤为重要。但这并不意味着党和政府要对所有媒体进行直接管理，而是依据主流价值观和意识形态的建设需求，遵循国家建设方针、党性原则和为人民服务的宗旨进行舆情发展方向、处置决策、话语导向的管理，官方机构与媒体需保持一种良性互动。

首先是转变治理理念，利用网络媒体推进治理方式改革创新。各级党和政府部门要提升自身的媒介素养，推动干部治理思想观念转变，把新媒体运用、新闻媒介素养提升、大数据与精细化管理、社会群体心理分析等纳入干部教育培训内容。通过深化教育培训，推动各级领导干部树立互联网思维，不断完善媒体管理的规则和方式。此外，党和政府工作人员需尊重新闻规律，敢于接受媒体的监督、正视媒体的曝光并及时准确地给予反馈，在舆情发生前、中、后能起到正确引导作用，预防事件产生共振出现舆情事件。

其次是完善舆情应对机制，利用媒体有效回应公众关切。建立全网范围的舆情监测系统和分析系统，实现全时全网监测，并对涉及区域各项工作的信息进行分析研判，有效进行舆情预警和处置决策制定。健全政务舆情处置机制，完善政务舆情回应、发布机制。制定相关舆情工作实施细则，明确相关部门职能定位和处置措施。借助新媒体手段，开展公共沟通互动，利用媒体创造良好的舆论环境，做好民生信息的采集与发布，进行政策解读，回应群众关切，充分发挥媒体的公共政策治理作用。

最后是推动专业媒体深度融合，打造多样化传播矩阵。整合区域内政务媒体资源，打造微信号新媒体传播矩阵，通过其他客户端共同发声，实现更广泛的人群覆盖，有效增强专业媒体的传播力和社会影响力。通过推进媒体深度融合，形成"新媒体首发、全媒体跟进、融媒体传播"的宣传报道格局。例如成都市高新区融媒体中心构建"生活服务、财经资讯、文化创意、科技评论、亲子校园、文化娱乐"等六大板块，搭建起包括"区级媒体、决策服务、客户端账号"的融媒体矩阵。成立互联网文化协会媒体实验室，将本土有影响力的自媒体纳入到专业媒体管理之中，从而有效联通官方与民间两个舆论场，扩大专业媒体的话语影响力范围。

（三）发挥媒介技术在媒体协同治理中的正向效果

海德格尔将技术的本质描述为"座驾"，是为从哲学的角度提醒人们现代技术对人的"限定"，但是技术对人的危害性反映的并不是技术的本质，而是技术的异化。必须辩证地看待技术的异化现象，认识到新媒介技术在网络舆情治理中有其正面和负面作用，并且积极探求消解技术异化作用的路径。虽然媒介平台的算法推荐机制可能带来信息茧房、回音室、过滤泡、群体极化等不良效应，但大数据技术同时也为舆情监控和信息及时反馈提供了必要条件，为媒体更好地处理与政府和网民间的关系提供了工具。积极发挥媒介技术的正向效果以完善媒体协同网络舆情治理，具体可以通过以下几种途径：

一是建立媒体智库和案例数据库，为媒体话语纠偏与引领提供实践依据。习近平总书记指出："要运用互联网和互联网技术，加强哲学社会科学图书文献、网络、数据库等基础设施和信息化建设，加快国家哲学社会科学文献中心建设，构建方便快捷、资源共享的哲学社会科学研究信息化平台。"[1] 如果能够通过大数据采集聚类的手段建立媒体智库和案例数据库，集结专家意见，便能为舆情事件的发生、传播提供理论和实践依据，提高舆情应对速率。媒体智库和数据库建立的关键在于数据资源的整合利用，针对网络舆情传播形态与内容的多样化特征，分类型地打造理论资源大数据库，才能精准施力于不同类型舆情信息的发酵和传播过程，才能对偏离主流意识形态的话语予以及时引导。同时，还需要出台相关法规，明确相关的政府部门、企业、学者等相关主体向统一的数据平台提供和共享数据的权利义务，实现理论和案例的快速汇集、高效利用。

二是以平台媒体为代表的以流量运营为主的媒体，需要通过技术手段的方式加大对网络"水军"、网络"五毛"的惩戒力度。如通过禁言、封号等方式，对肆意散播谣言者进行处置，避免网络舆情信息以讹传讹、"三人成虎"。通过借助官方权威新媒体提升政务传播的话语权和领导力的同时，也需要培育和借助市场化媒体和大众媒体的话语权和舆论引导力。对于培育和借助市场化媒体和大众媒体，关键是要先审核不同媒体政治观点的正确性和合理性，日常观点和思想的客观性和积极性，专业意见和策略的建设性和创新性，以及这些媒体在不同网络平台上的影响力，从而更好地引导专业媒体和大众媒体在社会网络舆情传播中发挥积极作用。

---

[1] 习近平：《在哲学社会科学工作座谈会上的讲话》，《人民日报》2016年5月19日第2版。

三是利用丰富的媒介技术形式增强媒体引领正向话语的能力。媒体需善于利用新媒介技术进行话语表达，才能及时引导舆论走向。极光大数据的研究报告显示，54.6%的用户关注新闻资讯平台是否有音频、短视频、视频、直播等内容展现形式。①无论是专业媒体还是大众媒体，都应利用算法推荐、虚拟现实、音视频等新媒介技术，创新社会主义核心价值体系的传播内容和传播形式，通过数据或音视频等手段来表达观点，主动占据互联网社会思潮的传播阵地，用马克思主义的立场、观点和方法，纠正错误、负面的思想话语，使其与主流意识形态相适应。

小　　结

随着媒介技术的演进和媒介生态的变化，以党媒和市场化媒体为代表的专业媒体、以平台媒体和自媒体为代表的大众媒体是现阶段网络舆情治理中重要的媒体功能主体。专业媒体是主流话语的掌舵者，协助党和政府完成舆论引导的工作；大众媒体与网民的联系更为紧密，是主流话语重塑的助推者，具备"他治"和"自治"的双重属性，在政府与专业媒体的引导下，维持自身的话语秩序。从网络舆情治理的实践层面来看，作为舆情治理重要协同功能主体的媒体要畅通沟通渠道，建立主流意识，形成媒体内外部协同策略。具体而言，媒体内部应强化各类媒体的联动，保持渠道畅通。专业媒体加强舆情引导内容建设，做到及时调查真相，正确引导舆论，健全完善不良信息的对冲机制，加强导向建设，构建理性舆论场。大众媒体推动舆情引导平台完善，要建立平台媒体和自媒体的自律约束机制，要健全政府间接管控机制，加强平台媒体和自媒体的监管机制。此外，媒体外部还需与政府建立起良性互动关系，形成协同治理之势。

---

① 极光大数据：《新闻资讯行业研究报告》，2019 年 11 月 29 日，https：//wk.askci.com/details/cb935e2744b94be cb00aa09e02a76658/，2020 年 3 月 10 日。

第 八 章
网民自治策略:培育共情意识强 塑理性表达

不断迭代的数字化传播空间对人们沟通、表达、讨论的方式和渠道产生了深刻影响,也为舆论引导、舆情治理带来新的挑战和机遇。由于网络节点自身的匿名性,以及节点之间连接与共振的及时性和便捷性,网络空间既有可能成为聚集个人非理性表达和负面情绪的"信息垃圾场",又有可能由于个体网络素养的提升以及良好的信息和思想交流氛围,成为监督公权力,维护社会良性运作的公共空间。在网络空间中,网民与政府和媒体不同,网民作为散落于舆论场中的各个节点并不具有"主导"或"协同"功能,本章将网民作为一个功能单位整体,在探究舆论场域中关键节点的主导作用、节点化网民的共振规律的基础上,提出网民引导策略的治理参照。

第一节 公共讨论、"圈子化"互动、情感共振:
网络传播模式变化中的网民心理与行为

进入 Web 2.0 时代,与"大众门户"完全不同的"个人门户"传播模式日渐成熟,无数的网络节点以及各节点间错综复杂的关系结构组成了网络传播的新格局。在此格局中,每一个独立的、散落的网民都是网络传播中一个看似同质的节点。这样的一个传播节点在网络传播中不仅是内容的生产者,还是信息的传播者和接收者。各节点的社会关系成为信息流动的主要渠道,社交和分享成为最主要的传播动力。从理论来说,在现实生活中,个体的表达与网络的对话并非都是理性的,且由于个体网络社会资本和网络社会关系的差异,网络中的对话交流并不一定是平等的。讨论网络场域中的个人表达如何扩散、如何汇集,以及这些单个的表达如何在网络场域中链接并形成舆情共振是构建理性公共讨论空间、发挥群体智慧的前提条件。

一 公共讨论:网络传播模式变迁中的个人与群体

传统媒体时代的媒体使用者往往被称为"受众",但在网络传播时代,"受众"一词越来越不能完全概括网络媒体使用者的全部特征。一方面,网络中传播者与受众的界限逐渐模糊,普通民众不再是被动的信息接收者与消费者,他们也有可能以某种方式(浏览、转发、评论、发布信息)参与到内容的生产与传播中;另一方面,传统媒体所面对的"不定量""不知名""大多数"的受众,开始演变为有个性化需求、为自己发声、凸显个性的个体。网络作为民众意见集散的场域,不仅是一个传播媒介,更是一种生存空间,应该从更广泛的视角来分析网民在网络空间中的特点及活动,从而探寻网络舆情生发、扩张与消散的规律。

(一)从"大众门户"到"个体门户":网络传播格局的变迁

Web1.0时代,互联网的媒体属性得到充分重视,从运营商到用户都关注的是"内容网络",个体依然作为模糊的受众隐藏在各个节点背后(图8-1)。从早期的门户网站,到后来的博客论坛,其传播形式继承了传统媒体点对面的传播,是一种"大众门户"的传播模式。在此传播格局下,网络论坛成为公共信息的传播渠道,也成为民意表达和记录的重要场所。论坛中的这些公共信息,可以集中展现某一个话题下人们的反应、评论。往往在此场域中,民意能够得到充分的聚合,最终形成较大的声势。

Web 2.0时代,各类社交应用如微信、微博、豆瓣、SNS等的兴起,使网民的连接在结构上发生了改变。作为一个个独立的节点的网民没有了明显的边界,互动形式已跨越了同一话题或社群,出现了以个体为中心的、动态的、边界可调节的网络社交空间(图8-2)。在这种活动的社交空间中,在某一热点事件发生后,信息会沿着个体的社交网络迅速扩散,产生广泛的传播效应,个体之间相同的观点和意识可能在短时间内被激活,推动舆情事件走向高潮。

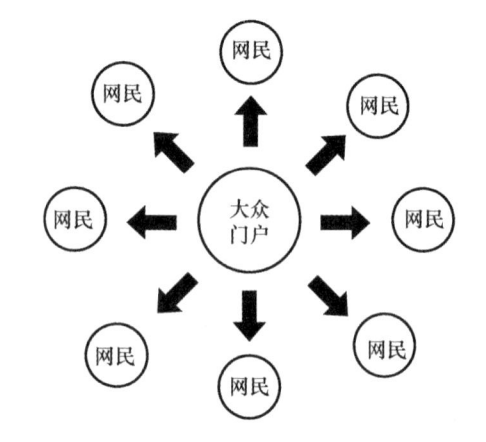

图 8-1 "大众门户"模式

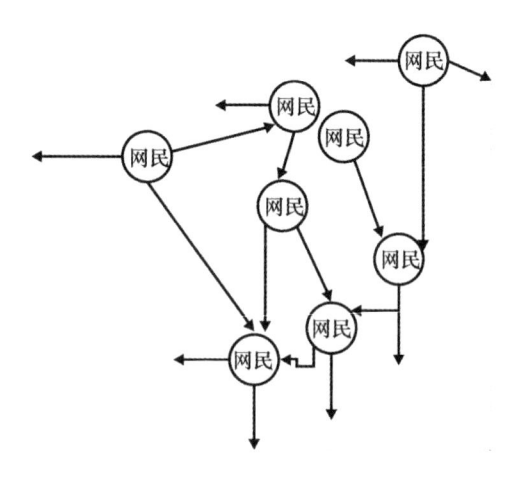

图 8-2 "个人门户"模式

（二）连接与互动：网民之间的群体互动与群体分化

网络群体之间互动不仅会给人们带来心理上的影响，还会带来人群的分化。网民作为个体化的独立节点需要与其他节点联系，形成丰富多元的社会网络。随着连接技术的不断发展，网民与网民之间的连接效率不断提升，连接维度不断丰富，连接的形式也更加多样。网民之间的连接从以往的"圈式"（图 8-3）逐渐走向新媒体环境下的"链式"（图 8-4）。

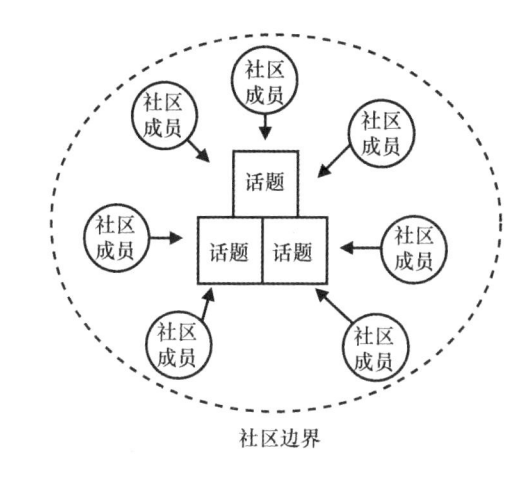

图 8-3 "圈式"结构

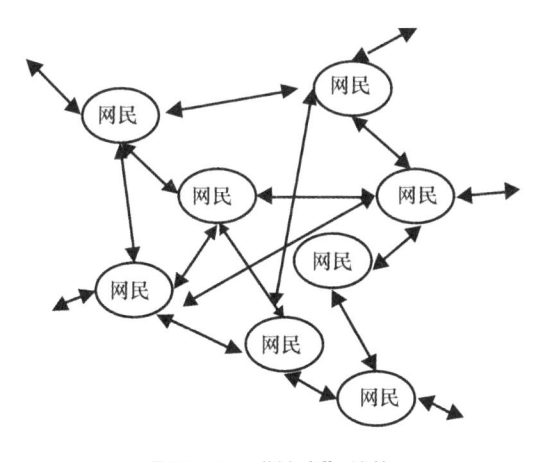

图 8-4 "链式"结构

在社交应用出现之初，群体之间的互动以内容为纽带，网民之间的互动也是围绕着某一话题或某一内容进行。在此模式下，人与人之间的交流虽然深入，但个人的社交活动和社交表演有限，限制了个人的声音对公共事件的影响力，人们的注意力主要集中于内容而非个人。有时候基于内容和观点的互动也会出现话语权力斗争的状况，少数人从混战中胜出成为意见领袖，而多数人只是情绪化跟随或者保持沉默。在这样的链式互动模式中，社会热点事件中独立个体的存在感相对较弱，即便是有影响力的意见领袖也需要在与他人的互动中扩散自己的影响力,从而推动舆情事件的发展(图8-4)。

即时通信网络终端的出现满足了人们持续、稳定交流的需要,群体之间的互动开始以社交为中心。每一个网民都变成了社交中心,可以根据自己的需要来组织社交"圈子"。对于个体网民而言,在利用即时通信工具进行个体交流和信息共享的同时,也实现着自身社交圈的扩张。宏观上看,每一个网民都成为网络中的节点,舆情事件发生时,每一个节点都有可能成为关键节点,影响舆情的走向。在以点对点为基础的网络中,个体之间的社会联系加强,为网络中公共信息的传播和公共活动的进行提供了基础。

视频直播与短视频的出现,使个体之间的互动开始以"表演"和"观看"为主。相比以文字内容为主的博客,视频直播的内容分享门槛更低;相比电视,个人视频或短视频更生活化,更多地带有生活底色,也更能够引发共鸣。当下,越来越多的社会热点事件,是由于个人的日常视频分享而得到了网民的广泛关注。

(三)汇聚与分化:网络社群中的权力关系与意见领袖

网络中,各种社会化媒体空间里会形成不同的话语权力阶层。在这样一种基于话语权和关注度的权力分级之中,可能会在横纵两个方向产生人群汇聚:一种是横向上存在于同一层级的网民,其目的是在本层级中更好地维护、管理自己的话语权而进行横向结盟,对其他的"圈子"内成员进行拉拢和聚集。另外一种属于纵向的结盟,是存在于不同话语层级的网民,为了相互认同和支持的关系,在各层级之间形成的话语结盟。

网络热点事件的背后通常都有网络意见领袖的助推。这种推动作用已经不仅局限于线上,还深刻地影响着现实社会。在过去,意见领袖"隐姓埋名",用虚假的身份在网络中活动。而现在,越来越多的意见领袖走到台前,以自身在现实社会中的身份,让更多的网民认识自己,相信自己,赢得更多的网络话语权。在社会事件中以此直接与相关部门对话,呈现越来越显著的趋势。比如网络中影响力颇深的意见领袖姚博,长期以"五岳散人"的网名在各大网络平台进行发声,在此基础上收获了数量众多的粉丝,对许多社会热点事件的走向有一定的影响力。他曾在网络中宣布要去参选北京市昌平区的人大代表,将资金的影响力从线上移到线下,以期通过线下的参与来影响政府的决策。拉扎斯菲尔德曾指出,"观点经常从广播和印刷媒体流向意见领袖,然后再从他们流向不太活跃的人群",这样的规律在网络传播中依然适用。① 在当前的网络传播格局中,意见领袖不仅要为他人提供丰富的信息,还会在情绪上引起他人的共鸣。其意见在内容和情感两个维度上影响着其他网民或者"活跃分子"。因此,这样的意见领袖在大众传播中有着不可忽视的作用,能够过滤或引导信息的走向,推动事件的发展。通过强力的议程设置去制造在传统信息场域中的"主流信息"和"畅销信息"已不再适用于当前的传播格局。② 在网络舆情的传播过程中,意见领袖作为相对独立的群体,一方面加速着信息的流动;另一方面,其观点和情绪也影响着其话语"圈子"中的受众。

二 "圈子化"互动:网络舆情生发演化中的"圈子化"传播逻辑

据中国互联网络信息中心 2020 年 2 月 25 日发布第 49 次中国互联网络发展状况统计报告称,截至 2021 年 12 月,我国网民规模为 10.32 亿人,互联网普及率达 67.0%,较 2018 年年底新增网民 7508 万人;其中,手机网民规模达 8.97 亿,较 2018 年年底增长 7992 万人,我国网民使用手机上网的比例达 99.3%,城乡互联网普及率差异缩小 6.3%。③ 庞大的网民数量和规模对网络舆情事件的影响不容小觑,网络舆情的治理无法绕开对网民及其互动的分析。目前,"圈子"作为网络传播的基本单元,差异化的网络语境成为不同群体间的议题或议程,原子化的用户出于群体归属考虑,会选择性地融入议题或议程,在网络"圈子"中进行个人表达与网络互动。

(一)从"血缘"到"趣缘":网络"圈子"形成路径转变

"圈子"是指以情感、利益、兴趣等共同点维系一段特点关系的人群的集合,其稳定性是人群分化与集合的从产物,"圈子"内部与"圈子"间的互动对社会稳定具有重要意义。对"圈子"的研究可以追溯到 20 世纪费孝

---

① Lazarafeld P. F., *The People's Choice*: *How the Votes Makes Up His Mind in a Presidential Election*, New York: Columbia University Press, 1948, p.151.
② 刘畅:《Web 2.0 时代的"网民议程设置"》,《天津师范大学学报》(社会科学版)2008 年第 3 期。
③ 第 46 次《中国互联网发展状况统计报告》, CNNIC, http://www.gov.cn/xinwen/2020-09/29/content_5548176.htm,访问时间,2020 年 11 月 18 日。

通的"差序格局"理论。传统社会中,血缘和地缘是人们建立社会关系网络的基础。社会关系的构建"好像把一块石头丢在水面上所发生的一圈圈推出去的波纹。每个人都是他社会影响所推出去的'圈子'的中心。被'圈子'的波纹所推及的就发生联系"①。此时,每个人都是一个中心,向外推出的波纹便是以自我为中心构建起来的"圈子",每个人又都是他人"圈子"中的波纹。"圈子"将零散的个体联系在一起,形成或强或弱、或亲或疏、或频或稀的联系,共同形塑了社会关系与社会边界。

网络传播时代,"圈子化"的差序格局被互联网技术扩展加深。一方面各类信息依托"圈子"链条,在"圈子"之间流动;另一方面个人通过"圈子"获取信息,表达意见,参与公共讨论。"圈子"即是社会中个体接收与传播信息、获取资讯的重要渠道,也是影响网络舆情事件走向的重要单元。从组成"圈子"的动因来看,趣缘、业缘甚至其他被传统社会忽略的缘由都成为影响"圈子"组成的重要因素。在网络"圈子"中,信任与协作成为影响"圈子"中信息传播力度与速度的关键因素。

(二)信任与协作:网络"圈子化"中的信息传播路径

互联网所带来的"脱域交往""浅交往"不断解构和重构着人与人之间的社会信任。社会信任作为维系社会稳定的基本要素,对社会舆情事件的消散起着关键性作用。近六年120起网络重大事件中涉及社会不信任的事件有19起,占总体的15.8%,排第二位,其中涉及政府和公共组织公信力的占据主要部分(15.79%),反映出公众的社会信任度和政府信任度偏低。从"华南虎真伪""躲猫猫事件""钱云会案件"到"曹操墓真伪""故宫失窃案"民众对政府的不信任主要表现为对政府就相关事件的解释的质疑。

"圈子"的内部结构使部分成员之间存在着从属跟随的权力关系。"圈子"中个人接受信息、处理信息的行为不仅是个人理性选择的结果,还是在信任基础上的合作以及慑于权力的无意识的顺服。当一些具有话语权的"圈子"成员开始发布信息,尤其是内容还未经证实、情绪带有偏见的信息时,处于从属地位的"圈子"成员便有可能向权威力量靠近甚至妥协,不自觉地对信息进行再次转发或跟风评论。在此基础上,网络热点事件便会发展成

---

① 费孝通:《乡土中国》,北京出版社2005年版,第32页。

为网络舆情，一般性的网络舆情又可能会进一步恶化成为影响社会稳定的舆情事件。如何避免"圈子"内部的共振与耦合，如何避免"圈子"之间的共振与耦合，是舆情治理中网民环节的关键步骤。

（三）共振与耦合：网络舆情中"圈子"间的联系与隔阂

人类社会在互联网时代再次部落化，虚拟空间中的微博、微信、抖音、快手等媒介平台的出现，为网民的部落化提供了有力的技术支撑和社会载体。在这些平台中，身处不同地区或者时间的个体可以因为某条信息、某种观点甚至是某种情感聚合在一起，成为一个或者多个"圈子"中的成员。"圈子"内，同质的信息不断重复和加强，内部传播场域中的观点与情感极易产生倾斜，并走向极化。因情感极化和观点非理性而导致的真相失语促使了网络传播场域"后真相"的出现。无论是舆情生发初期的情感动员，还是扩散过程中的情感扩散，"圈子"内部的共振与耦合始终存在，"圈子"之间的隔阂依然存在。

然而"圈子"之间又并非完全独立，而是充满着错综复杂的联系。在"圈子化"传播的背景下，网络信息，特别是网络谣言的传播与破解主要依靠媒体、意见领袖、个体网民在内的多元主体对"圈子"内以及"圈子"间"后真相"的破除。当存在于"圈子"内外的"后真相"壁垒由于某种更具权威性、可靠性、可信性的信息源出现时，"圈子"内部的谣言便会自动消解，负面情绪也会逐渐消散，谣言与虚假信息便失去了继续传播和产生影响的可能性。一般来说，主流媒体与权威的专家充当了打破"圈子"壁垒的信息源。在这一过程中，如果所有的"圈子"能够无差别的接收和接受主流媒体、领域专家、政府信息，"圈子"内部和"圈子"之间的"后真相"壁垒便会不攻自破。

三 情感共振：网络舆情生发演化中的情感共振逻辑

基于功能共振的模型分析，在网络舆情演化的过程中，通过对系统的识别发现，其中容易产生故障、容易进行耦合的功能分别为网络谣言和情绪。这两个方面是网络事件演变的关键要素，也是引发网络舆情功能共振的关键要素。因此为了防止网络舆情事件在网络舆情发酵中进一步产生不良后果，制定网络舆情治理的核心引导机制就显得尤为重要。

(一) 情感动员：网络舆情生发机制

人类记忆的基本框架主要依赖于逻辑、语言以及概念。集体记忆（collective memory）属于社会心理学的研究范畴，由法国社会学家哈布瓦赫在其著作《记忆的社会框架》中首次提出，是对涂尔干"集体意识"概念的一种发展。集体记忆是一个群体或者社会中人们共同拥有、传承、建构的。受到时代以及公众意愿的影响成为一个群体或社会"记忆遗产"中标志性元素。徐贲对集体记忆有以下两方面特征总结：一是集体记忆一般会存在于特定的人群内部，但是这样的集体记忆无法在一个被无限放大人群中得到普遍认同；二是现存的集体记忆虽然包括对过去事实的认知和道义的评价，但是记忆总是会与历史现实呈现出一定的矛盾。①

个人记忆是集体记忆形成的重要心理基础。在记忆中，情绪、情感、态度、观点等内容都会被自动储存。在此基础上，便出现了"情绪记忆"这一时间性和空间性重叠的概念。在网络虚拟空间中，对热点事件的传播、报道使得网络中的公众在意见交互的过程中，逐渐形成一种或多种的主导情绪。这些无法把握的情绪不仅以代码、数字、图片、音频、视频等形式存在于网络中，还会以"记忆"的形式留存在人们的脑海中。这种集体情绪将在未来的某一天，被再一次抽取、回忆。因此，理解情绪与记忆之间的相互作用关系，成为研究舆情事件中"情绪性热点事件"的重要内容。

高北晨以巴黎圣母院大火事件为例，在集体记忆的表达与激发研究中发现，消极情绪为主的讨论中心围绕着"民族主义"。虽然此次巴黎圣母院大火未在网络空间中形成影响极大的网络舆论事件，但有必要将这次事件视为"网络情绪事件"。此次事件所激发的"集体记忆"可成为未来对此类事件的一种有效规制。当未来网络中出现的议题是有关"民族主义"时，巴黎圣母院大火事件中所收集到的网民意见情绪值就可以为舆论监控、网络平台管理提供有利的参考值。② 同时，集体记忆中所蕴含的社会情感状态是公众对社会感知共同的心理状态，反映了社会公共事件发生时的民意所向，而这

---

① 徐贲：《人以什么理由来记忆?》，《法制资讯》2009年第2期。
② 高北晨：《"网络情绪性事件"中集体记忆的表达与激发——以巴黎圣母院大火为例》，《东南传播》2019年第11期。

正是化解社会矛盾冲突的关键。积极的情绪记忆有利于社会的良性发展，而消极的情绪记忆将会激发社会的矛盾冲突。在我国全面深化改革的时代背景下，实现网络空间的情绪治理，建构积极的集体记忆需要发挥党和政府的思想导向作用。要以社会主义核心价值观为导向，培育积极向上的网络文化价值观，以发挥情感力量的最大效能，实现更为广泛的社会凝聚力。

（二）情感扩散：网络舆情蔓延机制

丹尼尔·卡尼曼在《快与慢》一书中提出，我们的大脑有快与慢两种做决定的方式。常用的无意识的"系统1"依赖情感、记忆和经验迅速做出判断，使我们能够迅速对眼前的情况做出反应。但"系统1"也很容易"上当"，它固守"眼见即为事实"的原则，任由乐观、偏见、厌恶之类的错觉引导我们作出错误的、直觉的、感性的判断。所以，理性的判断需要有意识的"系统2"通过调动注意力来分析和解决问题，并做出决定。"系统2"比较慢，不容易出错，但人类很懒惰，经常走捷径，直接采纳"系统1"的直觉型判断结果[①]。

公众舆论很多时候就是"系统1"，而作为媒体而言更重要的是要行使"系统2"的职责。黄顺铭在《在线集体记忆的协作性书写》中对通过中文维基百科有关"南京大屠杀"条目进行个案研究，发现新媒体场域中的集体记忆的本质是网民自身在线协商以及其在网络传播场域中对话语权的争夺和博弈。此结论与英斯的理论一致，他认为新媒体不仅能够促进集体记忆的迭代更新，同时也为许多底层或"草根"阶层的人民提供了更多的发声渠道，极大地推动了书写与权力之间的"记忆之战"。媒体在对事件进行报道的同时能够起到激发受众集体记忆的作用，并且能够实现对集体记忆一定程度上的修改以期对未来会发生的类似事件产生影响。并且媒体在进行报道过程中，可以从集体记忆的角度出发，有意识地寻找可激发"集体记忆"的切入点，以便提高受众的接受度，进而引导舆论走向。

同时，大众媒体作为"船头的瞭望者"，在突发舆情事件发生时，通过及时、准确地进行相关事件信息的报道与揭露，可以很大程度上满足公众的

---

① 刘远举：《最高法大数据揭示的事实、情绪与媒体理性》，http://epaper.oeeee.com/epaper/A/html/2018-10/01/content_51712.htm，2020年11月20日。

信息需求，从而进一步减少因信息缺乏、知情权不足而导致的焦虑情绪的扩散。在突发舆情事件中，公众被情绪裹挟，作为媒体更要审慎地选择报道角度，从积极的方向进行情绪引导，从而化解社会矛盾，稳定公众情绪。另一方面，媒体还可利用自己"下情上达"的功能，通过充分反馈民意来促进相关问题的解决。政府部门还可通过媒体的民意反馈，改正自己的工作方式和工作作风，使政策、规定的制定更好地体验民意，从而消除官民误会、平息公众情绪。大众媒体还可作为"公共论坛的主持者"，促进政府、网民以及社会组织之间的交流对话。这种多元主体的对话协商，对于疏导极端情绪有重要作用。

媒体具有的社会监督功能是大众媒体对网民情绪进行疏导、培植正向情绪的重要手段。如今我们正处于社会的转型期，面对各种各样的社会问题，特别是与人们的生活密切相关的问题，公众会对自己的生活、政府等社会问题感到焦虑、失落。公众情绪的堆压需要一个释放的出口，媒体就可扮演此般角色。在新冠疫情期间，媒体质问湖北武汉政府领导、质疑红十字会捐赠事宜、质疑疫情数据真实性等都表明了媒体的舆论监督一直"在线"。舆论监督只有坚持从实际出发、实事求是，才能使其监督意义最大化。同时，媒体还要坚持舆论监督和正面宣传的和谐统一，以防舆论监督转化为媒介审判。通过媒体曝光，不仅能回应人们的所需，还能够督促相关责任部门履行自身职责，同时对公众的情绪起到有效的安抚作用。

（三）情感耦合：负面网络舆情的产生

共情是指"用你认为别人会用的那种视角去体验生活的能力"。所谓的共情（empathy，也有人译作"同理心""移情"或"神入"），是一种能力，这种能力能够让一个人理解一个陌生人的独特经历，并对这样的经历做出理解、同情、共鸣等反应。共情还能够让一个人对另一个人或者另一件事情产生同情的心理，并据此做出利他的行为。这种意义上的共情，被苏格拉底时期的学者称为"同情心"。在新闻传播领域由此还衍生出"共情传播"的概念。

共情所产生的基础是客观事实。共情具有客观性，是一种有意识的角色互换行为。网络舆情与情感的共生性特征，使得网络舆情治理从某种程度而言就是一种情感治理。而在这里共情是网络舆情治理过程中所要达到的共同目标,也是消除公众网络偏激情绪以及集合性行为的重要一环。但是基于保罗·布卢姆在其著作《摆脱共情》一书中的观点,我们有必要对共情做一个区分。书中他将共情分为两种,一类是情感共情,一类是认知共情。如果你受苦会让我难过,我身临其境般地体验到了你的感受,这是情绪共情。他提出情绪共情就像一盏聚光灯,是一种非常狭隘的情绪。情绪共情迎合了人们的偏见,常会影响人的理性判断,甚至会导致暴力和恶行;而与之区分的认知共情指的是理解他人正处于痛苦之中的状态,但自己并不亲自体验这种伤痛的感觉。也就是认知共情心理学家所说的社会认知、社交智能、心智解读、心智理论或者心智化。[①]

完全被情绪裹挟的公众,会丧失主体的思考能力。认知共情与情绪共情相比,多了一份理性元素的存在。所谓"共识",就是网民对网络事件所要达到"认知共情"。共识(consensus)即为大家共同接受的观念或者决定。共识形成的重要前提之一就是具备自身判断能力的公众,在公众理性化的互动过程中,形成的共同的认知以及态度。以理性思考为前提所形成的共识是最终共情形成必不可少的环节。共识也即为网络舆情情感治理的核心要素。

网络舆情的情感治理要秉持"以共识促共情"的理念。公众通过共识所提供的价值观及其信念,形成自我正确的价值观念与态度,在社会共同价值观的指引下促使理性化的情绪、情感的形成,从而做出符合社会价值判断的行为,在一定程度上有助于网络环境中"公共领域"的形成。与此同时,共情对于共识也有反作用,如果网络中的公众能够自愿地站在对方的角度理解对方的感受而非身临其境般体验对方的感受,那么因情感泛滥、情绪极化而激化的网络舆情事件将极大减少,理性思考也将成为网络公众的行为准则,更有利于良好网络生态环境的构建。

第二节 基于功能共振理论的网民主体自治策略

一 合理利用技术,建立功能共振理论下的"公共讨论"空间

现代技术的高度发展使人们的生存方式技术化,技术已成为现代社会的

---

① [加]保罗·布卢姆:《摆脱共情》,徐卓译,浙江人民出版社2019版,第97页。

"座驾"，全面规制着现代人的生存方式、重塑了人的感觉系统。在技术化生存的今天，技术带来的风险已无可避免。人在与技术的关系博弈中，最核心也最关键的是不被技术的自主性所控制，重新确立起人的主导性角色。技术由人创造、受用于人。技术活动的本质是客观的宇宙真理借助于人在技术理性方面的认知，进行自我确认、自我实现的过程。

（一）培养理性批判意识，提升能动性

首先，要对技术社会做出恰当的判断，正确地提出问题，不要在一些"伪问题"上纠缠。技术把人从自然的限制中解放出来，但又强加了另外一些限制。人以自由为代价，换取技术带来的物质幸福，却又在很大程度上变成了技术的奴隶。其次，控制技术的唯一途径是祛除技术的"神话"和"非意识形态化"。再次，人在使用技术时，要跟技术保持一定的距离。人要有一定的独立性和幽默感，能够质疑和拒绝对技术产品的使用，使技术屈从于精神，而不是精神屈从于技术。此外，对技术需要一种真正的哲学反思。最后，提出技术问题的哲学家要和技术人员对话，要让技术人员"质疑"他们所创造的东西。哲学家也可以通过对话了解技术和技术人员的意图，通过影响技术人员来影响技术。这种对话也是一种对抗，因为技术要求解决所有人类问题，而人类意志则要避免技术决定论。

综上所述，人在面对技术时，首先要树立正确的观点和态度。尼采曾经大声疾呼要重估一切价值，以往每一次重大转型期，人们都要重估一切价值。而这一切价值中，最重要的价值就是人本身的价值，人的主体性正是其中最重要的问题之一。在面对技术带来的重塑与转型时，人始终要保持主体性和能动性的意识，将技术视为实现自我价值的手段和工具。此外，要批判性地对待技术的作用和技术背后的权力控制，避免陷入技术控制论和技术决定论的旋涡。技术本身的特征使其不可避免地带有双面性，在工具理性的迷思中，人需时刻秉持理性的批判意识和能动精神，在工具理性和价值理性中寻求平衡。

（二）在技术赋权之下有序参与

公众参与一直是社会治理领域的价值标杆，但"信息鸿沟"的存在使得公众难以获得有关公共事务的足够信息。即便公众被引入政府治理的相应环节，也会因双方对话缺乏关键性内容而流于形式。因此，公众参与的基础是公共数据的获取。随着智能手机和互联网技术的发展，新媒体时代到来。新媒体这个相对公平、公开的平台的出现，打破了传统媒体单向传播的格局，公众可通过新媒体自由发声，不再只是被动地接收信息，更加便捷的信息传播和反馈机制已逐渐建立起来。从此，公众同时拥有了接受者和传播者两个身份，这也意味着受众拥有更多知情权、话语权和参与社会治理的权利等。同时，互联网和信息技术的兴盛不仅实现了技术向公众的赋权，也使得政府能够更全面地感知公共事件中相关的危机信息。应该说，技术是以一种双向赋权的方式作用于社会公众与政府。

技术的双向赋权为推动公民参与社会治理、实现政府与公民的双向互动提供了有利的外部条件。公众应有序参与，从传统参与的"虚假在场"走向"真实在场"。唯有此，公众与政府才能在对社会认同和对决策有效性的认知方面达成共识，实现国家治理能力与治理体系的现代化转型。在网络传播时代，新媒体技术作为一种社会性的创造理论，其作用毋庸置疑。选择新技术，不仅是制度层面的要求，更是更新社会文化的必经之路。技术、社会与国家三者的互构同时决定着社会治理的未来。

二 "情绪化"还是"理性化"：优化网络舆论场中的网民选择

网络舆情是网民作为一个整体所表现出来的社情民意，不是个别网民的意见。一个整体所表现出来的态度与意见的综合状况来自于每个个体在网络舆论场中的选择与表现。因此，提升网民在网络中的素养、提高网民对网络中谣言的辨别和抵抗能力以及培育网民的网络法制意识，对网民在网络场域中进行理性表达有着重要作用。

（一）提高网络媒介素养，倡导理性发声

媒介素养即人们面对媒介信息时的选择能力、理解能力、质疑能力、评估能力、创造生产能力及思辨反应能力。[①] 在网络舆情演化的过程中，借助于互联网平台，会迅速产生巨大的信息量，一旦谣言在这一过程中涌现，借助于网络舆情演化过程中最重要的主体也就是公众，将会与其他功能主体进行耦合，产生巨大的社会影响进而破坏社会正常秩序。因此，公众作为

---

① 邱沛篁、蒋晓丽、吴建：《媒介素质教育论集》，四川教育出版社2004年版，第123页。

互联网时代网络谣言传播与接受的主体，是进一步"助长"网络谣言传播的一股巨大的力量。要对谣言这一关键功能治理，就必须从源头——公众出发。

荷兰学者克罗斯在奥尔波特谣言公式基础上加入了"批判意识"这一因素，认为谣言的流通量＝事件的重要性×事件的模糊性/受众判断能力。[①] 也就是说，如果受众的判断能力较弱，人们更容易受到谣言的影响，此时的谣言流通量就会增多。只有公众具备一定的媒介素养，能够理性地看待突发事件并保持自身的客观冷静和判断能力，才能防止自己成为谣言传播的中介或受到谣言传播的影响。如今，公众的媒介素养面临新的挑战。一方面，由于网民数量庞大，受教育程度不同，网民的媒介素养差异大；另一方面，网络意见领袖的推动作用助长了谣言的传播态势，导致公众盲目跟风信谣。因此，对公众的媒介素养教育要提上日程，提高公众的素质，培养其理性思考的能力，增强其对于谣言的辨别能力和免疫力。

(二) 提高信息辨别能力，促进网络谣言"自净化"

公众愿意相信谣言并且传播谣言，这与他们的非理性思维有关。当前，我国正处于社会的转型期。公众生活压力增大、社会问题频发，公众在一定程度上会产生社会焦虑感。公众在生活中的压力、对社会的悲观情绪都需要得到宣泄，自由的网络空间成为大家非理性情绪发泄的场所。非理性情绪要转换为理性情绪，一方面需要提高公众的沟通意识，在拓宽公众制度化参与渠道和问题解决渠道的同时，让公众愿意去说、能够去说，遇到疑惑信息，能够积极向有关部门求证，从正规渠道获取信息，解除疑虑；摒弃通过谣言形式自我猜测、自我焦虑进而产生谣言、传播谣言的行为。与政府进行理性沟通进而实现政府与公民之间的良性沟通；另一方面，要培养公众的信息辨别能力和虚假信息的防范意识，不轻易相信也不轻易否定。

在接触信息时，公众可以向自己提问：我碰到的是什么内容？信息完整吗？假如不完整，缺少了什么？信息源是什么？我为什么相信他们？提供了什么证据？是怎样检验或核实的？其他可能性解释或理解是什么？我有必要

---

① 王倩、于风：《奥尔波特和波斯特曼谣言传播公式的改进及其验证：基于东北虎致游客伤亡事件的新浪微博谣言分析》，《国际新闻界》2019年第11期。

知道这些信息吗?① 用以上六步质疑法分辨信息，获得事实的真相。

网络谣言的产生、传播与公众法律意识的薄弱也有着密切的关系。人们转发或制造谣言，多为盲目跟风，或为获得一定的关注度和曝光率，很多人并未意识到自己的行为其实已经触犯了法律，会受到法律的惩罚。因此，网络谣言的治理与公众的法律意识密切相关，如果公众都能够知法守法，在网络中进行信息传播时就会更加小心谨慎，从而减少网络谣言产生与传播的概率。作为互联网的公民，需要不断提升自己的法律意识，补充相应的法律知识；也要意识到互联网并不是法外之地，虚拟与现实并非是断裂的，现实中的自己要为网络中的虚拟行为负责，要严格遵守法律的规定不能损害他人的合法权益。同时，公众也要能够区分网络谣言与言论自由的边界，言论自由的实现一定不能是损害社会公共秩序为前提的。言论自由是公民的合法权益，但是在享有权利的同时也要承担一定的义务，要自觉地抵制谣言、禁止传播谣言，营造健康的网络环境。

三 从"被动"到"主动"：发挥网民的自组织功能

自组织概念由协同学的创始人哈肯提出，他认为某个系统在没有外界条件的干扰下，将按照一定的秩序或规则，分工明确且各尽其责地自主获取时间、空间或功能的有序结构便是系统的自组织运行。自然界与人类社会生活中，自组织现象广泛存在。在网络场域中，网民对信息的浏览、转发、评论等行为并不受外力控制，都是自发演化而成。在社会热点事件发生后，网民的关注、观点和情感也是由自发形成，因此网络舆情的演化契合自组织演化的条件。网络舆情的演化是一种自组织模式的演化，具有开放性、非平衡性、非线性并存的特点。发挥网民正面积极的自组织功能能够避免在舆情场域中产生不必要的耦合与共振，扼制舆情的扩散，引导舆情的消散。

（一）自律与警惕：意识到新媒体时代无所不在的"被动性"

面对新媒体环境，网民似乎在信息传播领域拥有了更多主动选择的权力，为整个传播格局带来极大的影响。但另一方面，舆情场域中错综复杂的

---

① ［美］科瓦奇、罗森斯蒂尔：《真相》，陆佳怡、孙志刚译，中国人民大学出版社2014年版，第34页。

信息呈现和权力博弈常常让网民无法在大部分时间中使用这种权力,而被谣言和情绪裹挟,导致舆情的爆发与扩散。这一方面是因为人的本性中天然存在很大的被动性,另一方面还来自于各媒体平台给用户带来的被动性。

尽管新媒体技术给网民带来了诸多主动选择的机会,但从网民自身来看,人本性中的惰性使得我们具有无法挣脱的"被动性"。正如微信开发者张小龙所言,一个产品经理必须了解人性。而懒惰、跟风、不要学习、随机好奇等特点是每个人都具有的人性弱点。这些弱点不仅影响了人们的信息消费行为,还影响着网络舆情的走向。

网民的被动性一方面来自于人性中的懒惰。由于人们总是倾向于以最小的成本获取最大的收益,因此,在新媒体环境下尽管网民拥有了更多的信息选择,但其行为依然表现出很强的惰性。网民在舆情场域中更倾向于通过各种方式降低信息获取、理解、转发等一系列行为的成本,特别是在信息过载的当下。如何以最快的速度,最省力的方式获得最多、最准确、最详细的信息是大多数网民的选择。这种情况下,有的网民会选择依赖他人,这里的他人很多时候都是指在网络场域中具有话语权和影响力的意见领袖或领域专家。还有的网民会选择依赖系统,也就是依赖信息平台本身、编辑的安排、技术的引导。这种依赖在网民浏览信息时表现为过分信任信息标题、关键词和观点,致使网民容易被大量转发和迅速扩散的信息感染。当舆情生发时,面对海量的网络信息冲击,网民应时时警惕,对网络意见领袖、自媒体平台等非官方的渠道发布的信息保持怀疑。不信谣、不传谣、不造谣,避免网民之间的共振与耦合,减少负面网络舆情的扩散几率,降低网络负面舆情对社会稳定的影响。

网民的被动性另一方面来自于在信息平台使用中产生的惯习。由于新媒体平台需要吸引更多的用户,培育用户黏性。在各个网络新媒体平台中活跃的网民很容易被自己在平台中的惯习所固化,被动地接受平台的信息内容。面对海量的信息,网民更倾向于通过固化自己的行为惯习去降低信息获取的成本。许多网民每天打开的网站或客户端相对固定,每次在平台中浏览信息和发布信息的路径较为一致,甚至在某一个页面中,网民视线移动的路线都难以发生变化。另一方面,网民个人的关系"圈子"一般较为稳定,个人在接受"圈子"内部信息时的下意识信任,使得网络舆情在"圈子"层面传播迅速。面对网络舆情，如果网民依然遵循平日中的信息惯习去接收和浏览信息，并未积极主动求证和求实，不实信息和负面情绪将会得到大面积的传播，此时便会出现"信息茧房"和"回音室效应"，造成负面网络舆情的扩散。因此，网民在面对突然爆发的网络舆情事件时，应保持冷静，积极主动寻求真实信息，而非听信一面之词，造成舆情的进一步扩散。

（二）竞争与协同：发挥网民主动性建立清朗网络空间

网民群体在网络舆情自组织的演化过程中，最强劲的演化动力是竞争，可持续发展的保障性条件是协同。因此，促进各网民群体之间的竞争与合作，推动网络舆情不断演化发展，同时也能够促使整个舆情生态系统的可持续发展。

1. 竞争：推动网络舆情生态有序化发展

网络中网民之间的竞争或者网民群体之间的竞争是关于网络社会地位、网络空间话语权及网络资源等方面的竞争。网民或网民群体在网络空间中的社会资本、信息资源、个体属性的不同造成其竞争力的明显差异。在网络空间中，无论是政府、媒体、意见领袖还是普通的网民，从技术上来看，都是散落的节点。但由于各节点本身在网络中的影响力不同，对舆情事件发展的作用力也各异。当舆情事件发生时，网民群体之间存在着非均衡的博弈关系，其竞争的过程表现为所有网民对于话语权的竞争。这样的竞争主要体现在话语数量、相应速度和话语能力三个方面。

从网民话语数量上来看，以微博为例，我国目前微博活跃用户为5.5亿人次，而经过平台认证的政务微博、媒体微博、个人微博却只有18万左右。从这样的比例不难看出，相对于大多数普通网民群体而言，具有权威话语的意见领袖还是少数。如果蓄意谋划一个负面舆情事件，以网络水军为推手，有可能很快便会在网络中掀起轩然大波，使得负面舆情迅速扩散。因此，使各网民之间形成良性竞争，避免网民成群，造成话语权的集中，便可以在网络谣言传播、网络情绪共振中发挥良性作用，抑止网络舆情的扩散。从网民对舆情的反映速度上来看，仍以微博为例，随着互联网的飞速发展，已经有许多政府部门开通了微博账号。但是由于社会体制结构的约束，这部分微博账号对舆情事件的敏感度，以及舆情事件发生后的回应速度远远不如长期活跃在网络舆论场域中的其他网民。因此，使舆情场域中的官方节点和权威节点在舆情生发之中迅速反应，做出应对，才能够更好地引导舆情的发展，在短时间内平息负面舆情，维持社会稳定。从网民的话语能力上来看，大部分网民对政府、媒体的不信任，对社会公平、贫富差距、官僚主义等现象的不满，加重了网民对网络舆情场域中政府节点、主流媒体节点等一系列网络节点不信任，加剧了权威网络节点话语能力弱的现象。因此，在网络舆情中应增强政府、主流媒体等主体微博、微信账号的影响力，以提升主流话语在网络舆情场域中的影响力。

从开放系统的演化角度来看，不同的网络群体对网民的关注度、网络资源的竞争以及对信息技术发展的利用的差异会造成一部分网民在网络空间中具有明显优势，而另一部分网民在网络空间中的话语权力有限。因此提高整个网络舆情生态系统中网民特别是具有权威性信息来源的网民的话语权，对网络舆情的治理有重要作用。同时，针对某一现象，网络中权威专家之间的冲突、网民之间的信息交流能够促进网络信息的迅速流通。因此，竞争不仅是能够使得网民自组织演化的非平衡性条件，还是推动网络舆情及整个舆情生态系统向有序结构演化的重要动力。

2. 协同：共同建立清朗网络空间

网络场域中，网民群体的自组织演化协同是指网络舆情参与群体在合作与竞争中系统发展，是对竞争的综合。网络场域中的协同是对促使网络舆情生态系统中网民适度竞争，抑制恶性竞争事件发生的有效手段。

从网络舆情事件生发、扩散和高潮的规律来看，在现实的网络舆情事件生发过程中，社会热点事件经由网络舆论发起人或网络推手的操作，引起普通网民的关注、转发或评论，促使网络舆情萌芽。而后，经各大网站、各路意见领袖的传播扩大了舆情形象的传播、影响范围。普通网民之间观点强烈碰撞，慢慢形成理性化或非理性化的话语对抗，迫使相关部门或相关个人对事件做出积极正面的回应。在整个网络舆情生发、爆发、扩散的过程中，普通网民、网络推手、意见领袖、各大媒体及网络社区纷纷加入讨论，挖掘事情的真相。在此情况下必须加入相关管理部分进行协作，推动整个网络舆情有序演化。网民需积极协调有关部门，在网络舆情场域中理性发声。网民作为网络舆情生态系统中的主体，不仅是网络舆情传播中信息的接收者，也是网络舆情传播重要的参与者。网民对网络平台、信息技术、社交工具的频繁使用推动着网络舆情演化模式不断迭代。同时，网络社会环境也在影响着网民的思维习惯、意识形态和行为习惯，塑造了社交媒体时代网民公共讨论的模式。对于普通网民而言，需要不断积累网络虚拟生存的经验，不断地提高自身面对舆情、处理舆情的能力。对于具有一定影响力的网民而言，则需要不断摸索和学习如何推动网民之间的协同互动，如何配合政府、媒体进行正面的发声、宣传，在负面事态升级与扩大时发挥正向的引导作用。

一般而言，差异引发竞争，竞争带来协同，而协同过后又会引起新一轮的差异与竞争。在网络舆论场域中，竞争与协同是相互依赖、相互转换的对立统一过程。网民个体在网络中的话语权力、社会资源和引导能力差异造成了网民群体在网络舆情演化过程中的不平衡性。这种不平衡性便是网络场域竞争协作的源泉。因此，通过非线性的协作，使得整个网络舆情中的网民进行理性协作，将网络舆情的负面影响控制在最小范围内，而最大限度地放大网民参与监督的功能、网民理性竞争、合理协同时便可以在控制和影响整个网络舆情及网络舆论生态系统的演化过程中占有绝对的优势和能力。

小　　结

互联网技术的光速发展和智能移动设备的普及，使得舆情可以在极短的时间内被迅速放大并引起社会普遍关注，成为社会热点。网民作为关键的功能主体几乎推动着每一个网络热点事件的发展，这种推动已不仅局限于网上，甚至越来越多地影响现实社会，直接作用于现实事件的走向。本章从网民视角入手，提出发挥网民的自组织功能，从提升自身的网络素养、谣言识别能力和理性表达意识出发，实现网络谣言的自净化、网络讨论的理性化以及网络技术利用的合理化。重大舆情的涉及面往往并非局限于某一部门或某一群体，而是整个社会系统。网民是一个不分行业、不分阶层的散落群体。我国舆情事件中涌现的具有影响力的网民，既有公共知识分子，如专家学者、媒体人士，也有专业技术人员，还有"草根"网民。对网民动态的了解与掌握有利于中国政府在现有重大舆情事件的应急处理组织体系中吸纳各网民加入，搭建与网民沟通交流的平台，培养自己的意见领袖，在网络舆情治理中发挥网民的积极作用。

结论与展望

一 研究总结

本书在借鉴前人研究成果与方法的基础上，跨学科地运用复杂性系统科学领域的功能共振理论，对网络舆情演化与治理进行研究。主要致力于以下几个方面的探索：第一，在功能共振理论框架下阐明网络舆情是复杂社会网络中的产物，二者存在逻辑契合，明确功能共振理论对网络舆情研究的解释力，以及在治理实践中的适用性。第二，运用FRAM分析方法分析网络舆情的功能模块特征与功能间耦合关系，构建大数据爬取与机器学习仿真模型，对网络舆情演化与治理做仿真实验，为舆情治理与引导提出新思路。第三，提出基于功能共振理论的网络舆情治理策略，强调政府、媒体和网民三者功能主体通过功能耦合完成完整的网络舆情治理循环。

研究得出的主要成果包括以下几个方面：

（1）网络舆情的复杂性思考

本书分析了复杂性概念，揭示出风险社会中的复杂动力突出表现为：基于适应演化向协同演化的同步力和用于阐述社会发展二相性形态的解释力。认为作为典型的风险社会动力，客观上为研究网络舆情的复杂性提供了理论上的适用性，认为网络舆情正是"技术—社会"系统形塑的复杂性社会产物，表现出"弱者强势、情绪优势、轻者为重、次者为主"的演化机理及新变化。同时，网络舆情演化正在出现情感极化与民粹主义相交织的新特点，议题正向引导与公众利益须吻合的新要求、"目标重塑"和"主体重组"的技术治理路径相融合的新方式转变。

（2）功能共振理论与网络舆情治理存在的契合逻辑

本书结果显示，功能共振理论是基于复杂系统而提出的一种理论模型，而网络舆情演化是典型的"复杂巨系统",具有复杂系统的特征,二者之间存在某些相似、相通,甚至相同的内在特征与规律。主要表现在复杂性、非线性与功能耦合构成的一体三面,具体概括为前提要件契合、运转模式契合、演化动力契合、理论实践契合。网络舆情系统与功能共振理论在这几个层面的契合,揭示了运用功能共振理论去解决网络舆情治理问题的逻辑起点,也最终确定了功能共振理论对网络舆情的解释力,以及在治理实践中的适用性。

(3)基于FRAM分析框架的网络舆情功能共振模型的仿真实验及结论运用

本书在治理实践层面,借鉴FRAM功能共振分析方法,先后完成网络舆情要素的划分,功能的识别与描述,共振模型的构建,功能共振的确定,共振影响要素及失效模块的分析。认为功能共振模型能够迅速、科学、有效地应对网络舆情事件,尤其是在网络舆情不同阶段利用功能共振效应可起到迅速澄清、防止舆情进一步蔓延的作用。进一步通过大数据抓取与机器学习的仿真模型,描绘了网络舆情演化的功能图谱,利用实验数据诠释了网络舆情的复杂性现象,并针对自然灾害类、社会矛盾类、公共安全类、社会卫生类四类典型案例开展分析,发现运用功能共振模型能在舆情初期起到消散的作用,在舆情高潮期能起到快速抑制并迅速消散的作用。

(4)基于功能共振理论的网络舆情治理策略

本书在共振理论的理解性研究和仿真模型的实验性研究基础上,认为政府、媒体和网民三类主体在网络舆情中功能表现最突出,提出要在"多功能主体网络舆情治理网络模型"中构建一个政府、媒体、网民三者之间完整的网络舆情治理循环。在这个循环中,政府是治理网络中的核心主体,居于全面统筹和协调的主导地位,应强化顶层架构,夯实治理基础,形成"刚性嵌入"和"柔性融入"的治理策略。媒体是治理网络中的协同主体,辅助党和政府构建官方与民间意见信息互通的桥梁,实现主流话语和正确价值观的传播,要畅通沟通渠道,建立主流意识,形成媒体内外部协同策略。网民作为网络舆情的主体,实际上是治理网络的治理对象,要通过提升媒介素养,塑造理性表达的观念和行为,实现网民"自组织"和"自治"的终极目标,实现话语秩序的规范、构筑起清朗健康的网络空间。三者作为网络舆情治理的功能主体,应接受来自传播环境、社会结构和网络舆情生态中地位变迁的新变化和新挑战,发挥各自在舆情治理中的重要作用。

二 研究展望

本书对研究功能共振理论视域下的网络舆情演化与治理做出了有益的贡献,课题组3位教授带领5位博士研究生和10名硕士研究生,于前期研究中,在《现代传播》《新闻界》《西南民族大学学报》等CSSCI期刊发表相关研究论文8篇(其中两篇论文被《新华文摘》摘登),在相关SSCI期刊发表前期成果论文2篇。依据十余万字的前期访谈记录,形成了本书。但是由于新冠疫情影响和时间、空间等多因素的限制,伴随研究的逐渐深入也暴露出新的有待解决的问题。在未来的舆情研究中,首先应该将功能共振理论下的网络舆情治理放置于国家治理能力与治理体系现代化的视域下,接受现实的检验,并从实践中总结经验修正理论模型;其次应该将情感逻辑融入功能共振理论之中,突出网络舆情的复杂性和涌现性,重视引发情感共振的节点,并将治理重心从内容转向情感;应该将数字人文的时代背景融入其中,展开大数据与理论结合下的舆情演化与治理体系研究。

接下来对日后进一步研究拟开展的工作进行简要说明。

(一)将网络舆情置于国家治理能力和治理体系现代化的视阈下加以研究

系统性认识和治理网络舆情是提升国家治理能力和治理体系现代化的题中应有之义。网络舆情作为复杂社会下各种复杂性因素交织形成的产物,无论是网络舆情的信息生发、传播、演化、反馈还是各参与主体的非线性互动勾连,都是在一个巨大系统中发生,这个复杂的系统具有完全非均质化运行的状态,也受情感、言论、价值观及认知经验等影响,形成"多样性"和"差异性"的耦合在推着舆情运行。在这样的舆情环境中,首先要意识到网络舆情引导和治理工作的效果好坏,直接影响着党和国家治国理政的社会基础和群众基础,要看到当前公民意识的觉醒与公民意志的表达,正与当前体制下权利与权力两股力量的博弈。公民日益增长的参与需求与传统行政管理滞后之间的矛盾,加剧了网络舆情变化的复杂性。应从推进国家治理体系和治理能力现代化的高度,重视和加强舆论引导工作。宣传思想工作在舆论引导方面如果仍然陷入"惯性"思维，墨守成规、裹足不前，不与国家治理体系和治理能力现代化接轨，就必然会陷入被动。未来还要坚持从复杂系统的视角来认识和治理网络舆情，丰富政府对网络舆情的复杂性研究和研讨，发现和解决制约网络舆情治理的结构性与制度性因素，优化政府的积极介入虚拟的公共领域的思路和手段。因此，基于提升国家治理能力和治理体系现代化的总要求，后续有关网络舆情的复杂性研究仍有很多领域需要进一步拓展。

（二）开展情感线逻辑下的网络舆情生发演化机理与治理研究

研究网络舆情演化与治理，关键是清晰地把握舆情发展的脉络与症结所在。情感是人类行为和社会联结的心理基础，将情感视角引入网络舆情研究，可以看出网络舆情的形成究其本质是情感的作用。这种情感驱动的逻辑蕴含了个体情感到群体情感、最后引发集群行为的转化过程。网络舆情的生发、演化、爆发，正是情感动员、情感扩散、情感耦合作用的结果。在情感动员阶段，深层的社会结构与特定的历史背景共同奠定的情感基础，成为触发理性思考失灵、情感表达与意见累积的开关。把握着这种共同情感的叙事策略，唤醒了网民的情感并迅速引发共鸣，网络舆情由此开端。在情感扩散阶段，新媒体技术为公众话语的生产与扩散提供极大便利，情感以网络为渠道，通过不同个体或组织之间的信息互动而快速扩散、交叉感染。随着情感能量的聚集，群体情感出现，其规模不断升级，网络舆情的热度也随之陡然上升、不再受控，这为引爆网络舆情不可预知的风险埋下隐患。在情感耦合阶段，情感攀登上顶峰、趋近于饱和点时，常常转化为实际行动，造成破坏性结果，这也是网络舆情爆发带来的负面影响。情感耦合的根源在于整个舆情系统中某一环节或多个环节的失效，此时情感丧失平稳的调节状态，原本内隐的心理势能最终撼动网络和现实社会的正常秩序。概言之，情感线是贯穿网络舆情生发演化始末的牵引索。因此，要从根本上做好网络舆情的治理工作，就必须把握情感治理这一关键要素。

（三）开展网络数据和舆情知识双轮驱动下的网络舆情指标体系的研究

当前，地方政府的网络舆情应对和治理机制通过近几年的建设已颇有成效，但亟待提高的地方依然很多。比如大数据优势转化为指标监测的优势上存在差距，预警指标可操作性和早期响应速度差，应对预案不健全，网络舆情的顶层设计及通盘考虑缺乏，等等。本书在对网络舆情的演化与治理研究过程中发现由于网络舆情的复杂多变，以上问题反映的情况更加真切。目前有关网络舆情指导体系的认识，多从理论认知层面分析指标体系的指标集或指标因子，缺乏一套体系完备、内容翔实、科学合理的网络舆情指标体系作为指南，来指导复杂环境下网络舆情治理的实际过程。因此，本书认为可以在功能共振理论观照下，未来应该依托大数据背景从网络舆情的信息预研、监测、分析、警报机制入手，探索构建一套应用于复杂环境下知识和数据"双轮"驱动下的舆情指标体系。

参考文献

一　中文文献

安宝洋：《大数据时代的网络信息伦理治理研究》，《科学学研究》2015 年第 5 期。

本刊编辑部：《中华人民共和国网络安全法》，《中国信息化》2017 年第 3 期。

毕宏音：《网络舆情的基本共识及其动态规律再认识：多维视角考察》，《重庆社会科学》2019 年第 1 期。

宾宁、王钰：《社交网络正面信息传播及仿真研究——基于三方博弈视角》，《现代情报》2017 年第 11 期。

曹海军、李明：《大数据时代中国网络舆情的治理反思与路径拓展——基于"技术治理路径"嵌入视角》，《行政论坛》2019 年第 5 期。

曹龙虎：《中国网络的运动式治理》，《二十一世纪（香港）》2013 年第 6 期。

曹洵、张志安：《社交媒体意见群体的特征、变化和影响力研究》，《新闻界》2017 年第 7 期。

常启云：《论互联网群体传播的情感偏向》，《现代传播（中国传媒大学学报）》2019 年第 12 期。

陈端：《国家治理现代化视阈下的网络舆情治理研究刍议》，《今传媒》2015 年第 5 期。

陈帆帆：《移动互联网背景下突发事件舆论引导的难题与破解》，《传媒》2017 年第 17 期。

陈海汉、陈婷：《突发事件网络舆情传播时段特征和政府预警模式研究》，《图书馆学研究》2015年第1期。

陈华明、刘效禹：《动员、信任与破解：网络谣言的圈子化传播逻辑研究》，《现代传播（中国传媒大学学报）》2020年第10期。

陈华明、刘效禹：《从"凝固"到"流动"：媒介学视阈下的网络舆情再认知》，《湖南师范大学社会科学学报》2020年第3期。

陈华明、孙艺嘉：《情感线逻辑下的网络舆情生发演化机理与治理研究》，《西南民族大学学报》（人文社科版）2020年第5期。

陈华明：《网络社会风险论——媒介、技术与治理》，中国社会科学出版社2019年版。

陈力丹：《舆论学：舆论导向研究》，上海交通大学出版社2012年版。

陈瑞华：《关系互联与相互性的边界管理——社交媒体信息方式下的隐私诠释》，《南昌工程学院学报》2016第4期第28版。

陈卫国：《意见涨落与舆论监督》，《新闻前哨》1999年第2期。

陈卫星：《传播与媒介域：另一种历史阐释》，《全球传媒学刊》2015年第1期。

陈予恕、唐云等：《非线性动力学的现代分析方法》，转引自张春《非线性切换系统的复杂动力学及其机理研究》，博士学位论文，江苏大学，2014年。

陈禹：《复杂性研究——转变思维模式的一个重要方向》，《复杂系统与复杂性科学》2016年第3期。

陈媛、古丽阿扎提·吐尔逊：《网络舆情法律规制的国外经验及其启示》，《情报理论与实践》2016年第39期。

陈云松：《互联网使用是否扩大非制度化政治参与：基于CGSS2006的工具变量分析》，《社会》2013年第5期。

丛雨：《网络舆情对政府治理影响的正效应分析》，《辽宁省交通高等专科学校学报》2012年第3期。

丁柏铨：《新媒体语境中重大公共危机事件舆论触发研究》，《新闻大学》2012年第4期。

董坚峰：《基于Web挖掘的突发事件网络舆情预警研究》，《现代情报》2014

年第 2 期。

樊运晓、高远、段钊：《我国安全监管职能耦合分析与优化》，《西安科技大学学报》2018 年第 6 期。

范如国：《复杂性治理：工程学范型与多元化实现机制》，《中国社会科学》2015 年第 10 期。

方美琪、张树人：《复杂系统建模与仿真》，中国人民大学出版社 2005 年版。

费孝通：《乡土中国》，北京出版社 2005 年版。

冯杰：《网络谣言对网络舆情的影响分析》，《科技传播》2019 年第 13 期。

傅贵、殷文涛、董继业、Di FAN、Cherrie Jiuhua ZHU：《行为安全"2-4"模型及其在煤矿安全管理中的应用》，《煤炭学报》2013 年第 7 期。

甘旭升、崔浩林、刘卫东等：《STPA 危险分析方法以及在 ATSA-ITP 设计中的应用》，《中国安全科学学报》2015 年第 25 期。

甘旭升、端木京顺、丛伟：《机械原因飞行事故诱因的分析与预测研究》，《中国安全科学学报》2011 年第 5 期。

高北晨：《"网络情绪性事件"中集体记忆的表达与激发——以巴黎圣母院大火为例》，《东南传播》2019 年第 11 期。

高祖贵：《世界百年未有之大变局的丰富内涵》，《学习时报》2019 年 1 月 21 日第 1 版。

郭全中、郭凤娟：《传媒产业新格局》，《青年记者》2011 第 31 期。

郭治安：《协同学入门》，四川人民出版社 1988 年版。

胡杰：《网络环境下的政府形象塑造》，《中共中央党校学报》2012 年第 4 期。

胡瑾秋、唐静静、胡忠前等：《"FPSO + CTV + 普通油轮"外输作业模式风险分析》，《中国安全科学学报》2018 年第 10 期。

沪盼：《"互联网 +"视角下政府网络舆情治理研究》，《宿州学院学报》2016 年第 5 期。

黄道丽、梁思雨、原浩：《〈中华人民共和国网络安全法〉视域下的网络安全人才培养》，《信息安全研究》2019 年第 5 期。

黄微、许烨婧、刘熠：《大数据环境下多媒体网络舆情并发获取的数据驱动机理研究》，《情报理论与实践》2019 年第 6 期。

姜东旭：《重大突发事件网络舆情的协同治理》，《南京工程学院学报》（社会科学版）2020年第1期。

姜胜洪：《网络舆情形成与发展规律研究》，《兰州学刊》2010年第5期。

金炳华：《哲学大词典》（修订本），上海辞书出版社2001年版。

金军俐：《社会转型背景下的报纸舆论引导研究》，浙江大学出版社2013年版。

金吾伦、郭元林：《国外复杂性科学的研究进展》，《国外社会科学》2003年第6期。

匡文波：《"新媒体"概念辨析》，《国际新闻界》2008年第6期。

兰月新：《突发事件网络舆情安全评估指标体系构建》，《情报杂志》2011年第7期。

李春华、冯霞、吴勇等：《坚持正确舆论导向的体制机制研究》，中国社会科学出版社2018年版。

李纲、陈璟浩：《突发公共事件网络舆情研究综述》，《图书情报知识》2014年第2期。

李冠福：《论社会科学方法论中的复杂性转向》，《百色学院学报》2012年第4期。

李景平、刘军海：《复杂科学的研究对象：非线性复杂系统》，《系统辩证学学报》2005年第3期。

李礼：《网络舆情的生成机理与政府善治》，《首都师范大学学报》（社会科学版）2016年第3期。

李丽：《社会发展动力系统观初探》，硕士学位论文，中共中央党校，2002年。

李威军：《一种主动功能约束视域下的复杂系统事故预防模型》，《安全》2019年第9期。

李霞、李伟、申莹莹、温泽峰、金学松：《基于轨道振动理论的梯形轨轨道钢轨波磨研究》，《机械工程学报》2016年第52期。

廖瑞丹：《基于随机共振模型的网络舆情共振现象研究》，硕士学位论文，南京理工大学，2016年。

刘畅：《Web 2.0时代的"网民议程设置"》，《天津师范大学学报》（社会科学版）2008 年第 3 期。

刘昊：《非常规突发事件中网络舆情的生成及管理》，《当代传播》2018 年第 4 期。

刘洁睿：《大数据时代我国网络舆情监管法治化研究》，硕士学位论文，宁夏大学，2018 年。

刘劲杨：《哲学视野中的复杂性——拓展复杂性研究的新视野》，《江南大学学报》（人文社会科学版）2008 年第 5 期。

刘鹏飞：《中国网络舆情研究发展历程回顾与思考——基于 1994—2019 年的行情与发展情况分析》，《汕头大学学报》（人文社会科学版）2019 年第 12 期。

刘世定、邱泽奇：《"内卷化"概念辨析》，《社会学研究》2004 年第 5 期。

刘毅：《网络舆情研究概论》，天津人民出版社 2004 年版。

卢毅刚：《浅析网络舆情研判的方法与进路》，《新闻研究导刊》2017 年第 10 期。

卢毅刚：《认识、互动与趋同》，中国社会科学出版社 2013 年版。

陆启超：《分岔与奇异性》，转引自张春《非线性切换系统的复杂动力学及其机理研究》，博士学位论文，江苏大学，2014 年 6 月。

罗会军、范如国：《社会制度系统的复杂"二相性"与社会治理创新研究》，《学习与实践》2016 年第 2 期。

罗章、白向学：《网络热点的舆情极化逻辑与政府回应》，《学术探索》2020 年第 6 期。

吕蒙、李昌祖：《舆情研究综述：从理论研究到实践应用》，《情报杂志》2017 年第 10 期。

梅松：《网络舆情事件及其风险特征》，《党政干部论坛》2020 年第 1 期。

苗东升：《复杂性管窥》，知识产权出版社 2014 年版。

彭步云：《社交媒体受众对传统媒体的反向议程设置》，《当代传播》2019 年第 5 期。

齐佳音、刘慧丽、张一文等：《突发性公共危机事件网络舆情耦合机制研究》，《情报科学》2017 年第 9 期。

乔万冠、李新春、刘全龙：《基于改进 FRAM 模型的煤矿重大事故致因分析》,《煤矿安全》2019年第2期。

邱沛篁、蒋晓丽、吴建:《媒介素质教育论集》,四川教育出版社2004年版。

任立肖、张亮等:《复杂网络上的网络舆情演化模型研究述评》,《情报科学》2014年第8期。

沈锐利:《高速铁路简支梁桥竖向振动响应研究》,《中国铁道科学》1996年第3期。

史波:《公共危机事件网络舆情内在演变机理研究》,《情报杂志》2010年第4期。

宋友文:《自反性现代化及其政治转型——贝克风险社会理论的哲学解读》,《山东社会科学》2014年第3期。

苏宏元:《5G时代舆论生态变化与舆论引导新范式》,《人民论坛》2020年第27期。

苏晓琴、姜其畅、苏艳丽等:《共振的研究及应用》,《运城学院学报》2011年第2期。

孙启贵:《技术与社会的创新及其协同演化》,博士学位论文,中国科学技术大学,2009年。

孙卫华:《中共十八大以来网络舆情与治理的结构转型》,《天津师范大学学报》2017年第2期。

孙佑海:《网络安全法:保障网络安全的根本举措——学习贯彻〈中华人民共和国网络安全法〉》,《中国信息安全》2016年第12期。

谈国新、方一:《突发公共事件网络舆情监测指标体系研究》,《华中师范大学学报》(人文社会科学版)2010年第3期。

唐明、崔爱香等:《关注耦合网络及其传播动力学研究》,《复杂系统与复杂性科学》2011年第2期。

唐涛:《网络舆情治理研究》,上海社会科学院出版社2014年版。

唐远清等:《论信息公开对网络流言的消解》,《现代传播(中国传媒大学学报)》2012年第11期。

田鹏颖:《科学技术与社会(STS)——人类把握现代世界的一种基本方式》,《科学技术哲学研究》2012年第3期。

王灿发、张哲瑜:《新中国70年媒体格局的变化及舆论引导策略的创新》,

《新闻爱好者》2019 年第 8 期。

王来华：《"舆情"问题研究论略》，《天津社会科学》2004 年第 4 期。

王来华：《舆情变动规律初论》，《学术交流》2005 年第 12 期。

王立峰、韩建力：《网络舆情治理的风险与应对策略探析》，《西南民族大学学报》（人文社科版）2019 年第 3 期。

王平、谢耘耕：《突发公共事件网络舆情的形成及演变机制研究》，《现代传播（中国传媒大学学报）》2013 年第 3 期。

王倩、于风：《奥尔波特和波斯特曼谣言传播公式的改进及其验证：基于东北虎致游客伤亡事件的新浪微博谣言分析》，《国际新闻界》2019 年第 11 期。

王水承：《第三类危险源辨识与控制研究》，博士学位论文，北京理工大学，2001 年。

王仲：《功能共振分析方法在事故分析中的改进应用》，硕士学位论文，中国地质大学，2017 年。

吴绍忠：《互联网络舆情预警机制研究》，《中国人民公安大学学报》（自然科学版）2008 年第 3 期。

夏成满、阚洒庆：《网络环境下危机事件的公众形象修复》，《视听界》2014 年第 2 期。

夏立新、毕崇武、梅潇等：《基于事件链的网络舆情事件演化研究》，《情报理论与实践》2020 年第 5 期。

谢科范、赵湜、陈刚、蔡文静：《网络舆情突发事件的生命周期原理及集群决策研究》，《武汉理工大学学报》（社会科学版）2010 年第 23 卷第 4 期。

谢耘耕：《舆论生成演变机制和舆论引导策略》，《现代传播（中国传媒大学学报）》2011 年第 5 期。

新华社：《习近平在中共中央政治局第十二次集体学习时强调推动媒体融合向纵深发展巩固全党全国人民共同思想基础》，《思想政治工作研究》2019 年第 3 期。

项颐：《公安机关网络舆情监管法律规制研究》，《内蒙古大学学报》2020 年。

徐贲：《人以什么理由来记忆》，吉林出版集团有限责任公司 2008 年版。

杨雪、傅贵：《事故致因理论对自主系统开发与安全运行的启示》，《安全》2019 年第 9 期。

姚倩、田宇：《基于政府视角网络舆情法治化治理研究》，《理论界》2020 年第 10 期。

殷杰、王亚男：《社会科学中复杂系统范式的适用性问题》，《中国社会科学》2016 年第 3 期。

殷雪岩：《随机振动试验技术研究》，《北京航空航天大学学报》1995 年第 4 期。

俞可平：《治理与善治》，社会科学文献出版社 2000 年版。

虞崇胜、舒刚：《社会转型期网络舆情治理创新——基于政治安全的视角》，《行政论坛》2012 年第 5 期。

喻国明：《2009 年上半年中国舆情报告（下）——基于第三代网络搜索技术的舆情研究》，《山西大学学报》（哲学社会科学版）2010 年第 2 期。

喻国明：《关于网络舆论场供给侧改革的几点思考——基于网络舆情生态的复杂性原理》，《新闻与写作》2016 年第 5 期。

喻国明：《网络舆情热点事件的特征及统计分析》，《人民论坛》2010 年第 11 期。

喻国明：《网络舆情治理的基本逻辑与规制构建》，《探索与争鸣》2016 年第 10 期。

喻国明：《网络舆情治理的要素设计与操作关键》，《新闻与写作》2017 年第 1 期。

袁红、李佳：《行动者网络视角下突发公共事件的谣言协同治理机制研究》，《现代情报》2019 年第 12 期。

曾润喜：《网络舆情突发事件预警指标体系构建》，《情报理论与实践》2010 年第 33 卷第 1 期。

曾文、李辉、陈嫒、李荣、许震：《情报感知方法技术及其应用研究》，《情报理论与实践》2019 年第 5 期。

张春华：《网络舆情社会学的阐释》，社会科学文献出版社 2012 年版。

张枫苗、顾吉林、李欣阳等：《固有频率与共振频率影响因素及实验研究》，《大学物理实验》2019 年第 32 卷第 2 期。

张洪忠、段泽宁、韩秀：《异类还是共生：社交媒体中的社交机器人研究路径探讨》，《新闻界》2019 年第 2 期。

张晶：《供电系统事故风险成因分析与预防方法研究》，硕士学位论文，中国地质大学，2010 年。

张康之：《论高度复杂性条件下的社会治理变革》，《国家行政学院学报》2014 年第 4 期。

张克生：《国家决策：机制与舆情》，天津社会科学院出版社 2004 年版。

张立、刘云：《网络舆情研究概论》，天津人民出版社 2010 年版。

张权、燕继荣：《中国网络舆情治理的系统分析与善治路径》，《中国行政管理》2018 年第 9 期。

张思龙、王兰成：《知识和数据双轮驱动的网络舆情分析技术研究》，《现代情报》2018 年第 4 期。

张涛甫、王智丽：《中国舆论治理的三维框架》，《现代传播（中国传媒大学学报）》2016 年第 9 期。

张晓全、吴贵锋：《功能共振事故模型在可控飞行撞地事故分析中的应用》，《中国安全生产科学技术》2011 年第 4 期。

张效廉：《强化网络舆论治理　打造清朗网络空间》，《人民日报》2016 年 4 月第 07 版。

张杨薇：《基于 FRAM 的危险化学品道路运输系统恢复力提升研究》，硕士学位论文，中国地质大学，2018 年。

张译文：《网络舆情监管存在的问题及法律应对机制研究》，硕士学位论文，吉林大学，2020 年。

赵柯然、王延飞：《情报感知的方法探析》，《情报理论与实践》2018 年第 8 期。

赵正业：《潜艇火控原理》，国防工业出版社 2003 年版。

郑保卫、李洋、郭平：《试论当前我国媒体格局变化的现状及特点》，《国际新闻界》2008 年第 3 期。

郑杭生：《60 年，中国社会是怎样转型和发展过来的》，转引自林敏《网络舆情：影响因素及其作用机制》，博士学位论文，浙江大学，2013 年。

郑红、李桂凤：《大数据视野下地方政府网络舆情预警与响应机制研究》，

《新闻传播》2018年第4期。

周廷勇:《从"威权舆论"到"权威舆论"——"微时代"主流舆论的解构与重振》,《重庆工商大学学报》(社会科学版)2012年第6期。

周廷瑜、李晋、孙元振:《博弈与共振:涉警网络舆情关键点研究》,《法制与社会》2016年第30期。

周振超:《当代中国政府"条块关系"研究》,天津人民出版社2009年版。

朱鸿军:《走出结构性困境:媒体融合深层次路径探寻的一种思路》,《新闻记者》2019年第3期。

朱俐俐:《耦合与共振:文学与图像的偶然关系及其语境考察》,《艺术设计研究》2019年第4期。

邹军:《中国网络舆情综合治理体系的构建与运作》,《南京师大学报》2020年第2期。

左蒙、李昌祖:《网络舆情研究综述:从理论研究到实践应用》,《情报杂志》2017年第10期。

《中共中央关于全面深化改革若干重大问题的决定》,人民出版社2013年版。

［丹麦］郝纳课:《功能共振分析方法——复杂社会—技术系统建模》,田瑾等译,国防工业出版社2015年版。

［法］雷吉斯·德布雷:《媒介学引论》,刘文玲译,中国传媒大学出版社2014年版。

［法］雷吉斯·德布雷:《普通媒介学教程》,陈卫星、王杨译,清华大学出版社2014年版。

［加］保罗·布卢姆:《摆脱共情》,徐卓译,浙江人民出版社2019年版。

［美］科瓦奇、罗森斯蒂尔:《真相》,陆佳怡、孙志刚译,中国人民大学出版社2014年版。

［美］克莱·舍基:《人人时代:无组织的组织力量》,胡泳、沈满琳译,中国人民大学出版社2015年版。

［美］马克·波斯特:《信息方式:后结构主义与社会语境》,范静哗译,商务印书馆2014年版。

［美］伊曼纽尔·沃勒斯坦:《知识的不确定性》,王昺等译,山东大学出版社2006年版。

［美］约翰·霍兰：《涌现》，陈禹译，上海科技教育出版社2001年版。

［美］约翰·霍兰：《隐秩序》，周晓牧、韩晖译，转引自韩毅《论"适应性主体"的哲学方法论意义》，《甘肃社会科学》2006年第6期。

二 外文文献

Andy Illachinski, "Part 1: Mathematical Background and Technical Sourcebook" Land Warfare and Complexity, Vol. 81, 1996, pp. 101 – 102.

Barrow Joun D, "Is the World Simple or Complex?" In: Williams Wes, ed., *The Value of Science*, Boulder: Westview Press, 1999, p. 84.

Cliff Hooker, *Philosophy of Complex Systems*, Holland: North Holland, 2011, pp. 74 – 77.

George J. Klir, *Facts of Systems Science*, New York: Kluwer Academic/Plenum Publishers, 2001, pp. 5 – 6.

GuckenheimerJ, Holmes. Nonlinear Oscillations, "Dynamical Systems and Bifurcation of Vector Fields" Springer-Verlag, New York, 1983.

Heinrich H W, *Industrial Accident Prevention*, New York: McGraw-Hill, 1931.

Hendrick K., Benner L., eds., *Investigating Accidents with STEP*, New York: Marcel Dekker Incorporated, 1987.

Hollnagel, E., *FRAM: The Function Resonance Analysis Method Modelling Complex Socio-technical Systems*, 2012.

Hollnagel, E., Orjan, Goteman., "The Functional Resonance Accident Model. Proceedings of Cognitive System" Engineering in Process Plant, 2004.

Illing, W. V., *The Penguin Dictionary of Physics*, Beijng: Foreign Language Press, 1996, pp. 92 – 93.

13. Kuperman, G. Abramson, "Small-World Effect in an Epidemiological Model." Phys. Rev. Lett., Vol. 86, 2001.

Lazarafeld P. F., *The People's Choice: How the Votes Makes Up His Mind in a Presidential Election*, New York: Columbia University Press, 1948, p. 151.

Leveson N, "A New Accident Model For Engineering Safer System", *Safety Sci-*

ence, Vol. 42, No. 4, 2004, pp. 327 – 270.

Leveson N., *Engineering a Safer World: Systems Thinking Applied to Safety*, Cambridge: The MIT Press, 2011, pp. 15 – 16.

Lundblad, K., Speziali, J., Wohjer, R., et al., "FRAM as a Risk Assessment Method for Nuclear Fuel Transportation", Proceedings of the 4th International Conference Working on Safety, 2008 (9).

Malcolm Alexander, "We do Complexity too! Sociology, Chaos Theory and Complexity Sciencec", *The Future of Sociology*, Canberra: TASA-The Australian Sociological Association, 2009, pp. 11 – 12.

Mark H. Bickhard, "Systems and Process Metaphysics", *Philosophy of Complex Systems*, 2011, p. 95.

Park C S., "Does Twitter Motivate Involvement in Politics? Tweeting, Opinion Leadership, and Political Engagement." Computers in Human Behavior, Vol. 29, No. 4, 2013, pp. 1641 – 1648.

Porten-Cheé P, Eilders C., "Spiral of Silence Online: How Online Communication Affects Opinion Climate Perception and Opinion Expression Regarding the Climate Change debate." *Studies in Communication Sciences*, Vol. 15, No. 1, 2015, p. 143.

Reason J, "The Contribution of Latent Human Failures to the Break-down of Complex Systems", *Philosophical Transactions of the Royal Society of London*, vol. 2, 1990, pp. 475 – 484.

Tetsuo Swaragi, Yukio Hriguchi, Akihiro Hnal, *Safety Analysis of Stemic Acidents Tiggered by Prformancey Deviation*, Busan: SICE- ICASEInter-national JintCnferenceo, 2006, pp. 1778 – 1781.

Tom Jorg, *New Thinking in Complexity for the Social Sciences and Humanities: A Generative, Trans Disciplinary Approach*, Berlin: Springer Netherlands, 2011, p. 248.

Traffic Management Environment. Crete, Greece: The 4th International Conference Working on Safety, 2008.

Turner B. A., Pidgeon N. F., *Man-made Disasters*, Oxford: Butterworth-Heinemann, 1978, pp. 17 – 19.

Von Bertalanffy, Ludwig, *General System Theory: Foundations, Development, Application.* New York: G. Braziller, 1969, p. 55.

Woltje, R., Hollnagel, E., "Functional Modeling for Risk Assessment of Automation in a Changing Air", *International Conference Working on Safety*, 2008.

后　　记

本书是我 2017 年获得的国家社科基金项目《基于功能共振理论的网络舆情演化与治理机制研究》的结项成果。成果于 2021 年 4 月被全国哲学社会科学工作办公室评定为"优秀"。

记得课题启动时，课题组的老师们是非常忐忑的。为更好地切入研究对象，切实把握当前网络舆情治理中存在的现实问题，课题组三位教授带领五名博士研究生与十余名硕士研究生，在广西、江苏、浙江、西藏、四川等五个省区实地调研，深度访谈了这些地区省市县三级政府网络舆情治理相关部门工作人员、党媒和市场化媒体从业人员，共收集访谈资料 117 份，光整理的访谈记录就有 20 余万字。记得为搭建"网络舆情治理功能共振模型"，一众文科背景的课题组成员学写代码学编软件反复推演。历时六年，从课题研究到本书付梓，个中艰辛，唯团队自知。

感谢恩师邱沛篁教授欣然为本书作序。自 2003 年有幸成为邱老师门下的博士生以来，老师对新闻传播教育的执着、热爱以及为人的坦荡、豁达深深感染了我。在我 20 年来新闻传播教学科研的从业旅程中，老师的鼓励、鞭策，是我勇往直前的动力源泉。感谢恩师！

感谢课题组成员李畅教授、陈雪奇教授，博士生余林星同学、刘效禹同学，以及为课题研究默默奉献的贾瑞琪，曹丹，孙艺嘉，吴滋源，彭彦凌，肖艺涵，孙凡雅，段梦鑫，李昕等老师和研究生同学，六年来大家团结一心，攻坚克难，字斟句酌，反复推演。我想"优秀"结项成果的认定，就是对团队的最好褒奖。

感谢陈兴蜀教授团队、雷印杰教授团队在课题研究和本书写作过程中给予的技术支持。感谢四川省委网信办高鹏女士为课题研究访谈工作的开展给予的大力支持与协助。

中国社会科学出版社魏长宝先生、王茵女士为本书出版提供帮助,热心推荐。责任编辑杜威先生斟字酌句,精益求精,认真检阅。在此深表感谢。

陈华明
2023年春